Original illisible
NF Z 43-120-10

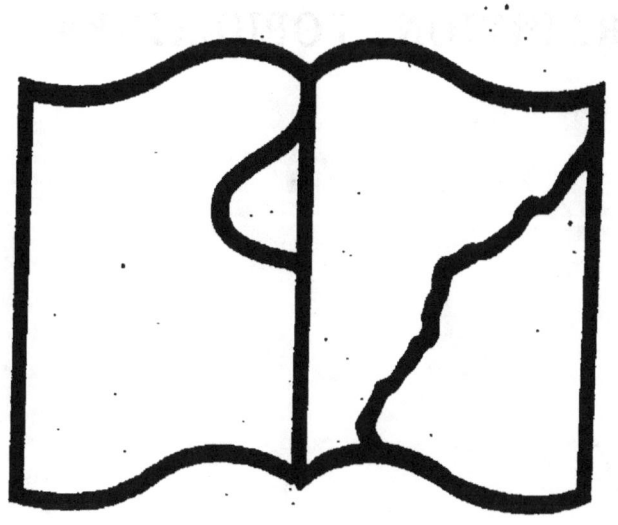

Texte détérioré — reliure défectueuse
NF Z 43-120-11

"VALABLE POUR TOUT OU PARTIE
DU DOCUMENT REPRODUIT".

SOUVENIRS DE VOYAGES

ET

TRADITIONS POPULAIRES.

Ouvrages du même auteur :

ESQUISSES POÉTIQUES, 1 vol. in-18............... 2 50
ÉTUDES SUR GOETHE, 1 vol. in-8°................ 7 50
LETTRES SUR L'ISLANDE, 1 vol. in-8°............. 7 50
HISTOIRE DE LA LITTÉRATURE EN DANEMARCK ET EN
SUÈDE, 1 vol. in-8°........................ 7 50
LETTRES SUR LE NORD, 2 vol. in-18.............. 3 50
THÉATRE DE SCHILLER, 2 vol. in-18.............. 7 »

PARIS. IMPRIMÉ PAR BÉTHUNE ET PLON.

SOUVENIRS DE VOYAGES

ET

TRADITIONS POPULAIRES

PAR X. MARMIER.

> Wandern, wandern!
> Gestern dort und heute hier!
> Morgen wohin ziehen wir?
>
> Voyager, voyager! Hier là, et maintenant ici. Demain où irons-nous?
> W. MULLER.

PARIS,
PAUL MASGANA, LIBRAIRE,
12, GALERIE DE L'ODÉON.
—
1841.

A SON ALTESSE ROYALE

MADAME LA GRANDE DUCHESSE DOUAIRIÈRE

DE

MECKLEMBOURG SCHWERIN.

Madame,

Ceux qui ont connu l'auguste et douce hospitalité de Ludwigslut ne l'oublieront jamais. Moi, qui ai eu le bonheur d'en goûter le charme, j'inscris avec un vif sentiment de reconnaissance le nom de Votre Altesse Royale en tête de ces humbles souvenirs de voyage, comme ces marins qui, en descendant de leur navire, tracent sur le sable mobile de la grève les noms chéris et vénérés qu'ils voudraient pouvoir immortaliser.

Je suis avec un profond respect,

MADAME,

De Votre Altesse Royale,

Le très-humble et très-obéissant serviteur,

XAVIER MARMIER.

Paris, 1841.

Ce livre renferme des récits de voyages écrits à plusieurs années de distance l'un de l'autre (1833-1840) et dans des lieux d'une nature bien différente, en France et en Finlande. Par sa date et son sujet, il doit être tout à la fois comme le début et le complément des deux ouvrages que j'ai publiés sous le titre de *Lettres sur l'Islande* et *Lettres sur le Nord*. Par son mélange de faits et d'images, il est la fidèle expression des fantaisies et des études diverses d'une vie un peu errante. Pendant plusieurs années, j'ai été çà et là, tantôt attiré par un beau site, tantôt entraîné par la rêverie le long d'une fraîche vallée, ou séduit par le côté aventureux d'une exploration lointaine.

La tradition populaire avec ses formes naïves, son sentiment parfois si mélancolique et parfois si profond, avait surtout pour moi un charme irrésistible. J'ai été la chercher bien loin, j'ai essayé de caractériser celle des différentes contrées que je visitais, et quand les récits du peuple me manquaient, j'avais recours aux livres. Si je voulais faire parade d'érudition, je pourrais présenter ici un respectable catalogue d'ouvrages espagnols, allemands, suédois et finlandais, qu'il m'a fallu compulser pour écrire quelques chapitres de cet humble volume. La chronique d'Éric XIV, par exemple, n'a été faite qu'après une longue étude des principaux historiens de Suède. Il n'y a là pas un fait essentiel qui ne soit affirmé par Geijer, Fryxell, Dalin, Lagerbring, et je ne dépeins pas un lieu que je n'aie visité moi-même. Mais pourquoi mettre l'érudition comme frontispice en tête d'un livre où l'étude ne se joint que comme un accessoire à l'émotion?

Il y a, dans un manuscrit du quatorzième siècle *, un dessin qui représente un ange d'une douceur d'expression et d'une grâce infinies. Ses cheveux blonds, partagés en deux bandeaux, tombent modestement sur son visage ; son corps est revêtu d'une longue robe ondoyante comme l'écharpe d'une femme aux jours de printemps, blanche comme la vapeur du matin qui s'élève sur la colline ; des ailes vertes, symbole de l'espérance, sont attachées à ses pieds, et une auréole d'or, l'auréole de la foi et du bonheur, brille sur son front. Cet ange charmant s'appelle la *Jeunesse*.

> J'ai nom Jeunesse la légère,
> La gileresse, la courrière.

Vif et joyeux, léger et hardi, insouciant et tendre, il poursuit son vol, et de loin son œil reconnaît ceux qui ont besoin de lui, sa voix rassure ceux qui hésitent et console ceux qui

---

* Le manuscrit des *Trois pèlerinages*, livre curieux dont un de nos amis, M. Didron, joindra plusieurs extraits aux nombreux documents qu'il a recueillis pour son *Iconographie chrétienne*.

souffrent. Il va sur la grande route au-devant du pèlerin fatigué, le prend sur ses épaules et l'emporte à travers les flots. Hélas! c'est ce génie des rêves enthousiastes, des illusions magiques de la jeunesse qui nous a emporté d'une contrée à l'autre, des montagnes agrestes de la Franche-Comté dans les plaines de la Hollande, et des jardins embaumés de la Provence au milieu des glaces du Spitzberg : puis il s'en est allé ; et que de fois déjà, songeant à ce qui était, à ce qui a cessé d'être, ne me suis-je pas écrié, avec le poète allemand : « O jeunesse, plaisir de jeunesse, bonheur de jeunesse ! »

O Jugend, Jugendlust, und Jugendglück!

Maintenant, j'essaie de faire revivre le passé par le souvenir. Je recueille avec je ne sais quel empressement mêlé de tristesse ces pages fugitives dont quelques-unes datent de loin. Je les recueille dans leur forme première, sans vouloir rien en effacer ; et, en faisant ce retour vers des années si vite écoulées, il me semble que je poursuis, comme l'infortuné Pierre Schlemihl, une ombre rapide qui échappe à mes vœux.

Puissent du moins ces récits épars d'une vie de voyage, ces réminiscences qui, par plus d'un côté, touchent aujourd'hui à une déception, être de quelque intérêt pour ceux qui s'en vont encore de par le monde avec l'ange de la jeunesse, ou pour ceux qui le regardent s'éloigner et le rappellent en vain avec douleur.

SOUVENIRS DE VOYAGES.

LES ÉGLISES.

Pour le voyageur qui veut s'abandonner franchement à tout ce qui peut l'impressionner, à tout ce qui peut réveiller en lui une pensée, un souvenir, il n'est, je crois, sur sa route, qu'elle aille au nord ou au midi, à l'est ou à l'est, il n'est aucun monument capable de lui donner autant de douces et naïves émotions que l'aspect des églises. La colonne triomphale l'étonne; elle lui rappelle un fait glorieux, une belle page d'histoire. Son imagination s'ébranle en la voyant, son idée artistique y perçoit peut-être un nouveau moyen de développement, mais son âme n'entre pour rien dans cette suite de réflexions. Rappelez-vous au contraire ce que vous éprouviez à la vue d'une pauvre église de village, un soir d'été en voyageant. La nuit commence à tomber, la voiture roule sur la grande route, votre œil cherche de côté et d'autre, et n'aperçoit rien. Les laboureurs sont rentrés sous leurs toits; les champs sont vides. Aucune maison, aucun bruit, quand tout-à-coup, au milieu de cette solitude et de ce silence, la cloche du hameau s'ébranle pour la prière du soir, et ses lentes et régulières vibrations portent dans l'air un son religieux. Après le chant du pâtre sur la colline, après le chant de l'alouette dans la vallée, c'est le chant de l'airain, c'est la voix de l'église qui appelle encore tous les hommes à se recueillir et à s'agenouiller. Vous avancez, conduit par ce tintement mélancolique, et devant vous apparaît la flèche aiguë du clocher, revêtue d'ardoises, surmontée de son globe et de sa croix. A côté s'élève un massif de tilleuls aux larges rameaux, servant d'ombrage pendant l'été et d'abri pendant la mauvaise saison; puis le cimetière, fermé par une petite grille, mais ouvert à tous les regards, et rempli d'humbles tombes; le cimetière que vous a dépeint Gray. Point de faste sépulcral, point de monuments splendides : un nom écrit sur une croix, et quelques fleurs pour le recouvrir. Puis, auprès de là, le presbytère, étroite maison, un peu mieux bâtie cependant que celles des paysans qui l'environnent. Aussi est-ce le chef-d'œuvre de l'architecte et des maçons du village. On y a joint un jardin avec une allée de cerisiers, pour que le bon curé puisse s'en aller quelquefois là dire son bréviaire ou étudier son sermon, et un enclos, dont il cultive lui-même les arbres, pour rappeler qu'autrefois les pères de famille étaient en même temps prêtres et agriculteurs. Cependant vous passez devant la façade nouvellement blanchie de l'église. La grande porte en est encore ouverte, comme pour appeler les pauvres femmes de laboureurs à venir y clore leur journée par une prière. Au fond du sanctuaire, vous voyez vaciller les rayons de la lampe qui ne doit pas s'éteindre, et le tabernacle vous apparaît avec les deux anges dorés qui le gardent, et les grands cierges en cuivre qui l'entourent. Peut-être êtes-vous parti jeune homme d'un village comme celui-ci, où vous aviez passé votre enfance. Et alors que de souvenirs ! voici renaître tout-à-coup et les joyeux mystères de la nuit de Noël, et les pompes de Pâques, et la Fête-Dieu avec ses reposoirs et ses fleurs, et la Toussaint avec ses prières lugubres et ses cloches qui se lamentent au milieu d'une nuit de novembre. Peut-être avez-vous chanté à ce lutrin, peut-être avez-vous balancé l'encensoir au pied de cet autel, et jamais nulle idée sceptique, nul rêve impie ne sera assez fort pour effacer dans votre cœur toute trace de ce naïf sentiment d'orgueil que vous éprouviez à revêtir le blanc surplis, et à marcher, vous tout petit, auprès des notables du village, à côté de votre vieux pasteur. Peut-être aussi que votre mère est restée là où vous étiez, et à cette heure, où vous passez devant des habitations étrangères, tandis que la cloche sonne, elle s'en va dans l'église, où elle vous conduisit souvent, prier pour votre voyage.

Après ce sentiment de joie que vous inspire la vue d'une église de village entretenue avec soin, ayant ses ornements pour chaque fête, son luxe pour chaque grande cérémonie, il est une impression de douleur à subir : c'est lorsque l'on rencontre l'église inachevée, l'église où les colonnes se couvrent de mousse, attendant en vain leurs chapiteaux, l'église abandonnée et s'écroulant de toutes parts. Dans le midi, auprès des Cévennes, au milieu des Pyrénées, nous avons souvent trouvé l'ancienne chapelle du hameau ébranlée, lézardée, laissant tomber chaque hiver une partie de son toit ou un pan de muraille. Cet état de dégradation ne provenait cependant pas de l'irréligion des habitants; c'était la guerre qui les avait ruinés. C'était, il y a deux cents ans, la persécution religieuse qui les forçait de fuir. C'étaient, après la révocation de l'édit de Nantes, des villages entiers qui devaient laisser là les murs de leur église et les os de leurs pères, et s'en aller dans les profondeurs des montagnes ou sur une terre étrangère transporter leur culte et leurs souvenirs; et c'est une des émotions les plus tristes que je connaisse, de voir maintenant, au milieu de cette belle nature des Pyrénées, ces murs ruinés de la chapelle qui semblent attendre encore la communauté de chrétiens qu'ils ont reçue, et les chants religieux dont ils ont retenti. Le parvis n'a plus de dalles, le sanctuaire n'a plus d'autel : une désolation continue règne là où jadis toutes les douleurs venaient reprendre espoir et courage. Le chœur est muet, le lieu désert, et le vent a peut-être soulevé le sable du cimetière et dispersé les ossements de la tombe et la poussière des morts. Quelques arbres seulement, nés à l'ombre de cette chapelle, et protégés par ses murailles, étendent sur elle leurs longs branchages, et la protègent à leur tour, plus fidèles en cela que les hommes dont elle a reçu les pleurs et soutenu les misères.

De cette chapelle du hameau, de cet asile du pauvre manœuvre et de l'humble paysanne, passez aux églises des grandes villes. Ici la religion se montre dans toute sa puissance et sa splendeur. Tout ce que l'imagination a pu rêver de plus grandiose, la foi de plus suave et de plus mystérieux; tout ce que la poésie d'une âme chrétienne a pu concevoir, tout ce que l'art a pu exécuter, tout a été employé à nous représenter la religion dans la magie de ses symboles et le prestige de ses croyances. Des peuples entiers se réunissaient pour élever ces monuments. Les rois y contribuaient par leurs dons, les papes par leurs bulles, les poètes par leurs chants, les prêtres par leurs exhortations. Ce n'était pas l'œuvre d'une seule communauté, d'une seule ville : c'était une œuvre qui intéressait toute la chrétienté, et pour laquelle on demandait un bref à Rome, et un privilége au couronnement de l'empereur à Francfort; c'était une œuvre où l'on ne calculait ni l'or ni le temps. Les aumônes des chrétiens devaient y suffire, et les siècles venaient l'un après l'autre y apporter leur tribut. Aussi voyez quelle variété de style, quel mélange d'ornements! Le Nord et l'Orient y ont mis ce qu'ils avaient de plus solennel et de plus gracieux. Voici les faisceaux de colonnes, arrondies en arceaux, élancées dans les airs, reployées sous la voûte, se mêlant, s'entrelaçant, se jetant de côté et d'autre comme les longs rameaux d'une forêt de sapins. Voici la rosace dentelée et les broderies de marbre si fines et si légères qu'on les dirait faites par la main d'une

Péri. Voici les volutes de l'ogive qui tournent et se développent comme l'acanthe ; voici la galerie qui serpente autour des cloches avec ses pierres éfrangées, ses rampes à jour comme un balcon moresque ; voici même, s'il vous le faut encore, la majesté du fronton antique, la grâce exquise et la sévère simplicité du style grec, tant ces artistes du moyen âge connaissaient bien leur mission, tant ils avaient peur d'oublier dans leurs œuvres ce qu'on avait imaginé de beau avant eux. Qui nous dira l'histoire de ces monuments que nous ne contemplons plus aujourd'hui sans une étrange admiration, et dont le moindre détail a de quoi occuper long-temps notre surprise ? Qui nous dira toutes vos merveilles, ô magique cathédrale de Strasbourg ! votre flèche gigantesque qui se voit de loin dans le pays de Bade et en Alsace, votre portail avec ses empereurs à cheval, ses armées de saints et d'apôtres, et votre voûte si profonde et si recueillie ? Qui nous dira votre grâce, mélancolique chapelle de Bourg, vos tombeaux déposés derrière un rideau de marbre, et les anges qui veillent auprès, et les chiffres d'amour qui les surmontent ? Passez d'une province à l'autre, étudiez ces églises, partout vous retrouverez la même pensée religieuse exprimée sous une nouvelle forme, la même poésie intime rendue par une nouvelle image. A Strasbourg, à Anvers, la flèche de la cathédrale s'élance au milieu de la plaine, au-dessus du fleuve, au sommet de la ville, comme la prière ardente de tout un peuple monte vers le ciel, quand les genoux se prosternent.

Là, quand on veut célébrer un triomphe, proclamer une grande fête, on couvre de fanaux allumés cette aiguille de la cathédrale, et bien au loin, bien au loin, on la voit flamboyer comme un météore. Les habitants des villages viennent se mettre sur leur porte pour la regarder, et ils se réjouissent, car l'église leur annonce qu'il faut se réjouir. A Ulm, ce sont deux tours carrées, massives et imposantes comme la forteresse de Dieu. A Vienne, la ville des empereurs, pas un étranger ne passe sans s'arrêter avec respect devant ce Saint-Étienne, cette église aux longs souvenirs qui a suivi toute la fortune des archiducs, et s'est agrandie à chacune de leurs victoires, et s'est revêtue de deuil à chacune de leurs défaites, et s'est élevée avec orgueil pour voir passer au pied de sa vieille tour allemande Frédéric Barberousse et Napoléon. A Bamberg, au milieu d'une ville toute fraîche, toute neuve, toute pleine d'élégants édifices, au-dessus de cette vaste prairie où le roi de Bavière donne encore des tournois, au pied de ces coteaux chargés de houblon, vous voyez apparaître les quatre tours carrées de cette cathédrale byzantine qui date des premières années du onzième siècle. Au dehors de l'édifice, on retrouve encore les petites colonnes rondes, effilées, réunies par le plein cintre; mais dans l'intérieur de l'église, dans la construction des voûtes, le caractère gothique commence déjà à se manifester avec sa profusion et sa grâce d'ornements. Ce que l'on admire dans cette église, outre le style d'architecture dont il existe aujourd'hui peu de traces aussi belles, ce sont les tombeaux de tous les évêques qui se sont succédé dans cette vieille métropole. C'est surtout le tombeau de son fondateur, le sage empereur Henri II, et celui de sainte Cunégonde. La légende raconte que, le jour même de leurs noces, Henri et Cunégonde, pour se rendre plus agréables à Dieu, se promirent de vivre dans la continence et la chasteté. Ils accomplirent fidèlement leur vœu, et Cunégonde mourut après avoir fondé maint couvent et bâti mainte église. Plusieurs années après, l'empereur la suivit, et, lorsque l'on ouvrit le caveau impérial où il devait être déposé, Cunégonde se leva tout à coup de son cercueil, et vint elle-même, en lui tendant les bras, recevoir son chaste époux. A une vingtaine de lieues de cette magnifique cité, vous verriez rayonner les flèches gothiques de Nuremberg; et pour bien connaître cette ville de miracles, pour suivre dans tous ses caprices et ses élancements, dans toute sa grâce et sa puissance, cette pensée artistique du moyen âge, cette forêt de pignons, de bouquets de fleurs, de colonnettes, de spirales, cette végétation de pierre, comme l'a si bien nommée un de nos grands écrivains, il faudrait y aller en pèlerin, et faire une pieuse station à chaque pas, à la chapelle de Saint-Maurice comme à l'église Saint-Laurent, et devant la porte de Dürer comme auprès des monuments d'Adam Kraft.

Revenez maintenant dans nos contrées. A Lausanne, la cathédrale, noircie par le temps, domine toute la ville. De là vous pouvez voir ces eaux brillantes, mais souvent trompeuses, du lac; ces coteaux de la Meilleraye, où l'on ne peut faire autrement que de songer à Saint-Preux, et ce triste château de Chillon*; et, en reportant les yeux sur cette église solennelle qui vous abrite, il vous semble que c'est là un refuge assuré contre les orages de l'onde, les orages des passions et les tentatives cruelles de la tyrannie. A Besançon, l'église de Saint-Jean est bâtie sur le roc et adossée à la montagne, au pied du fort Vauban, citadelle de Dieu, à côté de la citadelle des hommes. A Toulouse, la magnifique et imposante cathédrale de Saint-Surnin, avec ses voûtes sombres, ses majestueux pleins cintres, ses caveaux pleins de reliques, s'élève, appuyée sur deux larges ailes, comme un sentiment de foi qui se repose sur deux grandes pensées. Puis voyez, après cela, cette jolie et gracieuse chapelle de Saint-Agricole, à Avignon; cette église seigneuriale de Nantes, avec son magnifique tombeau, en marbre, de Marguerite de Foix; cette riche et splendide cathédrale de Tours, au milieu des riches et splendides vallées de la Loire, et cette grave église d'Orléans, au style pur et sévère, qui vous apparaît de loin, à côté du monument de Jeanne d'Arc. Vous citerai-je encore la royale abbaye de Jumiéges, le vieux dôme de Seez, l'un des plus anciens dômes de

---

* There are seven pillars of gothic mould
In Chillon's dungeons deep and old;
There are seven columns massy and gray, etc.
(BYRON, *the Prisoners of Chillon*.)

France, et Saint-Denis, tombeau de nos rois, et Notre-Dame, si bien dépeinte par nos poètes? Allez partout où vous voudrez : partout vous retrouverez un autre caractère et l'empreinte d'un autre souvenir, et partout la forme symbolique, l'édifice faisant la croix* et la porte tournée vers l'Orient, comme pour indiquer de quel côté est venu le Seigneur. Ce qui distingue généralement, si je ne me trompe, les églises du midi, c'est que le chœur ne se trouve point, comme dans le nord, séparé seulement par une barrière du reste de l'édifice, mais enclos dans une galerie autour de laquelle on circule sans pénétrer dans l'intérieur du sanctuaire. Là aussi, vous remarquerez que le genre de construction d'une église a influé sur toutes les autres. Aux environs de Toulouse, par exemple, vous voyez de toutes parts s'élancer l'aiguille des clochers, pareille à celle de Saint-Surnin; aux environs de Bordeaux, la pyramide pareille à celle de Saint-André. C'est ainsi qu'à Nîmes, quand l'on bâtit, on a toujours en vue le style antique, soit les Arènes, soit la Maison-Carrée.

Plus j'ai observé les églises dans leur ensemble, plus je les ai trouvées en harmonie constante avec le culte auquel on les consacrait. Oui, ce sont bien là les monuments du christianisme, les monuments ou-

---

* Voir l'*Histoire de France*, par M. Michelet, tom. II, pag. 670 et suiv. — Voir aussi les admirables pages du *Génie du Christianisme*. Que l'on me pardonne de revenir après de tels tableaux sur le même sujet.

verts à toutes les pompes du clergé, comme à toutes les souffrances de l'homme, au repentir des princes et aux naïves prières du pauvre. Ce sont là les temples de l'Évangile, où le dais aux fleurs d'or abritera également la tête du prélat et celle de l'artisan; où, dès que l'on entre, on trouve le tronc de la veuve et le bénitier; où le fils du pâtre trône parfois sur le siége épiscopal, tandis que le fils du grand seigneur lui sert de chapelain. Ce sont là ces édifices qui devaient s'élever au-dessus de tous les autres, comme la puissance spirituelle s'élevait, dans le moyen âge, au-dessus de la puissance des armes et de la grandeur des rois; ces édifices tout empreints de l'idée religieuse qui présidait à leur création, représentant sur leur façade l'idée du bien et du mal par de grossiers emblèmes, et dans leur intérieur, l'esprit mystique du catholicisme, la pensée fondamentale d'une religion de charité, d'amour et d'expiation. Maintenant on ne pourrait plus les construire : la foi manque pour de telles œuvres. Depuis plus de douze ans, des centaines d'ouvriers travaillent à la cathédrale de Cologne; on ne s'aperçoit pas qu'ils aient encore rien fait pour en clore la voûte. J'ai cependant vu finir une église gothique dans la Vendée, à Luçon. Elle est petite, il est vrai; mais n'importe : elle est achevée. Ce sera probablement la dernière.

Il est encore d'autres églises devant lesquelles on ne passera jamais sans éprouver une douce émotion : ce sont ces chapelles votives qui s'élèvent au bord de la mer, au-dessus de l'écueil. Le marin les cherche de loin, et dans l'orage il les invoque. C'est son phare spirituel, à côté de cet autre phare dont la lueur lointaine ne suffit pas à le préserver de l'orage, à le défendre contre l'abîme. Ce sont ordinairement d'humbles chapelles, couvertes seulement d'*ex-voto* et retirées à l'écart; on n'y entend ni le bruit du monde ni les rumeurs de la ville, mais le bruit du vent qui se plaint, et celui des flots qui se brisent entre les rochers, comme dans le monastère de la sœur de René; et, lorsque ce bruit cesse, on y entend les sanglots de la pauvre mère ou de l'orphelin, qui s'agenouillent aux pieds de la Vierge. Peu de jours se passent sans que la chapelle soit visitée, sans qu'une veuve vienne, en habit de deuil, y porter le poids de ses tribulations; sans qu'une femme de marin vienne y prier, pendant la tempête, pour ses amis et ses enfants. Les pèlerins montent avec une grande anxiété de cœur le sentier qui les conduit dans cet asile, et ils le redescendent avec un front serein : ils croient n'avoir encore rien obtenu, et le miracle est déjà fait, car une espérance nouvelle les anime et leur rend la force dont ils avaient besoin.

Après cela viennent encore ces oratoires que l'homme se choisit dans les lieux sauvages et déserts; là où il s'effraie lui-même de sa solitude, où il a besoin que l'idée de Dieu soit avec lui. Que de fois, dans les montagnes de l'Auvergne, n'ai-je pas trouvé dans le creux d'un arbre, dans le flanc du rocher, une image de la Vierge, une image en bois ou en étain, grossièrement faite, mais exposée à la vénération de tous les fidèles! L'étranger qui ne voyait devant lui qu'un chemin difficile et mal frayé, une forêt obscure et point d'habitation humaine, se reposait avec confiance au pied de cette image, puis poursuivait ensuite sa route avec plus de résolution; et le bûcheron, pliant sous le poids de son fardeau, ne s'y agenouillait pas sans se croire ensuite doué d'une nouvelle vigueur. Parfois aussi ce lieu avait été témoin d'un grand malheur : un homme y avait été écrasé par la chute d'un rocher, ou emporté par son cheval, ou, l'hiver, il y était mort au milieu des neiges, et à la place où on l'avait retrouvé on plantait une croix, afin que le passant priât pour lui. J'ai souvent vu les paysans de la Limagne partir en habit de fête, et s'en aller avec leurs femmes et leurs enfants visiter ces chapelles bâties au-dessus de leurs montagnes, au milieu de leurs bois. Le sentiment religieux, qui a déserté nos grandes villes, se retrouve encore, avec une admirable simplicité, dans les villages. Les fabriques d'Épinal et de Montbéliard produisent chaque année par milliers des images de saints, et ces images s'en vont dans toutes les paroisses. Chaque village veut avoir son patron, et puis chaque cabane, de même qu'en Béarn chaque maison, possède son image de Henri IV. Il y a de vieux recueils de cantiques dont on ignore encore le poète, mais que tout le monde sait par cœur; de vieux noëls en patois, que les hommes se surprennent encore à relire, et que les jeunes filles chantent en s'en allant travailler dans les champs. Il y a des légendes mystérieuses que personne n'a jamais écrites, mais dont on connaît très-bien les détails dans toutes les chaumières, aussi bien l'aïeul que l'enfant, aussi bien le pâtre que le curé. Il y a des traditions de miracles auxquelles chacun a foi, et qui rendent un lieu à jamais célèbre, et font d'une de ces petites chapelles en bois, mal bâties, grossièrement badigeonnées, et revêtues au dedans de quelques lourds ornements, de quelques lambeaux d'étoffe, un édifice plus vénérable aux yeux de ces bonnes gens que ne le serait Saint-Pierre de Rome ou le dôme en marbre de Milan.

Un jour, je faisais une excursion sur toute la grande ligne et les plateaux secondaires du Jura. J'avais passé le Saut-du-Doubs, cette belle et pittoresque cascade, qui n'a rien à envier à celles de la Suisse; j'arrivai, en longeant toujours cette rivière, et en prenant les chemins escarpés de préférence à la grande route, au milieu d'une enceinte sauvage de forêts, au pied d'une église taillée dans les flancs de la montagne, comme les demeures des vignerons dans la Touraine. Le roc qui surplombe cette église en forme la voûte. La route de Morteau passe au-dessus; au bas, un petit sentier qui serpente à travers la plus riante vallée, le long du Doubs, qui l'arrose, et tout autour, des collines bien boisées, des sites agrestes. C'est une ravissante position. Pendant que j'étais là à regarder d'un œil surpris ce tableau singulier, je vis venir à moi une femme qui tenait un enfant par la main. C'était une paysanne de ces montagnes, je la reconnus à son costume : le bonnet coupé carrément, le corset serré sur la taille, la jupe formant de gros plis sur les hanches, les manches de la robe ne venant que jusqu'à la moitié du bras, et la *bavette* du tablier couvrant toute la poitrine; outre cela, cette profusion de chaînes en or, et ces énormes boucles d'oreilles que portent les riches paysannes du Jura. Du reste, elle avait toute cette fraîcheur de visage, cet air de santé et de bonheur que l'on retrouve habituellement parmi les habitants des montagnes; et son enfant était le plus joli petit garçon qu'il fût possible de voir; les cheveux d'un blond un peu foncé, les joues rebondies et colorées, les yeux bleus pleins de candeur et de vivacité, et le sourire sur les lèvres. Elle s'avança près de moi, et me fit avec grâce un léger salut; puis, s'apercevant que son fils s'était abandonné complétement à la distraction que lui causait le vol d'une hirondelle sur l'eau : — Allons, Paul, lui dit-elle, apprends donc à être honnête envers les personnes que tu rencontres.

Et le petit bonhomme, ainsi rappelé au devoir de la politesse, m'ôta précipitamment sa casquette, et vint me tendre la main.

— Comment appelez-vous cet endroit? lui demandai-je.

— C'est l'église de Remonot, me dit-elle. Ne la connaissez-vous donc pas?

— Non. Je ne suis jamais venu dans ce pays.

— Ah! je n'y songeais pas. C'est que, voyez-vous, cette église est si célèbre, si célèbre dans nos montagnes, que je m'imagine qu'elle doit être connue partout.

— Il s'y est donc passé quelque chose de merveilleux ?

— Oh! je vous en réponds, et chaque jour encore il s'y passe du merveilleux. C'est une église miraculeuse, monsieur, une église de la Vierge qui guérit toutes les maladies.

— Et vous en avez vu guérir, vous ?

— Si j'en ai vu? Ah! certainement que j'en ai vu, et, sans aller plus loin, ce petit Paul qui est là, tenez, il a maintenant les yeux clairs comme cette rivière : eh bien! il n'y a pas encore deux mois que ses pauvres yeux étaient toujours rouges et enflés. J'avais beau lui faire tous les remèdes imaginables ; j'avais beau consulter tous nos plus fameux médecins, jusqu'au médecin de la ville, que j'allai trouver chez lui un dimanche ; bah! les médecins n'y connaissaient plus rien. L'un me disait ceci, et l'autre cela, et, avec tous leurs grands mots, mon petit Paul ne guérissait point; tant il y a qu'à la fin je voulus avoir recours à Notre-Dame de Remonot. Il y a là derrière son autel une petite source d'eau toute bleue qui résonne comme de l'argent. Je pris mon petit Paul avec moi, et tous les jours je m'en vins ici prier ; ensuite je puisais de l'eau à cette source, et je lui en frottais les yeux, et j'en emportais une fiole, et je lui frottais encore les yeux le soir et le matin quand nous étions chez nous. Huit jours se passèrent ainsi, et le neuvième, quand j'eus fait dire une grand'messe à Notre-Dame de Remonot, mon petit Paul se réveilla avec des yeux brillants comme vous les voyez. Aujourd'hui j'apporte une belle robe de taffetas à la Vierge. Entrez, monsieur, entrez ; vous verrez combien elle a déjà fait de miracles.

J'entrai, et tout autour de moi j'aperçus des figures en cire, des tableaux d'ex-voto. La jeune femme déposa son offrande sur l'autel, puis se mit à genoux, y fit mettre son enfant, et pria dévotement avec lui. Après quoi elle se releva, et, s'approchant de moi :
— Monsieur, me dit-elle, nous habitons le chalet que vous voyez là-haut sur la montagne ; si vous vouliez venir vous y reposer, mon mari aime à recevoir les étrangers, et nous avons toujours une place à notre foyer pour les hôtes qui nous arrivent.

Je la remerciai, et, en continuant tout seul ma route, je songeais à ce que je venais de voir, et je me demandais quel serait l'être assez cruel pour ôter à ces bonnes gens leur culte pour la Dame de Remonot ; leur croyance aux miracles, et leur bonne foi ?

1833.

BAUME ET HYÈRES.

Le poète s'en va chercher au loin ses inspirations ; l'artiste demande souvent à une terre étrangère des couleurs pour sa palette, des images pour ses pinceaux. Heureux pourtant ceux qui voudraient rester fidèles au sol de notre patrie ! Heureux ceux qui s'attacheraient à suivre de merveille en merveille ce large espace de la France ! Cette terre semble avoir été faite exprès, comme l'a dit un éloquent historien, M. Michelet, pour être le berceau et le centre de la civilisation du monde moderne. Elle réunit la gravité du Nord et la chaleur du Midi. Les plus hautes montagnes lui servent de barrière; les plus riches forêts l'ombragent; les plus beaux fleuves la traversent; les plus grandes mers s'en viennent lui former comme à plaisir une ceinture de nacre et d'azur; les plaines riantes, les coteaux de vignes, les sites pittoresques lui versent leurs fruits en abondance, ou lui servent de bracelets et d'ornements. La lyre de l'homme inspiré peut retentir au sommet de nos rocs escarpés, comme la lyre forte et plaintive d'Ossian, ou murmurer sous nos lauriers en fleurs avec la mélancolie d'un chant de Pétrarque. Le peintre n'a qu'à porter ici sa toile d'un endroit à l'autre, elle peut se couvrir tour à tour de paysages champêtres comme ceux de Ruysdaël, de teintes sombres comme celles de Salvator Rosa, de couleurs chaudes comme celles de Murillo, de scènes gracieuses comme celles de Corrège.

On nous reproche assez souvent de ne pas savoir l'histoire de notre pays; peut-être nous reprochera-t-on encore de ne pas connaître notre pays même. Il faudrait pour le connaître véritablement le parcourir comme les autres peuples parcourent le leur. Voyez les étudiants allemands : à la fin de leur année scolaire, ils se forment en petites caravanes, et le sac sur le dos, le bâton de houx à la main, ils s'en vont de principauté en principauté, s'arrêtant dans chaque village, recherchant chaque beau site, épiant chaque souvenir : ici les chants des Minnesinger qui retentissaient dans les salles de la Wartbourg; là les hauts faits des champs de bataille; la gloire protestante de Lutzen; les combats sanglants de Leipzig; les rives fleuries de l'Elbe, ou la demeure illustre des poètes. L'un d'eux dessine, et se hâte d'adjoindre une nouvelle feuille à l'album de voyage; un second y trouve peut-être le sujet d'une ode, ou d'une élégie, et le troisième y apporte son tribut d'érudit, ou de musicien, et toute la troupe s'en va ainsi réveiller à chaque pas de vieilles chroniques, ou glaner de nouvelles inspirations. Quelquefois aussi ils sont pauvres, et les talents, qui ne devaient être pour eux qu'un moyen d'agrément, leur deviennent une ressource précieuse. J'étais un soir dans une auberge d'une petite ville de la Prusse rhénane. Le souper venait d'être servi, les convives allaient s'asseoir à table, lorsque notre hôte introduisit dans la salle quatre étudiants qui parcouraient l'Allemagne avec une clarinette et un cahier de musique. Ils avaient, à deux ou trois reprises différentes, pendant leurs vacances, visité successivement la Bohême, la Saxe, les montagnes du Harz, les rives du Rhin. Ils s'arrêtaient dans les hôtels, et chantaient ou les romances de leurs grands poètes, ou celles qu'ils composaient eux-mêmes. C'était ce chant pur, grave, religieux, tel qu'on l'entend toujours en Allemagne, ce chant mélancolique et tendre qui s'accorde si bien avec le silence imposant des vieilles forêts de la Germanie, la tristesse de son ciel pâle, et la poésie de ses ruines; et, quand ils eurent fini, l'un d'eux s'en vint nous tendre sa petite casquette bleue, et pas un de nous n'hésita un instant à y déposer son obole; et lui n'eut pas honte de la recevoir. Cette scène était trop belle et trop élevée pour nous permettre de redescendre à une idée d'aumône C'était comme un souvenir des vieux temps, une image des courses aventureuses des Minnesinger. Seulement, nous autres auditeurs n'étions guère pour la plupart que de très-humbles prolétaires, et les musiciens avaient sans doute plus de science qu'il n'en fallait jadis pour exercer le métier de gai savoir.

Mais nous allons nous extasier sur les beautés d'un autre climat, et nous ne voyons pas les grandes beautés au milieu desquelles nous sommes nés. Qui nous dépeindra donc, et l'aspect merveilleux des montagnes de l'Auvergne, et les plaines fécondes de l'Alsace, et les riantes campagnes de la Guienne et de la Touraine, et tous les souvenirs de gloire ou d'amour que ces lieux renferment? Qui nous redira la vie des Basques, l'intérieur d'une famille des Landes, les mœurs hospitalières des hommes du Nord, les courses sur mer du pêcheur breton, et la naïve chanson provençale chantée le soir sous les oliviers, et les pieux noëls en patois de Bourgogne, et les nattes blondes, et le regard timide des jeunes filles de l'Est, et l'œil noir des femmes du midi?

Pour moi, je connais dans nos montagnes de Franche-Comté tel lac caché au milieu des bois, retiré dans sa coupe arrondie, comme dans une conque, visité seulement par le ramier qui vient y rafraîchir le bout de son aile, et que le ciel semble avoir mis là exprès comme pour s'y mirer tout à son aise, et tel abri bien sombre, telle vallée fraîche et tranquille, couverte d'une herbe épaisse, bordée de hauts sapins, et si pittoresque à voir, si douce à parcourir que l'on n'en trouverait peut-être pas de plus riante et de plus douce dans toute la Suisse.

Il y a dans le Jura, à trois lieues de Lons-le-Saulnier, un endroit qui mériterait d'être visité par tous les curieux : ce sont les roches de Baume. En vous écartant un peu de la grande route qui conduit à Champagnole, vous traversez des champs de blé et des bruyères, et tout d'un coup vous reculez avec effroi ; votre œil plonge dans un abîme immense. On dirait d'un tombeau creusé entre les montagnes, non pour y enterrer des hommes, mais des villes entières. C'était autrefois, disent les géologues, la couche d'un grand lac, et les rocs élevés à pic de chaque côté, comme des remparts, sont encore là pour en attester la profondeur. Mais descendez dans cette effrayante excavation, par la seule voie qui existe, par un chemin perpendiculaire aussi étroit et bien moins régulier qu'une échelle, vous trouvez au milieu de ces roches gigantesques des grottes taillées comme pour servir de refuge aux malheureux proscrits par l'oppression ou les guerres civiles; des voûtes arrondies comme par la main d'un architecte, et dans le bas, un vallon qui serpente comme un lit de ruisseau. L'herbe n'y croît pas en abondance, le soleil n'en éclaire jamais qu'une partie, et le ciel, resserré par ces hautes murailles de roc, n'y apparaît que comme un long ruban. Cependant une source limpide l'arrose de ses eaux, une famille y a bâti sa demeure, et le jeune berger conduit ses vaches au pied de ces rochers qui, se détachant parfois par grandes masses, comme des avalanches, roulent avec fracas jusqu'auprès de la petite hutte bâtie de branches d'arbre et de sable. Au fond de cette vallée sauvage, enfouie comme un précipice, au milieu des montagnes, où l'on n'entend plus rien des bruits du monde, où l'on n'aperçoit plus ni ville ni fumée, ni grande route, où l'on se sent comme banni du reste de la terre, où l'on ne trouve enfin, pour se reposer de je ne sais quelle sombre pensée qui glace le cœur, que l'aspect du ciel; au-dessus de ces remparts menaçants, des hommes qui avaient sans doute besoin de ce silence, de cette solitude, étaient venus se choisir ici leur Thébaïde, et y bâtir leur monastère. C'est l'abbaye de Baume-les-Messieurs. Les restes de leur édifice, ravagés par le temps et mutilés par les révolutions, sont encore beaux à voir. La grande allée de marronniers s'élève avec majesté devant la façade, et semble demander aux passants pourquoi elle n'entend plus de prières et de cantiques comme autrefois. L'église, qui a eu beaucoup à souffrir, conserve cependant encore des monuments précieux, des tombeaux en pierre dont on aime à étudier les bas-reliefs, des stalles en chêne admirablement travaillées, et un tabernacle en bois, véritable chef-d'œuvre de sculpture. C'est là qu'est enterré Watteville; Watteville, l'homme aventureux dont l'histoire ferait le plus étrange de tous les romans : d'abord soldat, et puis religieux, assassin, séducteur, renégat, général d'un corps d'armée turque, et puis abbé de ce couvent. Sur une pierre incrustée dans la muraille, on a gravé pour lui cette inscription :

ITALUS ET BURGUNDUS IN ARMIS,
GALLUS IN ALBIS, IN CURIA
RECTUS PRESBITER ABBAS ADEST.

Autour de ce couvent, il s'est formé un groupe de maisons qui composent maintenant un assez joli village.

Non loin de là est le vallon de Quintigny, la retraite favorite de Nodier; non loin de là, le château de la belle et infortunée madame de Lauraguais, et le château du Pin, où l'on conserve encore avec un soin religieux les meubles et les tapisseries de la chambre où Henri IV vint coucher une nuit.

Passez la jolie petite ville de Lons-le-Saulnier, et ses grandes salines, et ses coteaux couverts de vignes, voici la Bresse, si féconde en blé, voici le village de Coligny. Le paysan de ce village connaît l'histoire de la Saint-Barthélemy, et vous montre le château de l'amiral; car il est de ces gloires de malheur dont toutes les générations se souviennent, et que le temps fait comprendre aux intelligences même les plus étroites. Voici les larges et fertiles campagnes, et les belles et fortes femmes de la Bresse avec leur chapeau noir posé coquettement sur la tête, et leurs longues bandes de dentelle tombant sur le cou.

A Bourg, vous trouverez la merveille des merveilles, l'église de Brou, sanctuaire d'amour, couche de marbre où le chevalier dort entre sa femme et sa mère, la main couverte de son gantelet, le corps revêtu de son armure, comme s'il allait se réveiller pour le combat; où la jeune femme dort si belle et si calme, avec un front où la candeur respire, et des lèvres qui semblent s'être fermées en murmurant un mot d'amour ou une prière. Dans le travail de ces tombeaux, dans la grâce de ces bas-reliefs, il y a tout le génie des artistes du moyen âge; dans l'aspect imposant de cette chapelle, toute la gravité d'une pensée religieuse; dans cette enceinte étroite, où les époux reposent derrière leur rideau de marbre éfrangé, tout le mystère d'une chambre nuptiale. Les lettres initiales de Philippe et de Marguerite s'enlacent avec des rubans et des guirlandes de fleurs ; l'hirondelle vient là déposer son nid, et à travers ces riantes images vous voyez se répéter cette triste devise : « *Fortune, infortune, fortune,* » que Marguerite s'était choisie après avoir subi tant de malheurs, après avoir perdu son époux bien-aimé.

Mais l'auteur d'Ahasvérus a déjà parlé de Notre-Dame-de-Brou, et il en parlera encore, si je ne me trompe, car il rattache à ce monument plus qu'une admiration de voyageur, il y rattache des souvenirs d'enfance. Son regard s'est éveillé de bonne heure à ces riantes sculptures, créées par la volonté d'une femme ; sa muse s'est abritée plus d'une fois rêveuse sous ces faisceaux de colonnettes et ces ogives si finement brodées. Il quittera sa paisible retraite de Certine tout exprès pour venir montrer à ses amis cette magique chapelle ; il en est le consciencieux cicérone, il faut qu'il en soit aussi le peintre et le poète.

Avez-vous vu Fourvières ? C'est une humble chapelle bâtie au sommet de la montagne où furent d'abord jetés les premiers fondements de la ville de Lyon. C'était le *Forum Veneris*, ou, comme le disent d'autres antiquaires, le *Forum vetus, Forvieil,* d'où est venu le nom de Fourvières. Ce n'est plus un bijou d'architecture comme le temple de Brou, c'est une pauvre petite église, sans colonnade et sans portail, avec une voûte obscure, et dans le fond un autel de la Vierge, devant lequel brûle sans cesse une lampe. Mais cette Vierge fait des miracles ; elle est renommée au loin, elle secourt le pauvre, elle guérit le malade, elle sauve le marin en danger, elle éteint le feu d'un incendie, elle arrête les ravages de la grêle. De tous côtés, monte chaque jour une foule de pèlerins, femmes, vieillards, enfants, qui s'en viennent lui rendre grâce, en lui exprimant leurs vœux. Les murailles de l'église sont couvertes d'*ex-voto*, les offrandes du riche se mêlent à celles du pauvre ; la rame du matelot se croise avec la béquille du blessé. Plus tard nous retrouverons Notre-Dame-de-la-Garde à Marseille, Notre-Dame-de-la-Mer à Martigues. Partout où l'écueil apparaît, où le danger menace, l'homme porte ses regards en haut, et cherche un appui dans sa foi.

On monte à Fourvières par les vieux carrefours, les rues sales et étroites, les passages boueux du quartier Saint-Jean ; et le malaise qu'on éprouve en traversant ces lieux de misère et de tristesse ne sert peut-être qu'à rendre plus sensibles les douces émotions qui s'emparent de l'âme, lorsqu'on arrive enfin au sommet de la montagne, au-dessus de la terrasse. De là, l'œil se repose sur un des plus riants et des plus vastes panoramas. A vos pieds, toute cette partie ancienne de la ville, étagée en amphithéâtre, entremêlée d'arbres et d'enclos de vignes ; plus bas, les véritables palais de Lyon, les beaux quais, les hauts et larges édifices, et toutes ces rues, ces places, ces monuments encadrés entre ce large fleuve du Rhône et la rivière de la Saône, qui les embrassent de chaque côté, et vont se rejoindre à l'extrémité de la ville. Si c'est le matin au lever du soleil, un brouillard épais vous dérobe peut-être encore la vue de la campagne, mais il monte peu à peu, il s'éclaircit comme une gaze, il flotte comme un voile; les rayons du soleil le pénètrent de leurs chaudes couleurs; le vent joue avec lui, et le poursuit, et le déchire et le chasse par lambeaux. Et tout à coup ce voile est loin, ce grand rideau de théâtre est levé, et la scène vous apparaît vaste, riante, pleine de vie et de majesté : là-bas, la campagne de Lyon couverte de fruits, de jardins, de villas; plus loin, les vastes plaines du Dauphiné, et derrière, cette grande chaîne des Alpes, ce Mont-Blanc, dont le sommet couvert de glace reflète toutes les teintes de lumière, tandis qu'à gauche l'œil peut s'arrêter long-temps sur ce tableau pittoresque de la Croix-Rousse, et à droite sur ces vallons riants où sont situés la Mulatière et le village d'Oullins.

La ville est divisée en deux parties bien distinctes, et quant à l'aspect extérieur, et quant à la classe d'hommes qui les habitent. Le long de la colline de Fourvières, et jusqu'au bout de son circuit, est le peuple pauvre, le peuple d'artisans, retiré dans de chétives mansardes, ou languissant au coin d'une borne, au milieu d'une rue infecte; et dans la plaine est le beau monde, le grand monde, les magnifiques places des Terreaux et de Belcour, les brillants magasins, la bourse et les théâtres, le luxe et l'indolence. Ici, vous découvrez la vie et le mouvement d'une grande ville, l'air affairé du marchand, l'air élégant du dandy, le tilbury du banquier, la lourde voiture du riche bourgeois, une foule active qui se mêle, circule, se hâte pour ne pas manquer l'heure des grandes spéculations ou l'heure de la cavalcade. Un peu plus tard, toute cette foule s'arrête, se repose, se met au frais. Les uns s'en vont occuper les chaises du boulevard, les autres s'asseoir nonchalamment sous les tentes des cafés. La nature leur a fait, de quelque côté qu'ils se tournent, de délicieux points de vue; le génie inventif du commerce leur donne tous ses raffinements de plaisir; la politique et la littérature, en grand et petit format, s'étalent sur toutes les tables de marbre qu'ils viennent occuper, et la chanteuse italienne au teint bruni, au regard ardent, leur module la romance du maestro, tandis qu'ils restent là comme des nababs à savourer le parfum de leurs cigares de Havane.

Mais pénétrez là-bas, dans ces quartiers de Saint-Georges et de la Croix-Rousse. Il n'y a là ni magasins de luxe, ni lieux brillants de réunion; rien que de pauvres guinguettes, rien que des maisons noires, étroites et efflanquées, où l'artisan va chercher aussi haut que possible la place la moins chère, pour y mettre un métier et un lit. Les femmes se traînent avec des lambeaux dans la rue; les enfants connaissent en venant au monde les souffrances de la misère; et l'homme travaille cependant avec résignation, avec persévérance. Le soir, dans ces rues sombres et étroites, vous apercevez à un huitième, à un neuvième étage, les pâles rayons de sa lampe, et jusque bien avant dans la nuit vous pouvez entendre le bruit rauque et monotone de ces métiers, dont le mouvement continu fatigue même l'oreille de celui qui en est éloigné. Non, ce tableau n'est pas exagéré. La pauvreté de ces hommes est grande, et leurs souffrances doivent émouvoir le cœur. S'il y a des ouvriers qui gagnent jusqu'à six et sept francs par jour, il y en a beaucoup qui sont sans ouvrage, et beaucoup qui, avec le travail le plus assidu, ne parviennent pas à gagner plus de trente francs par mois. Je laisse à penser ce que peuvent être trente francs, morcelés encore par des accidents imprévus, pour être employés à la subsistance de toute une famille, dans une ville comme Lyon.

Mieux vaut retourner dans la rue Cordière ; les impressions seront plus douces auprès de cette maison où habitait jadis Louise Labé, cette jeune femme au cœur poétique, dont nous aimons encore à relire les gracieux écrits. Elle avait, dit un auteur contemporain, « la face plus angélique qu'humaine, mais ce n'estoit rien à la comparaison de son esprit, tant chaste, tant vertueux, tant poétique, tant rare en sçavoir, qu'il sembloit qu'il eust été créé de Dieu pour estre admiré comme un grand prodige entre les humains. » Elle avait fait de sa maison le rendez-vous de tous les hommes de goût et de talent, et plusieurs femmes lyonnaises étaient dignes de figurer au milieu de ces réunions littéraires. Nous citerons, entre autres, Perrinette de Guillet, dont on a publié dernièrement les œuvres ; Louise Sarrazin, Claudine Péronne, toutes les trois renommées pour leur grâce et leur esprit. Louise Labé recevait encore, a dit un écrivain, « seigneurs, gentilshommes et autres personnes de mérite, avec entretien des dires et discours, musique, tant à la voix qu'aux instruments, où elle estoit fort habile ; lecture de bons livres latins et vulgaires, italiens et espagnols, dont son cabinet estoit copieusement garni. »

Les poètes de l'époque lui adressaient leurs hommages. Elle reçut des épîtres en espagnol, en latin, en italien et même en grec. On la surnomma la Sapho moderne. Elle méritait peut-être ce titre par deux ou trois pièces érotiques ; mais elle a composé des sonnets qui eussent pu lui donner un renom d'une tout autre nature. Tel est, entre autres, celui-ci, dont un poète platonicien ne désavouerait peut-être pas l'idée, quoiqu'elle soit un peu forcée.

> On voit mourir toute chose animée,
> Lorsque du corps l'âme sutile part, etc.

Cette même Louise Labé, qui composait ces tendres sonnets d'amour, n'était pas seulement douée d'une imagination douce et rêveuse, comme on pourrait se le figurer d'après ses poésies. Elle avait puisé dans les habitudes de sa vie, dans le commerce des savants, le goût des études fortes et sérieuses. Elle écrivait un jour à Clémence de Bourges, l'une de ses amies, ces mots, qui eussent pu, il y a quelques ans, servir de texte à une prédication saint-simonienne : « Estant le tems venu que les séuères loix des hommes n'empeschent pas les femmes de s'apliquer aux sciences et disciplines, il me semble que celles qui ont la commodité doiuent employer cette honneste liberté, que notre sexe ha autrefois tant désirée, à icelles apprendre, et monstrer aux hommes le tort qu'il nous faysoient en nous priuant du bien et de l'honneur qui nous en pouvait venir. »

Laissons la poétique demeure de Louise pour prendre, à Perrache, le bateau à vapeur qui descend le Rhône. Ce fleuve ne présente pas, sur ses bords, les sites grandioses, variés et romantiques que l'on trouve sur le Rhin, ni les teintes sombres du Danube, au pied des montagnes de Bohême, ni les prairies verdâtres de l'Escaut, ni les plaines parfois sauvages de l'Elbe. Il est pur et gracieux, il serpente avec mollesse, s'échappe dans la prairie, embrasse dans un de ses contours quelque groupe d'arbres, une vigne, une chaumière, et puis revient, et se repose, et s'aplanit comme une glace, et retourne encore jouer avec les branches pendantes du saule, avec la mousse du rivage. J'en parle ainsi pour l'avoir vu par un beau jour, par un beau temps calme. Assez souvent il lui arrive d'entrer en colère et de bondir avec impétuosité. Quelques étymologistes ont même fait dériver son nom du mot *rodo*. Maurice Sceve a dit :

> Fleuve rongeant pour t'attiltrer le nom
> De la roydeur en ton cours dangereux.

Et Pétrarque :

> Rapido fiume, che d'alpestra vena
> Rodendo intorno, onde il tuo nome prendi.

Mais le jour où nous le parcourions, un ciel bleu lui donnait un doux reflet. Le marinier le descendait en chantant, à demi couché sur le gouvernail de son bateau, et les voyageurs saluaient tour à tour, avec une égale joie, ces rives animées et fleuries, ces villages dont on voyait poindre le toit grisâtre, le clocher aigu, au-dessus du feuillage vert des vignes; et ces villes aux noires murailles, aux vieux souvenirs, et ces ponts élégants en fil de fer, qui s'élancent de distance en distance, si hardis et si légers, et ces riches coteaux de l'Hermitage, de Saint-Peray, dont les gastronomes ne prononcent pas le nom sans un sentiment de vénération.

Dans ces plaines, le long de ces côtes, l'antiquité a laissé de beaux et imposants souvenirs. L'archéologue et l'historien trouveront de grands et sérieux sujets d'étude dans les monuments de Vienne, Valence, Orange, etc. Le moyen âge est venu aussi déposer ici le souvenir de sa poésie chevaleresque. De distance en distance, les restes du château féodal couronnent la montagne; la tour, avec ses créneaux, domine la cime du rocher. Le temps actuel, prenant toujours le point de vue utilitaire, a construit ces ponts et frayé sur le bord du fleuve ces chemins où de forts couples de chevaux s'en vont remorquer les bâtiments. Les trois époques se trouvent ainsi l'une à côté de l'autre. La colonnade romaine s'élève en face de l'ogive, et la maison nouvellement bâtie s'appuie parfois sur l'une et sur l'autre.

Parfois aussi une tradition, que le peuple a conservée avec sa fidélité habituelle, donne un nouvel intérêt à ces restes d'édifices. A Lyon, aux bords de la Saône, on visite encore la *tour de la Belle Allemande*. Une jeune fille d'Allemagne, devenue l'épouse d'un riche et vieux Lyonnais, se laissa séduire par un jeune homme dont elle avait pu apprécier, dans mainte occasion, et l'amour dévoué et le noble caractère. Le mari, défiant et toujours aux aguets, s'aperçut de leur liaison; et, comme il avait beaucoup de crédit à Lyon, il parvint, je ne sais sous quel prétexte, à faire enfermer, par ordre des magistrats, le jeune homme au château de Pierre-Scise, tandis que lui-même se chargeait de conduire, sous un double verrou, sa femme au haut de cette tour. Le jeune homme s'échappe de sa prison, se jette à la nage dans la Saône, et tente d'escalader les murs où est renfermée la jeune femme, qui, l'ayant aperçu à travers une fenêtre, l'encourage de la voix et du geste à venir la délivrer; mais les gardes du château l'aperçoivent; ils lui lâchent une décharge d'arquebuses; le malheureux tombe mort, et son amante, témoin de cet horrible spectacle, ne lui survécut que peu de temps.

Il y a là comme un surcroît de douleur attachée à l'histoire d'Héro et Léandre. Voici maintenant une nouvelle roche Tarpéienne.

Au-delà de Valence, sur la rive gauche, vous apercevez une roche élevée, unie, perpendiculaire. Au sommet, on distingue encore quelques restes de muraille, une tour en ruines et des remparts. C'était le château du baron des Adrets, le farouche protestant. C'est de là-haut, dit-on, qu'il faisait précipiter en bas les soldats catholiques tombés entre ses mains. On connaît cette histoire de l'un d'eux, qu'un bon mot sauva du supplice auquel il était condamné. Le baron des Adrets avait rassemblé un assez grand nombre de prisonniers, et, par représailles de cruautés envers le parti catholique, s'amusait un jour à les faire sauter du haut des remparts. L'un de ces prisonniers, moins décidé à mourir que les autres, avait déjà pris cinq ou six fois son élan sans pouvoir tenter ce saut dont on ne revenait pas. Il courait jusqu'au bord du rempart, puis s'arrêtait devant l'abîme, et revenait en arrière mettre à une nouvelle épreuve son courage. A la fin, le rude baron, impatienté, lui cria : « Je te le donne en trois. — Monseigneur, répondit froidement le soldat, je vous le donne en dix; » et le baron, frappé de cette présence d'esprit, lui accorda sa grâce.

C'est à ce baron des Adrets que l'auteur de la *Prinse Montbrison* adressait la pièce suivante, sous le titre de prédiction. C'est un de ces mille opuscules que les deux partis échangeaient conjointement avec les coups de sabre et les décharges d'arquebuse.

  L'Esprit me dit qu'hautement je m'escrie
  Qu'aus quatre bords de Provence je die :
  O Avignon, siége de l'Antechrist,
  Dompté seras par mon Dieu Jésus-Christ,
  Et toy mocqueur que ne verray d'ormais,

Tu fléchiras, ô basse cité d'Aix.
Dieu tout puissant, de force sans pareille,
T'assujettit ô ville de Marseille.
Pertuis, Grignon, Draguignan et Brignolle
Tout ce qui est souz le provençal polle
Recongnoistra en ses trauers et dretz
Le cœur, l'effort du seigneur des Adretz.
Tout en bref temps eschappera des mains
De ces pillards et imposteurs romains.
Car Jésus-Christ a pris harnois et lance
Pour délivrer notre pays de France,
Sus donc, Seigneur, ton saint nom publié
Soit sous le ciel de tous glorifié.

Ainsi soit-il.

A quelque distance de cette roche célèbre des Adrets, on montre aussi le château de Roquemaure, que la tradition prétend avoir été habité par les quatre vaillants fils Aymond, et l'on ne peut oublier, parmi tous ces souvenirs d'histoire ou de crédulité populaire, le mont Pila, où l'on retrouve, comme dans plusieurs autres contrées, et notamment en Suisse, cette chronique superstitieuse que le christianisme d'un temps de foi aveugle et d'ignorance adjoignit comme pendant à la grande et symbolique histoire d'Ahasvérus.

Au-delà de Valence, la nature, jusqu'alors riante et fertile, prend un aspect plus sombre et plus imposant. La côte n'est souvent qu'une espèce de lande grisâtre et inculte. De grandes masses de rochers s'élèvent toutes nues; aucun arbrisseau ne les pare, aucune plante n'y étale son feuillage, et les rayons du soleil, tombant d'aplomb sur cette surface blanche, lui donnent une teinte éblouissante que l'œil supporte difficilement. Cependant les bords du fleuve sont encore très-animés; les bateaux passent à grand renfort de marins et de chevaux; les villes et villages s'étalent assez gaîment sur la route, et leurs carrés de jardin, leurs enclos de verdure tranchent d'une manière pittoresque avec la sécheresse des lieux qui les environnent. La ville de Saint-Esprit surtout présente un aspect majestueux. Les femmes se signent en passant sous le pont de cette ville, qui, par la largeur de ses arches et sa hardiesse de construction, donne un avant-goût du fameux pont du Gard; et les beaux-esprits du bateau ne manquent pas de faire là-dessus un superbe chapitre d'érudition.

Puis voici apparaître de loin Avignon, avec sa ceinture de murailles, ses maisons grisâtres, ses tours carrées et ses créneaux; Avignon, tente de la papauté que le pape a oublié de lever en partant. Jusqu'ici l'homme du Nord n'a pas encore pu se croire tout-à-fait transplanté hors de son pays. Les rives du Rhône à Lyon ne l'étonnent pas, et la traversée de Lyon à Avignon se fait si rapidement, qu'il passe sans avoir remarqué en route autre chose qu'un changement de température assez notable. Avignon est donc la première ville où il s'arrête avec surprise, la véritable porte du Midi. Mon compagnon de voyage, mon ami B.... et moi, nous portions nos regards sur ces côtes rocailleuses, sur ces arbres maigres, épars, blanchis par la poussière, comme les nôtres le sont en hiver par la neige, sur cette ville aux teintes grisâtres et monotones, et nous disions : « Hélas ! adieu nos vertes campagnes d'Alsace étendues entre les Vosges et la Forêt-Noire. Adieu nos jolis villages aux vives couleurs, aux larges toits perdus sous des masses d'arbres fruitiers ; tous ces villages, qui ressemblent à des jardins, qui forment une longue avenue sur la route, comme pour offrir l'ombre et l'hospitalité au voyageur. Adieu nos riches vallons où le Rhin serpente, où de loin l'on entend tinter, avec une harmonie étrange, la cloche des troupeaux, où la jeune fille passe si blonde et si blanche avec le grand chapeau de paille qui la recouvre, et le râteau qu'elle porte légèrement sur l'épaule. Adieu nos villes si bien percées, si propres et si animées, où la bonne vieille vient poser son rouet devant la porte, où les voisins causent assis sur le banc de pierre, et saluent l'étranger qui passe, comme les bonnes gens d'Hermann et Dorothée.

A Avignon, nous trouvons une autre physionomie, un autre langage, d'autres mœurs. Le peuple ne parle plus que ce dialecte provençal qui a, dans presque tous ses mots si riches en voyelles, la forte accentuation, la grâce et l'harmonie de l'italien, et, dans la plupart de ses expressions, la naïveté d'une langue que les savants n'ont point gâtée, et qui est restée populaire. Les visages ont une coupe ovale et régulière, le nez un peu busqué, les yeux noirs bien fendus, et le teint d'un blanc mat. Les têtes d'hommes surtout y sont d'une beauté remarquable. Les femmes du peuple y sont généralement belles aussi, mais il faut trop souvent chercher l'expression de leur physionomie, la régularité de leurs traits sous des bonnets sales et des cheveux en désordre. Les gestes composent, avec l'expression mobile de la figure et les mots grammaticaux, une partie essentielle du langage populaire. Souvent l'homme du peuple ne parle pas : il gesticule. La parole est trop lente pour lui ; le mouvement de ses bras est plus rapide, et ceux qui l'entourent acceptent volontiers une pantomime au lieu d'un discours.

Les premiers hommes avec lesquels on entre en contact à Avignon sont les portefaix, et il faut avouer qu'ils ne doivent pas souvent se faire regretter. Les portefaix forment dans cette population une classe à part, demi-active, demi-indolente, dormant au soleil comme des lazzaroni, et gagnant en quelques instants de travail tout ce qu'il leur faut pour vivre. La nature leur a donné une constitution forte et robuste ; leur industrie et leur bon vouloir font le reste. Leur métier se transmet fidèlement d'une génération à l'autre. Les pères ont pris de bonne heure les crochets : les enfants les prennent aussi, et vont attendre les bateaux sur le port, ou le voyageur à l'hôtel. De là une race d'hommes nombreuse, puissante, irritable, qui ne s'altère point, qui ne se mêle point aux autres branches de la population, qui a ses lois, ses coutumes et ses priviléges, dont elle est extrêmement jalouse. On ne peut pas la dissoudre ; on ne peut pas la disséminer. Elle tient au sol où elle est née, aux habitudes qu'elle a prises, au genre de vie qu'elle mène. Elle ne se recrute guère d'étrangers, mais aussi elle ne s'affaiblit point, elle n'émigre pas. Son métier, au reste, ne se borne pas seulement à charger et décharger les marchandises : un tel travail est bon pour les temps de calme plat, pour les jours sans commotion ; mais arrive-t-il une circonstance grave, un événement politique important, soudain l'alarme est donnée, la nouvelle du journal résonne comme un coup de foudre au milieu de ces hommes accroupis nonchalamment au coin d'une rue ; le mot d'ordre circule, le rassemblement se forme, et l'émeute ou le combat commence. Car tous ces portefaix composent une masse flottante prenant part, à sa manière, aux discussions de la tribune, aux orages politiques, et toujours décidée à soutenir par la force le principe que les autres promulguent par la parole. Les divers partis les ménagent, et le pouvoir les redoute. La restauration les traitait avec une rare bienveillance ; elle avait ses raisons pour cela, et le gouvernement de juillet n'a pu rompre entièrement avec eux. On en est venu plusieurs fois aux pourparlers, et enfin, pour répondre à leurs exigences, et défendre cependant l'intérêt des voyageurs, on a composé un tarif d'après lequel il n'en coûte plus guère pour faire transporter une malle et un porte-manteau à l'hôtel que ce qu'il en coûterait à Paris pour avoir tout le jour un cabriolet à son service. Les portefaix se divisent en deux partis : les carlistes et les hommes attachés au drapeau tricolore. Les nuances intermédiaires leur échappent. Ces deux partis ont leurs traditions et leurs hauts faits, leurs jours de règne et leurs années d'infortune. L'histoire de toutes nos révolutions est spécialement la leur. La chute ou le rétablissement d'une dynastie entraînait la chute ou le rétablissement d'un des deux camps rivaux. Il n'y va pas seulement pour eux d'un échec moral; il y va du plus ou moins de facilité à se procurer du travail et des moyens d'existence. Quand la restauration arriva, les portefaix attachés à l'empire, au consulat, furent obligés de se retirer. A la révolution de juillet, ceux-ci reparurent fièrement, et interdirent l'accès du port et l'approche des bateaux aux carlistes. La fidélité politique de ces hommes est une chose sacrée; la cocarde qu'ils ont une fois prise, ils ne la quittent pas. On les a vus dans toutes les émeutes, et toujours à la même place. Leur nature ardente, l'esprit d'opposition qui règne entre eux, l'influence que l'on exerce sur leur esprit, les poussent facilement à l'exaltation, et de là au fanatisme. Mais, si ce fanatisme s'apaise, il ne change pas d'objet. Les mêmes causes peuvent encore l'amortir, les mêmes causes le réveiller. Les uns sont morts en criant : Vive l'Empereur! les autres mourraient en criant : Vive la Restauration !

Ce sont ces portefaix que vous apercevez de loin, quand le bateau arrive, entassés confusément sur le port, les bras nus, la tête couverte d'un bonnet, le corps serré par une large ceinture. Un paisible étranger, un bon bourgeois parisien, je suppose, ennemi juré de toute lutte, de tout ce qui peut l'arrêter dans sa marche, le déranger dans ses habitudes, n'observerait pas sans un singulier sentiment de crainte leurs membres nerveux, leurs formes vigoureuses et leur air d'audace et de bravoure. A peine le bateau approche-t-il, que tous ces hommes entonnent leur chanson de compagnonnage, leur chanson qui ressemble, hélas ! au cri des oiseaux de proie à la vue d'une troupe d'alouettes. Car, au même instant, ils s'élancent sur le pont, et alors malheur au pauvre voyageur qui ne peut pas embrasser de ses deux mains, couvrir de son corps les effets qu'il emporte avec lui. L'un lui prend sa malle, un autre sa valise, un autre encore son sac de nuit. Il y en a qui n'ont pas honte de vous demander à porter votre canne ou votre tabatière. Et vous avez beau crier, vous mettre en colère ; il y a deux cents portefaix pour une charge qui n'en demanderait pas trente. Il faut que chacun ait sa part, et leur geste bien démonstratif vous le prouverait bientôt, pour peu que vous ne voulussiez pas le croire. Le mieux est de se résigner, d'indiquer de bonne grâce son hôtel, et de suivre avec le plus de patience possible tous ces porteurs ; qui s'en vont en longue file vous rendre fidèlement ce dont ils se sont emparés, mais vous présenter ensuite une terrible addition.

Il existe toujours à Avignon un hôtel historique : c'est celui du Palais-Royal, celui où le maréchal Brune fut si lâchement assassiné. L'hôte, assis le soir devant sa porte, vous raconte encore les circonstances de ce drame horrible. Tous ses efforts pour sauver le maréchal échouèrent contre le sentiment d'honneur et la fermeté de ce vieux soldat qui préjugeait trop bien du caractère de ses compatriotes pour croire qu'il pût jamais tomber victime d'une émeute populaire. Mais le brave aubergiste parvint du moins à faire évader les deux aides-de-camp, et à soustraire au pillage la caisse d'argent et les papiers du maréchal. Ses tentatives pour en venir là faillirent lui coûter la vie, et sa femme et ses deux filles, saisies de terreur, moururent peu de temps après cette affreuse soirée. Et quand le vieux maître d'hôtel vous retrace cette page sanglante de notre histoire, son œil s'anime encore d'une généreuse indignation en vous peignant la figure des assassins, et sa voix ne prononce pas sans un vif sentiment de vénération et d'amour le nom de Brune.

Avignon n'a que des rues tortueuses et étroites, rien de large, rien de régulier, car toute la ville est bâtie par angles inégaux contre le vent et le soleil. Dans les quartiers marchands, des tentes de toile s'élèvent d'un côté à l'autre de la rue, et lui donnent, sinon de la fraîcheur, au moins de l'obscurité. Dans les autres, les maisons se trouvent si rapprochées que les rayons du soleil y pénètrent à peine; mais l'entrée en est garantie par une malpropreté qui fait vivement regretter les rues larges et bien aérées du Nord.

Il y a pourtant, à travers ces allées sombres, ces carrefours malsains, ces rues taillées en zigzag comme les travaux avancés d'une citadelle, il y a encore assez de beaux édifices, assez de monuments dignes d'attirer l'attention du voyageur. La rue où habitaient les cardinaux est pleine de maisons élégamment construites. Le musée s'enrichit chaque jour des précieux débris d'antiquité que l'on trouve en fouillant cette terre si profondément remuée par les Romains. Le vieux pont que l'on laisse, je ne sais pourquoi, tomber en ruines, mérite d'être observé pour sa structure. La petite chapelle qui se trouve à peu près au centre de la ville a une façade gothique d'une grâce et d'un fini de travail délicieux. Et puis il y a ce beau Christ d'ivoire que l'on montre à tous les étrangers, ce Christ, œuvre d'art et de commisération, car le sculpteur le fit pour racheter son neveu de la captivité. Et puis il y a ce palais des papes, qui renferme en lui seul tant de hauts et puissants souvenirs. Ce monument produit sur ceux qui le voient pour la première fois un effet étrange. On le regarde d'en bas avec une sorte de respect craintif ; mais on se plaît à le regarder. On veut s'éloigner, et l'on revient conduit par je ne sais quelle fascination. Toute l'histoire de quatre-vingts ans de schisme est là, toutes les luttes religieuses et guerrières, les jours de splendeur et les jours d'orage de la vie des papes, l'ardent catholicisme, et l'âpreté de cette époque, vous pouvez les voir empreints dans ces constructions adossées les unes aux autres, tantôt sous la forme d'un pavillon, tantôt sous celle d'un rempart, selon la fantaisie ou le besoin du moment. A voir cet édifice grandiose et bizarre, on ne saurait dire si c'est un palais ou une forteresse. Mais il y a de la majesté dans cette masse de bâtiments, toute mal coordonnée qu'elle soit; de la force dans cette voûte qui s'appuie hardiment sur le roc, et de la religion dans cette ogive qui part de terre et s'élance si haut. Peut-être aussi ne faudrait-il pas chercher long-temps pour retrouver ici quelque chose de la douceur et de la mélancolie d'un sonnet de Pétrarque, ou une image du républicanisme de Rienzi. Car alors toutes ces idées de poésie, de religion, de liberté, se rapprochaient, s'entremêlaient, se développaient ensemble, sans rien perdre de leur empreinte caractéristique; et, sous la main des artistes du moyen âge, la pierre, instrument docile, semblait n'attendre qu'un signal pour s'assouplir aux inspirations de l'amour, aux rêves de l'architecte, au besoin d'un cœur religieux.

Dans ce palais, dont l'extérieur offre un aspect imposant, il y avait aussi de grandes salles, des salles royales peintes à fresque, et richement décorées, mais le temps avait déjà ruiné en partie ces monuments d'art et d'histoire, et notre époque éminemment civilisatrice a fait le reste. Le palais des papes a été transformé en casernes, et le grand tableau du jugement de Jeanne de Naples, qui occupait tout le fond d'une salle, a été recouvert d'une couche de plâtre, pour qu'on y inscrivît le nom d'un régiment et le numéro d'ordre des compagnies.

Aix a perdu ses anciens jours de gloire. Le quinzième siècle en s'éloignant lui a retiré son parfum de poésie. Il y a des villes que le moyen âge avait faites grandes, et qui ont trop vite vécu dans cette faveur passagère, et ont si bien mûri sous leurs chauds rayons de soleil que le temps n'a pu que leur apporter ensuite un air de vétusté et de décadence. Ainsi de Florence, la ville des Médicis, ainsi de Nuremberg, cette bonne et religieuse cité où Albert Dürer peignait ses grands tableaux, où Hans Sachs écrivait ses tragédies, où Pierre Vischer déposait son admirable chef-d'œuvre. Ainsi d'Aix, la ville poétique par excellence : Aix, la capitale des comtes de Provence, est devenue le chef-lieu d'une sous-préfecture. Les troubadours n'y font plus retentir les sons de leur lyre. La grâce du triolet, la mélancolie rêveuse du lai d'amour ont fait place aux discussions arides de la politique. La cathédrale a perdu ses grandes solennités, les rues leurs processions chevaleresques, la plaine ses tournois. La ville s'est pliée comme toutes les autres à ce niveau uniforme de la civilisation moderne.

Il y a un peu de commerce, un peu d'industrie, quelques fonctionnaires et quelques négociants jaloux de montrer plus de luxe que les fonctionnaires. On fait venir assidûment, par le courrier, le bulletin des nouvelles modes et la cote de la Bourse. Les gens riches donnent des soirées ; les gens pauvres se fatiguent de travail au fond d'un atelier ou mendient tristement dans les rues. On vénère le sous-préfet, on encense le recteur, on salue de très-loin le maire ; on se met à genoux devant l'évêque, et si l'on n'a pas, dans l'enceinte même de la cité, un journal, on se vante au moins d'être assez bien connu au *Sémaphore de Marseille*, ou à l'*Écho de Vaucluse*. Pour moi, je trouve que c'est, dans l'ordre de choses actuel, une ville très-bien organisée.

L'intérêt du présent n'y est cependant pas tellement absolu, que l'on ne se retourne encore avec plaisir vers le passé. Le peuple surtout, le peuple, cet être si fidèle aux traditions de ses pères, aux souvenirs qui se perpétuent par la chaîne des temps, aux fleurs qui croissent sur les tombeaux, le peuple a conservé dans sa mémoire le nom du roi Réné. Il en parle encore avec amour, il l'associe souvent à ses jouissances d'intérieur, à ses fêtes de famille. Les vieillards se souviennent d'avoir encore vu ces jeux riants et pittoresques de la Fête-Dieu, institués par le roi Réné; les enfants chantent parfois, en s'en allant le long des rues, cette chanson qui s'est embellie d'un reflet de sentiment et de naïveté des temps passés.

> Bouen Réné doou plus haout séjour
> Gleto un coou d'auey sur la Prouvenço
> Regardo en aquesto beou jour
> Nouestreis cooers per tu plens d'amour*.

Dans l'ancienne cathédrale, qui mérite d'être observée pour sa construction légère et quelquefois gracieuse comme un balcon moresque, pour l'admi-

---

* Bon Réné, du plus haut séjour jette un coup d'œil sur la Provence; regarde dans ce beau jour nos cœurs pleins d'amour pour toi.

rable sculpture de ses portes, et le mystère religieux de ses arceaux; dans cette cathédrale, où la pieuse croyance des anciens catholiques a su faire un baptistère d'un autel consacré à Diane, on montre encore un grand tableau à trois compartiments que l'on dit avoir été peint par le roi Réné. Il s'est représenté là, lui-même, à genoux, les mains jointes, avec son bonnet noir sur la tête et son mantelet de chanoine (car il était chanoine du chapitre d'Aix, le roi Réné); et vis-à-vis est sa femme, Isabelle, à genoux aussi, les mains jointes, le corps un peu raide, mais le visage empreint d'une ineffable douceur. Le tableau pourrait bien ne pas être exempt de tout reproche aux yeux d'un homme de l'art. La couleur y est sèche; les principes de dessin n'y sont pas de la plus rigoureuse exactitude, et l'on n'y trouverait pas un très-grand respect pour les lois de la perspective. Mais il intéresse doublement, et comme œuvre ancienne, et comme tableau historique.

Sur le Cours, au milieu de la ville, notre statuaire David a élevé au roi Réné une statue en marbre que l'on se plaît toujours à revoir. Elle est de grandeur plus qu'ordinaire, bien et noblement posée, le corps enveloppé d'un long manteau, la tête couverte d'un diadème, les cheveux déroulés à plat sur le cou, la main tombant négligemment sur une lyre, et des livres sont à ses pieds. On a reproché au statuaire de n'avoir pas conservé au roi Réné la ressemblance traditionnelle d'un portrait. Mais il a mieux fait. Il a idéalisé cette figure de roi et de poëte. Il l'a pris dans ses œuvres, et l'a doué de cette physionomie qu'on lui accorderait naturellement après avoir étudié sa vie de souverain et son intérieur. Non, ce n'est pas ce Réné, chanoine de la cathédrale d'Aix, tel que nous le représentent de grossières images, mais bien ce roi au regard doux et bienveillant, au visage empreint d'un sentiment de bien-être moral, au sourire plein de grâce et de bonté, ce roi qui peignait une perdrix quand on venait lui annoncer la perte d'une bataille, ce roi paternel qui, avant de recevoir l'impôt de ses sujets, demandait encore si le mistral n'était pas venu ravager leurs terres, si les ardeurs du soleil n'avaient pas nui à leurs récoltes.

Après cela, Aix offre aux regards des voyageurs de grandes rues larges et alignées, des édifices modernes d'un bon goût, de belles promenades, des places spacieuses et régulières. On ira faire une longue station à la Bibliothèque, l'une des plus riches du royaume. On ira voir le dimanche ces jolies grisettes aux grands yeux noirs, aux pieds chaussés comme des arlésiennes, qui se promènent dehors la ville entre les marchands de gâteaux, et les jeunes gens qui les suivent d'un regard avide, et l'on retournera plus d'une fois à ces bains connus sous le nom de bains Sextus. L'eau qui tombe dans de larges et profondes baignoires de marbre est pure et limpide, légèrement azurée, comme l'eau d'une source. Elle a la douce chaleur d'un ruisseau où les rayons du soleil pénètrent à travers le feuillage, et le velouté d'un tapis de mousse. Quand on s'y plonge, on sent revenir sans le vouloir toutes les riantes fictions de la mythologie ancienne, qui avaient bien aussi leur mérite. On rêve la grotte de cristal, on cherche de l'œil la naïade. Mais hors de là l'enchantement disparaît. Le jardin qui touche à cette maison de bains est maigre et aride. Les arbres qui bordent la route élèvent tristement leurs rameaux à moitié desséchés. Il n'y a là tout autour ni herbe, ni verdure; et dans la rue, point de mouvement, car, à huit heures du matin, les tentes sont déjà dressées au-dessus des boutiques, et personne n'ose plus s'exposer aux ardeurs du soleil. Ce ne sont pas les bains de Tœplitz, la ville riante, avec ses frais environs, et sa grande allée, où le roi de Prusse et l'empereur d'Autriche s'en vont l'un à côté de l'autre à travers la foule des promeneurs. Ce n'est pas Bade, avec ses hautes montagnes toutes couvertes de vieux châteaux et sa vallée de la Mourgue, si verte et si pittoresque. Ce n'est pas même Luxeuil, avec sa ceinture de belles forêts, de plaines fécondes et de jolis villages, ni Plombières, cette délicieuse petite ville, cachée dans son étroite prairie, entre ses deux collines, comme un nid d'alouette entre les sillons. Là, le ruisseau de la vallée serpente si bien dans son lit de mousse et de fleurs! Les sentiers qui tournent autour de la montagne sont si gracieux! La ville a quelque chose de si calme dans cette enceinte qu'elle occupe, avec l'humble clocher qui la domine, et les bois qui la couronnent! Puis on y arrive de Fougerolles, par une route bordée à droite et à gauche de cerisiers qui se revêtent au printemps de fleurs roses et blanches, et imprègnent l'atmosphère de leurs doux parfums. Puis de là-haut on admire les merveilles de l'agriculture et les travaux de l'industrie. C'est le champ, dont vous voyez au loin fumer la terre, que l'on brûle pour le féconder ; c'est le laboureur qui passe avec sa lourde charrette chargée de foin ; c'est le bûcheron qui s'en va, en coupant des broussailles, ouvrir de nouveaux chemins dans la forêt ; c'est le berger qui s'assied négligemment au-dessus du rocher, et regarde avec une jouissance vague, et sans pouvoir bien se rendre compte de la poésie intime de ses sensations, le coucher du soleil et les grandes ombres qui descendent des montagnes. C'est la Chauxdau, paisible retraite voilée et recueillie, où l'on entend bruire les eaux qui tombent en cascades le long des rochers ; où l'on voit luire le soir, comme des étoiles, les étincelles qui s'échappent du milieu des forges. Et l'on se laisse aller tour à tour à ces émotions, et l'on rêve, et l'on aime à rester dans cette rêverie : car, à travers ces prés, dans les profondeurs de ces bois, au sein de cette ville, le long de ces montagnes, il y a de la vie, du mouvement, de la pensée. Ce n'est pas la nature qui s'endort de fatigue et d'abattement sous un soleil dévorant ; c'est la nature qui s'élève riante et belle sous le ciel bleu qui la domine, avec les fleurs qui la décorent, les grands rameaux d'arbres qui l'ombragent, les oiseaux qui dans leurs chants la saluent, et l'homme qui l'aime et l'admire.

D'Aix à Marseille la route est fatigante, chaude, poudreuse. Tout ce que l'on aperçoit, c'est un sol grisâtre et rocailleux ; de distance en distance, une maison dont les murs en terre glaise se confondent avec la couleur des coteaux ; de longs espaces privés de toute espèce de végétation ; puis les oliviers à la tige tortueuse, au feuillage vert et argenté comme les saules de nos rivières ; la feuille découpée du mûrier, et la vigne, jetée en plein champ, et traînant sur le sol ses branches pendantes et chargées de fruits. Chaque fois que la nature ici veut bien produire, elle produit à foison. L'homme n'a qu'à s'en aller jeter sa semence en terre, il la récoltera au centuple. L'homme s'endort au pied de son figuier, au milieu de sa vigne, et la vigne et le figuier, et les arbres de toute espèce qui croissent sous ce soleil de Provence lui donnent tout ce qu'il aurait eu le droit d'en attendre, après le travail le plus pénible et les soins les plus assidus. Vous voyez souvent ici le laboureur s'en aller dans ses champs, avec une charrue dont le soc ressemble à une lame de couteau, et une génisse ou un âne qui la traîne nonchalamment de sillon en sillon, et les terres ainsi cultivées rapportent huit et dix pour cent, et les vignes ou les prairies donnent quelquefois le double.

Si pourtant la route d'Aix semble avoir été privilégiée, sous le rapport de la monotonie et de l'aridité, on oublie tout lorsque, parvenu au-dessus d'une des dernières hauteurs, on aperçoit à ses pieds les riantes villas de Marseille, avec leurs toits en terrasse, leurs murs fraîchement peints et leurs jardins couverts d'arbres et de verdure, et dans le fond, la mer où surgit, debout, sur le roc, le château d'If, aux vieux et romanesques souvenirs. Cette grande mer est si belle à voir, si bleue et si profonde! Ce n'est point la couleur argentée de l'Océan, ni la teinte sombre des mers du nord : c'est la chaude couleur d'un ciel d'Italie, l'azur uni, foncé, sur lequel la voile triangulaire de la tartane passe comme l'aile blanche d'un cygne, sur lequel les larges flancs du trois-mât flottent comme un nuage.

De tous les tableaux que l'on peut venir chercher en Provence, celui-ci est le plus grandiose, le plus gracieux et le plus imposant; c'est celui auquel on veut revenir sans cesse, celui qu'on ne contemple jamais sans un nouveau sentiment de surprise et d'admiration. Cette mer de la Méditerranée, cette mer qui baigne Marseille, a des images si douces et si élevées, soit que du haut de la poétique retraite de Barthélemy et Méry on la regarde s'épancher au loin comme un grand lac, soit que de l'une des fenêtres du château Borelli on la voie palpiter sous le bateau pêcheur du Catalan, soit qu'assis sur l'une des pierres de l'antique cathédrale on la voie s'élancer, en bouillonnant, contre le roc qui la repousse, et mugir et se retirer en arrière, et revenir encore avec de hautes vagues qui montent comme une colline, et retombent, et s'aplanissent comme une nappe d'argent; soit enfin qu'au milieu du port on la voie porter si légèrement les mille navires qui la recouvrent, et sourire aux pavillons de tous les pays, aux banderoles de toutes couleurs qui la saluent, cette mer offre à la pensée un espace immense, où l'amour s'égare, où le sentiment religieux s'éveille, où la vie se repose, où le poète sent naître au dedans de lui-même les rêveries les plus suaves, les conceptions les plus puissantes. La nacelle légère s'y berce avec sa tente en toile de couleur; le navire pesant y apporte les richesses d'un autre monde; la jeune femme y joue avec son éventail; le marinier y chante sa chanson naïve, en tirant les cordages ou en développant la voile. Le navire qui arrive ne ressemble pas à celui qui le précède. Le matin y apporte ses couleurs, sa poésie, et le milieu du jour ensuite, et ensuite le soir. L'aspect du port se renouvelle sans cesse; l'aspect de la mer varie à tout instant : tantôt calme et recueillie, tantôt bruyante et houleuse, c'est une femme dont on admire le doux sourire; c'est une jeune fille capricieuse, qui tour à tour se plaint, se fâche, s'apaise et s'emporte. L'étranger la regarde avec étonnement dans toutes ses diverses phases, et le marin la traite comme un enfant gâté, lui parle avec amour dans sa joie, et la caresse dans sa colère.

J'avais vu la mer à Scheveningen; c'est un aspect plus sauvage, moins varié et moins attrayant; la plage est froide, le ciel brumeux; dans l'été même, la chaleur du soleil ne se maintient pas jusqu'à la fin de la soirée. Il n'y a là point de port ni de bassin; il n'y arrive point de grands bâtiments; ce ne sont que des bateaux pêcheurs, qui s'en vont jusqu'aux côtes d'Ostende, et reviennent, à la fin de la semaine, aborder sur le sable et débarquer le produit de leur pêche;

mais le chemin qui y conduit depuis La Haye est charmant. On passe devant le palais du roi Guillaume; on traverse une magnifique route, où des arbres de la plus belle végétation forment trois allées parallèles. A droite et à gauche, s'étendent, comme des tableaux de Ruysdaël, les prairies, d'un vert foncé, les nappes d'eau, les saules épars. Là paissent les vaches superbes de la Hollande; là se développent les riants jardins de fleurs; là est le Boosch, la grande et pittoresque promenade de La Haye; et à une demi-lieue, en face, le joli village de Ryswick, célèbre par le traité de paix qui y fut signé, et au milieu de tout cela, cette vieille cité des Nassau, cette capitale des Pays-Bas, cette ville de La Haye, élégante, régulière, admirable de luxe, de bon goût et de propreté, et étalée à travers la prairie, comme un village sans remparts, sans portes, sans barrières. Cependant la route que l'on suit devient toujours plus animée. Le long de ces fraîches et majestueuses allées, passe tour à tour ou la cavalcade d'un Anglais avec sa suite, ou le landau du diplomate, ou le lourd carrosse d'un négociant qui a gagné des millions à la bourse d'Amsterdam, ou le vieux roi Guillaume qui s'en va à pied, en bon bourgeois, avec sa grosse canne et son petit chapeau, et tout cela à côté des femmes de pêcheurs, à la taille élancée, aux membres robustes, qui s'en reviennent avec le panier sur la tête, tandis que leurs enfants conduisent la petite charrette attelée d'une demi-douzaine de chiens et chargée de poissons. En passant, on ne manquera pas de vous faire remarquer le vieux chêne au pied duquel Jacob Cats, le poète populaire, venait habituellement s'asseoir, et le moulin à vent construit par la galanterie d'un stathouder pour les beaux yeux d'une meunière. Puis voici le village de Scheveningen, tiré en droite ligne, bâti en briques, lavé, frotté, peint en vert et en rouge sur toutes les faces, et brillant comme une batterie de cuisine. Il faut voir ce village par un jour de kermesse : comme tout y est en mouvement ! comme toutes les places, les allées, les avenues, y regorgent de monde et de boutiques ! comme les jeunes filles de la Frise y sont belles avec leur teint plus blanc que la neige, leurs riches bonnets de dentelle et leurs plaques d'or sur le front ! Là, flotte, au-dessus des boutiques de comestibles, le poisson desséché, en guise de pain d'épices ; là, il se fait en quelques heures une prodigieuse consommation d'eau-de-vie et d'eau de genièvre, ce qui à la fin détourne assez les Hollandais de leur flegme habituel pour leur donner cet air de bonne humeur que nous présentent les naïves figures de Téniers. La foire dure dix ou quinze jours, et fait ses malles pour s'en aller à Delpht, à Leyde, à Utrecht et successivement dans toutes les villes de la Hollande. C'est pour beaucoup de personnes un moment d'affaires ; ce n'est pour le plus grand nombre qu'un point de joyeuse réunion, une partie de fête.

Au-delà de Scheveningen est l'hôtel des voyageurs élevé sur une montagne de sable qui domine la dune. C'est là que se réunissent en été les étrangers conduits par la curiosité, ou forcés par une ordonnance de médecins de venir ici chercher des bains de mer. On se réunit le soir sur la terrasse pour causer, prendre le thé, fumer des cigares de Havane; et la mer est magnifique à voir, au moment du reflux, quand les derniers rayons du soleil la dorent. On voit au loin le bâtiment arrondi de la Hollande qui s'incline, se relève, plonge avec la lame, puis remonte avec elle, tandis que sur le bord les bateaux qui ont déjà fait leur pêche débarquent à la hâte, et jettent sur le sable le thon et les sardines, le merlan et les coquillages. Les femmes arrivent avec leurs grandes corbeilles. Le partage se fait; le butin part pour la ville, et l'expédition recommence le lendemain.

Marseille est, comme la plus grande partie des villes du Midi, comme Lyon, Montpellier, Béziers, Carcassonne, Montauban, divisée en deux parties. La vieille ville, qui devait se défendre contre les guerres du moyen âge, est retranchée sur la hauteur; la ville nouvelle, obéissant aux besoins du commerce, au génie de la civilisation moderne, descend dans la plaine, s'allonge au bord de la mer, se répand de côté et d'autre, partout où elle trouve un nouveau point de vue, un nouveau moyen de communication. La ville ancienne, mal bâtie, sale, sombre, hideuse, mérite autant, si ce n'est plus que la nouvelle ville, d'être observée. C'est le premier noyau de Marseille. C'est là que la colonie des Phocéens vint d'abord se fixer. C'est là que l'on trouve encore, et la cathédrale, et l'évêché, et les tribunaux. C'est là qu'habite toute cette population pauvre et oiseuse à laquelle la fortune n'a point donné de patrimoine, l'éducation point de métier. Il y a là des milliers de familles auxquelles on ne connaît aucun moyen assuré d'existence, qui vivent au jour le jour, et se reposent de tout sur leur savoir-faire et leur industrie. Qu'on imagine ce que doit être la démoralisation de cette classe de gens, avec la misère qui les ronge, l'ignorance où ils croupissent, l'état de dégradation où ils tombent en naissant. L'échelle de comparaison manque pour les juger. Les principes dont l'on se sert pour expliquer ce qui est vice ou vertu ne peuvent être employés envers eux, car ils n'ont peut-être jamais connu aucun principe. Ils n'ont obéi qu'à l'instinct animal qui les presse de chercher là où il les trouvent leurs vêtements et leur nourriture. Ainsi toute la famille forme une association étrange où chacun a la tâche qui convient le mieux à ses forces, à son âge, à son caractère. Il y a là des traditions de vol et de débauche qui passent comme un héritage d'une branche à l'autre. Les enfants partent le matin, et s'en vont, sous le prétexte de ramasser des morceaux de bois desséchés, rôder autour des barriques de sucre, des balles de coton, et y prennent en passant tout ce qu'ils peuvent. Les hommes portent leurs vues un peu plus haut, et les femmes ne croient pas nécessaire d'afficher en quelque occasion que ce soit beaucoup de scrupules. Allez dans un de ces quartiers, le matin quand la hotte du balayeur n'y a pas encore passé. L'air est infect; les rues ne charrient que de la boue; les portes des maisons vous laissent entrevoir en s'ouvrant des réduits horribles de malpropreté et de misère. Et les femmes, les mains appuyées sur leurs hanches, se groupent au bord du ruisseau, et causent tranquillement de leur manière de vivre.

On sort de là avec un sentiment indéfinissable de bien-être, pour se retrouver sur les larges dalles, auprès des riches magasins du quai, en dépit même de la mauvaise odeur qui s'exhale de ce beau port, où descendent tous les égouts de la ville. La Cannebière, le cours, les allées, les rues de Rome et de Saint-Ferréol présentent un aspect imposant et vraiment digne de la richesse et de l'ensemble d'une grande ville. Le commerce a là tout son mouvement. La bourse se tient au milieu de la rue, sur la place, à la porte des cafés. Il faut des jours d'orage pour chasser tous les négociants et les courtiers dans l'enceinte de la salle qui leur est réservée. Les marchandes de fleurs se sont installées sur le cours. Le soir, elles s'asseyent sur une large table, étalent autour d'elles leurs bouquets d'orangers, leurs arbustes, leurs guirlandes; et la lumière qui les éclaire, et le large parapluie de toile qui leur sert de tente, et plus haut le feuillage des arbres qui s'argente à la lueur de toutes ces lanternes, forment un coup d'œil fantasmagorique et plein de grâce. Les allées sont le rendez-vous habituel du grand monde. On y jouit d'une très-belle vue sur la ville, sur la Cannebière, sur le port; et le mélange de costumes étrangers qui y passe ne sert pas peu à en rehausser l'attrait.

Marseille est par-dessus tout et presque exclusivement une ville de commerce. Le départ des navires, la cote des marchandises, les signaux de la Vigie, le mouvement du port, les opérations de la bourse y occupent toute la population. C'est le commerce qui tient en éveil toutes les intelligences, et occupe toutes les pensées. C'est le commerce qui reconstruit dans l'intérieur de la ville ces riches habitations, et jette aux alentours ces riantes et splendides maisons de campagne. Le commerce est tout. Le reste n'est qu'un accessoire. On veut bien s'occuper d'arts et de littérature, mais de temps à autre, quand le caprice en vient, quand la mode l'exige. Aussi Marseille, cette grande ville si riche par elle-même, si riche encore par les immenses fortunes que des étrangers y apportent, n'a qu'un musée assez mesquin, et une bibliothèque de 50,000 volumes. L'académie ne tient plus que par extraordinaire ses séances. L'athénée, créé sous la restauration, supprimera l'année prochaine ses cours publics. Ce ne sera plus qu'un salon de lecture. Dans d'autres cercles fondés par des capitalistes, on organise de temps à autre un concert, on invite une société d'équilibristes qui passe à donner quelques représentations. L'école de peinture a peu produit. L'école de musique est encore à former. Le théâtre n'a rien qui le fasse sortir complétement de la ligne ordinaire. Il y a vingt villes en France, moins populeuses, moins riches, moins favorisées sous tous les rapports que Marseille, et qui ont un mouvement artistique et littéraire bien plus développé. Et cependant

Marseille est une ville pompeuse, qui s'étale avec une admirable magnificence sous un beau ciel d'azur, au bord de sa grande mer, une ville charmante à parcourir, et délicieuse à habiter.

Nous partîmes de Marseille, le soir, pour nous rendre à Toulon. C'est un véritable bonheur que de voyager la nuit dans le Midi. Il existe encore, même quand le soleil est couché et quand la lune ne paraît pas, il existe sur l'azur limpide du ciel je ne sais quelle douce clarté qui l'enveloppe comme d'un réseau d'argent. La nature s'endort sous son voile ; mais c'est un voile de gaze, à travers lequel on la voit palpiter dans son sommeil, ou sourire. Les teintes d'ombre et de lumière n'offrent pas ces lignes saillantes et heurtées qu'on trouve dans les nuits du Nord ; elles s'étendent harmonieusement et se fondent de toutes parts. Les arbres n'ont plus cette triste immobilité qu'on leur voit pendant le jour, aux chaleurs ardentes du soleil ; la rosée les baigne ; le vent les caresse ; ils frémissent de joie et agitent leurs rameaux. L'olivier se balance avec sa teinte argentée ; le figuier penche vers la terre son feuillage à pointes de trèfle ; l'amandier découvre sous ses branches épaisses sa fleur qui naît et meurt en quelques jours. Toute cette nature est encore pleine de chaleur et de vie : mais c'est une chaleur qui féconde, une vie qui repose. Le voyageur passe avec un indéfinissable sentiment de plaisir au milieu de cette atmosphère imprégnée de lumière et chargée de parfums.

Nous traversâmes les gorges d'Ollioules : ce sont

deux murailles parallèles de rochers, au milieu desquelles la route passe en faisant mainte sinuosité. L'aspect de ces gorges, qu'on a surnommées les Thermopyles de la Provence, est sévère et imposant, et la nuit leur prête je ne sais quoi de fantastique qui en augmente encore l'effet. Le lendemain matin, nous étions à Toulon, courant sur le port, admirant les vaisseaux de guerre, cherchant l'arsenal; car toute l'importance de Toulon est dans son arsenal, son port et sa marine. Nous parcourûmes avec une surprise continuelle ces vastes bâtiments où se trouve renfermé tout ce qui sert à la confection et à l'armement des vaisseaux : la corderie, avec ses centaines d'ouvriers et ses amas de câbles; la salle d'armes, avec ses piques et ses tromblons; la salle des modèles, où toute la marine est représentée, depuis la lourde et majestueuse galère antique jusqu'à la légère nacelle vénitienne; les ateliers, où tant de milliers de bras sont occupés à travailler le bois, à polir les métaux, à arrondir un mât, ou à construire l'élégant salon d'un amiral. Nous passâmes près d'une demi-journée à visiter *le Montebello,* l'un de nos plus grands et de nos plus magnifiques vaisseaux. Nous trouvâmes par bonheur un de nos compatriotes qui exerçait sur ce bâtiment les fonctions de lieutenant de vaisseau, et qui nous promena, avec une bonté toute franc-comtoise, depuis la dunette jusqu'à fond de cale, en nous expliquant en détail la destination de chaque chose, et nous ne nous lassions pas d'examiner l'ordre avec lequel tout ce qui est nécessaire à l'approvisionnement de ce vaisseau est disposé de manière à ne pas perdre la moindre place, à ne pas apporter de confusion dans le service, à ne gêner en rien les manœuvres. Il doit y avoir cent trente canons et onze cents hommes sur un espace où l'on n'en mettrait pas, à première vue, plus de cent; et tout ce monde pourtant se meut avec facilité à travers les amas d'armes, de cordages, de toiles et de provisions, qui occupent les trois ponts du bâtiment.

Nous quittâmes *le Montebello* pour visiter le bagne. C'est un vaste et bel édifice, entretenu avec beaucoup de soin. Les condamnés sont là bien logés, bien vêtus, et chargés de peu de travail. Nous y étions entrés avec des idées de pitié toutes faites, nous en sortîmes avec un tout autre sentiment. Les forçats ont une existence matérielle bien meilleure qu'on ne se l'imagine ordinairement. Leurs dortoirs sont propres, larges, bien aérés, quelques-uns mêmes rafraîchis par des fontaines qui coulent au milieu de la salle. Leur misère n'offre rien de rebutant, et la cantine est, dit-on, très-bonne. J'ai vu quelquefois, dans les prisons, des soldats condamnés, par mesure disciplinaire, à deux ou trois mois de prison, et qui n'étaient pas à beaucoup près aussi bien traités. J'en ai vu, qui, obligés de laisser leurs habits d'uniforme au régiment, n'arrivaient dans leur étroite cellule qu'avec des vêtements en lambeaux, et passaient quelquefois les longues journées d'hiver sans feu et sans chaussure, sur des dalles glacées, entre des murs humides. Les forçats ont un hôpital magnifique; ils sont traités, en cas de maladie, avec les plus grands ménagements. Les punitions qu'on leur inflige ne sont ni si fréquentes, ni si rigoureuses qu'on le dit. Ceux qui travaillent, soit au port, soit à ces petits ouvrages en coco et en paille qu'ils vendent aux étrangers, se procurent encore par là un nouveau moyen de bien-être. Enfin, il est impossible de traverser les salles, les cours, les avenues du bagne, et de n'être pas frappé de l'air d'insouciance avec lequel les forçats causent entre eux, ou s'endorment sur une pierre au soleil. Mais cette insouciance est, pour tout homme qui en recherche la cause, un véritable motif de tristesse, car elle tient à cette absence de dignité morale, à cet oubli d'eux-mêmes où sont tombés ces malheureux. Les résultats matériels sont gagnés : l'existence des forçats, prise en dehors du poids de leurs chaînes et de leurs flétrissures, n'a plus l'aspect de cette barbarie qu'elle présentait autrefois. Mais la grande question, la question d'immoralité, subsiste toujours. Des jeunes gens entrent là après un crime commis dans une heure d'ivresse, dans un moment de délire. Ils entrent là avec une âme honnête encore, avec la conscience de l'abîme où ils sont tombés et le désir de reprendre une meilleure voie; et ils en sortent dégradés, corrompus, avilis. La société les reçoit dans son sein avec dégoût : les lois de la police les marquent encore d'un sceau d'infamie. La surveillance rigoureuse à laquelle ils sont astreints, la honte qui les suit, la défiance que l'on manifeste envers eux, achèvent de les abattre, de les démoraliser. Ils retombent dans le vice par les entraves qu'on leur oppose pour arriver au bien. Ils pouvaient être de bons pères de famille, et ils deviennent des misérables que la justice renvoie d'une cour d'assises à l'autre. On les a condamnés jeunes avec un sentiment de pitié ; on les condamne vieux avec un sentiment d'horreur. Le bagne les reçoit pour ne plus les renvoyer. Ils y apportent cette fois leur fatale expérience, leurs leçons de crime qui se communiquent d'un banc à l'autre, dans le dortoir et dans le cachot, en plein air ou dans l'intérieur d'une chapelle. Puis ils meurent sur un lit d'hôpital, et leur parole de mourant est un cri de haine et de vengeance contre la société ; et les germes qu'ils ont semés prendront racine sur ce sol des bagnes, et y porteront leurs fruits. Voilà ce qui mérite d'attirer les regards du législateur, d'occuper ses méditations et celles de tout homme dont l'âme philanthropique souffre des plaies de l'humanité.

Nous avions vu la Provence avec ses plaines sans verdure, sa terre jaunâtre, ses arbres brûlés par le soleil, ses rocs arides. Passé Toulon, la voici dans toute sa splendeur et sa fécondité. A droite et à gauche du chemin qui conduit à Hyères, les champs se revêtent de feuillage ; les enclos fertiles s'élargissent ; la route est riante et animée, couverte à tout instant de promeneurs, de chevaux et de voitures ; et c'est à travers ces prairies verdoyantes, ce bruit et ce mouvement, que l'on arrive en quelques heures à Hyères.

Hyères n'est point une ville, c'est un immense jardin où les maisons ont peine à se faire jour à travers les masses d'arbres qui les recouvrent. Du haut de la montagne couverte de vieilles ruines qui domine Hyères, auprès du pavillon gracieux que la fantaisie du riche tailleur Stultz est allée bâtir sur cette sommité comme un observatoire, on découvre à ses pieds une forêt de verdure, épaisse, compacte, dont les nuances changent et ondoient comme les vagues de la mer, dont les masses forment un ensemble délicieux. C'est l'oranger qui croît en pleine terre, l'oranger, dont les rameaux arrondis se chargent toute l'année de fruits et de fleurs; c'est le grenadier, avec ses bourgeons couleur de pourpre, et ses corolles éclatantes; c'est le palmier, qui élève majestueusement sa tige droite et élancée, et ses branches gracieuses comme le panache qui ombrage la tête d'une femme, larges et jetées en avant comme si elles attendaient encore, pour le protéger contre les ardeurs du soleil, ou l'Arabe du désert, ou le voyageur errant d'Israël. Au-delà de ces jardins, de ces fleurs, de ces allées de citronniers et de dattiers qui embaument l'air, au-delà de ces plaines ombragées, fécondes, où l'on se surprend à murmurer la douce romance de Mignon :

Kennst du das Land wo die Citronen blühen,

la mer apparaît comme un lac sans bornes, calme et riante, colorée par le soleil, et s'inclinant sous le poids léger de la nacelle qui la traverse. Puis un vent bienfaisant circule à travers ces arbres, puis un ciel toujours pur entoure cette terre de bénédictions. Les malheureux viennent y oublier, dans la contemplation de la nature, leurs souffrances ; les malades viennent y chercher leur guérison. Hyères est un de ces lieux ravissants, comme l'imagination de l'Arioste pourrait en créer, comme la plume gracieuse de Fénelon en a dépeint, comme on en rêve dans la féerie du *Songe d'une Nuit d'Été*, dans le royaume d'Oberon, dans le paradis de Titania. Le ciel semble avoir mis exprès, aux extrémités de notre pays, cette terre généreuse comme pour donner à ceux qui y arrivent une première idée des charmes de notre belle France, ou pour retenir par un dernier enchantement ceux qui voudraient s'en éloigner.

FÉERIE FRANC-COMTOISE.

Vous qui vivez toujours sous le poids des chaînes que la mode vous façonne, l'hiver dans un de ces bruyants quartiers de Paris, l'été dans une de ces malheureuses bourgades que l'on décore du nom de campagne, ou dans une de ces villes de bains chéries de la *fashion* cosmopolite qui y apporte son jeu de cartes et son tapis vert; vous que la muse des voyages a déshérités des joies de la course à pied et des explorations aventureuses, vous ne connaissez pas de par-delà les barrières, de par-delà Sens et Joigny, une contrée riante et pittoresque, riche en souvenirs, féconde en grands et beaux tableaux; une contrée qui a son histoire à elle, ses traditions, son caractère poétique, et qui, du haut de ses montagnes sauvages, regarde sans envie les montagnes vantées de la Suisse et les cimes hautaines des Alpes. Cette contrée s'appelle Franche-Comté, et dans les livres germaniques, *Hoch-Burgund* (Haute-Bourgogne). Seulement, je vous le dis, pour la connaître, il ne faut pas y passer comme ces fades Anglais qui courent en chaise de poste, un lorgnon d'une main, un carnet de l'autre, et croient avoir vu un pays, quand ils ont fait quelques centaines de lieues le long des grandes routes. Il faudrait y voyager à pied comme un pèlerin, ou comme un étudiant, le bâton à la main, le sac sur l'épaule, suivre la chaîne du Jura, descendre dans les vallées, dormir dans les chalets. Là sont les sites agrestes et grandioses, les rocs escarpés où l'aigle va bâtir son nid ; là les vallons ombreux qui se cachent mystérieusement au pied des bois et s'enfuient au loin avec leur ruban de verdure et leur ruisseau perdu sous les branches du saule ; là les riches pâturages, les sentiers bordés de fraises, le long de la colline, et les lacs paisibles, enfermés comme des coupes d'argent au milieu des forêts de sapins. Que si, par un beau jour d'été, vous aviez vu s'éveiller, aux premiers rayons du matin, cette nature fraîche et embaumée ; que si le soir vous avait surpris au-dessus des montagnes de Blancheroche, ou près du lac de Sainte-Marie, tandis que les ombres des bois s'allongent dans la vallée, et que de loin en loin on entend résonner la clochette des troupeaux et le tintement mélancolique de l'Angélus ; que si parfois vous vous étiez assis à ces veillées d'hiver, au milieu de la famille du chalet, sous le large manteau de la cheminée, où l'aïeul raconte à ses petits enfants les choses d'autrefois ; non, jamais vous n'oublieriez les émotions que doivent produire et ces poétiques tableaux, et ces mœurs simples et patriarcales.

Je ne vous parlerai pas de notre histoire antique, de ces arcs de triomphe construits pour César, de ces restes de voies romaines qui coupent encore nos sentiers, et de ces dieux de bronze que le paysan découvre avec le soc de la charrue. Regardez : autour de vous s'élèvent les monuments d'une histoire plus récente, et toute pleine d'intérêt. Du milieu des sombres forêts de sapin, le château féodal porte encore dans les airs sa couronne de créneaux. Sur chaque montagne, sur chaque pic de rocher, les nobles sires de Franche-Comté avaient établi leur empire et posé leur rempart. De là haut, ils regardaient, comme des oiseaux de proie, l'humble vallée soumise à leur domination, ou le château de leur voisin. Aujourd'hui les remparts sont abandonnés, les grandes salles d'armes sont désertes, et l'herbe croît sur leurs murailles. Aujourd'hui les descendants de ces fiers barons s'enorgueillissent peut-être d'être portés sur la liste des électeurs, et briguent l'honneur d'être nommés maires de leurs villages. Aujourd'hui les petits-fils de ceux qui se glorifiaient de leur blason, et méprisaient si amèrement tout labeur de vilain, fabriquent de la porcelaine. La salle de festins a été convertie en atelier, et le préau en fournaise. Mais quand de loin on aperçoit ces vieilles demeures seigneuriales, si le taillis qui les entoure laisse encore distinguer leurs épaisses murailles, si le brouillard du matin cache sous sa robe de gaze les sommités échancrées de leurs remparts et les touffes de lierre qui s'élèvent sur la tour en ruines, il est facile de se laisser aller à son illusion et de rêver ces châteaux tels qu'ils étaient autrefois. Chacun d'eux a sa chronique, son chant de guerre et son roman d'amour, son héros tout bardé de fer, et sa châtelaine aux blonds cheveux. Nulle histoire n'est plus complète que celle de ces anciennes demeures, de ces anciens temps. C'est, d'un côté, la vie la plus aventureuse, la plus hardie, la plus exposée à toutes les chances de combats; de l'autre, la vie rêveuse et paisible qui s'épanouit doucement à l'ombre des grandes salles. Tandis que le chevalier fait forger ses armures et prépare sa longue épée et sa hache d'armes, la châtelaine, assise au milieu de ses compagnes, prend son livre d'images dorées, et relit les pieuses légendes, ou les romances des poètes. Tandis que le cor sonne l'heure du départ, et que la troupe d'hommes armés défile sur le pont-levis, la châtelaine, à sa tourelle, regarde, d'un œil mouillé de larmes, s'en aller celui qu'elle aime, et laisse devant lui tomber la fleur qu'elle a cueillie de ses mains et réchauffée de ses baisers.

Plusieurs de nos chroniques franc-comtoises ont déjà été arrachées à l'oubli, mais il en existe encore un grand nombre qui mériteraient d'être étudiées et publiées. On y trouverait souvent le caractère audacieux, énergique, sauvage, des vieilles chroniques chevaleresques de la Suisse, et l'esprit religieux et contemplatif de la poésie allemande.

A quelques pas du château, voici venir les légendes de saints et de couvents. La Franche-Comté en possède un grand nombre; car c'est, comme la Bretagne, un pays de foi et de religion, tout trempé de croyances espagnoles et de rêveries germaniques. Nos premiers législateurs furent des prêtres, nos plus beaux monuments des abbayes. Le culte de la Vierge, ce culte si poétique du moyen âge, s'est conservé dans nos montagnes. Partout elle a ses autels qu'on vient visiter de bien loin ; partout elle a fait des miracles. Ici est l'ermitage où l'on a coutume de l'implorer au moment d'entreprendre un grand voyage ; là est la chapelle pleine d'ex-voto, où les malades sont entrés avec la béquille pour en sortir pleins de force et de santé. Souvent encore, un homme qui se voit exposé à un malheur fait vœu, s'il y échappe, de bâtir une chapelle à la Vierge, et le nuage qui le menaçait se dissipe, et la chapelle s'élève toute chargée d'offrandes. Les bateliers consacrent au bord de la rivière un oratoire à la Vierge, afin qu'elle protège leur petite barque ; le bûcheron place son image dans le creux d'un arbre ou dans le flanc du rocher, afin qu'elle veille sur lui, et les habitants de la campagne la posent au-dessus de leur maison, ou à l'entrée de leur hameau ; car la Vierge est la patronne de toutes ces pauvres âmes : le laboureur l'appelle sans cesse à son secours ; la jeune fille est fière de lui tresser des couronnes de fleurs, et tout le scepticisme de nos jours expire devant une de ces humbles chapelles où apparaît une image de la Vierge dépourvue d'ornements de luxe, mais entourée d'hommes à genoux.

Si du domaine des légendes de religion et des faits historiques, nous passons à celui des traditions fabuleuses, voici tout ce qui a jamais été inventé de plus riant par l'imagination des peuples du Midi, et de plus mystérieux par les peuples du Nord. Comme tous les pays qui ont de longs hivers et de longues veillées, les montagnes de Franche-Comté doivent avoir leur trésor de croyances romanesques et de récits étranges qui passent de chalet en chalet, et qu'une vieille femme répète le soir tandis que le vent siffle entre les fenêtres, et que la neige s'amoncelle sur le toit. Comme dans tous les pays où la nature présente un aspect grandiose et souvent bizarre, où les grottes de rochers, les profondeurs de la forêt, offrent à l'imagination un charme mystérieux qui l'attire et l'égare dans de vagues rêveries, les habitants de nos montagnes remplacent le raisonnement par la fable. Au lieu d'expliquer par la science les phénomènes qui les frappent, ils inventent un conte, ils se créent des images fictives. Bientôt le merveilleux pénètre dans leur vie habituelle. Il s'associe à leurs jours de travaux, à leurs heures de fête, et s'insinue si avant dans leur esprit, et suit de si près la réalité, qu'il perd jusqu'à son caractère de merveilleux, et devient pour ces hommes naïfs et crédules un élément nécessaire, une source abondante d'idées à laquelle ils puisent sans crainte et sans ménagement.

Ainsi, nous avons nos traditions féeriques qui nous sont venues d'Orient par les pèlerins, par les croisades, et celles qui nous sont venues du Nord par les guerres et les voyages, et celles dont l'origine est si incertaine, dont la forme est si bien appropriée au caractère franc-comtois, que nous pouvons les revendiquer comme nous appartenant réellement. Ainsi, dans nos forêts, dans nos rivières, au fond de nos vertes vallées, au sein de nos lacs bleus, habitent les fées et les génies, les sylphes et les kobolde. Nos montagnes ont leur esprit mystérieux, leur Rübezahl qui n'attend plus qu'un Museus pour raconter ses aventures étranges ; nos pâturages ont leur génie protecteur, et nos chalets leur Trilby, auquel la jeune fille offre toujours, en se mettant à table, la première cuillerée de sa jatte de lait. Sur le plateau de Haute-Pierre, on a vu quelquefois passer une autre Mélusine, un être moitié femme et moitié serpent. C'est la *Vouivre*. Elle n'a point d'yeux, mais elle porte au front une escarboucle qui la guide comme un rayon lumineux le jour et la nuit. Lorsqu'elle va se baigner dans les rivières, elle est obligée de déposer cette escarboucle à terre, et, si l'on pouvait s'en emparer, on commanderait à tous les génies, on pourrait se faire apporter tous les trésors enfouis dans les flancs des montagnes. Mais il n'est pas prudent de tenter l'aventure, car au moindre bruit la *Vouivre* s'élance au dehors de la rivière, et malheur à celui qu'elle rencontre. Un pauvre homme de Moustier, qui l'avait suivie un jour de très-loin, et qui l'avait vue déposer son escarboucle au bord de la Loue, et plonger ses écailles de serpent dans la rivière, s'approcha avec précaution du bienheureux talisman ; mais, à l'instant où il étendait déjà la main pour le saisir, la *Vouivre*, qui l'avait entendu, s'élance sur lui, le jette par terre ; lui déchire le sein avec ses ongles, lui serre la gorge pour l'étouffer ; et n'était que le malheureux eût reçu le matin même la communion à l'église de Lods, il serait infailliblement mort sous les coups de cette méchante *Vouivre*. Mais il rentra chez lui le visage et le corps tout meurtris, se promettant bien de ne plus courir après l'escarboucle.

Dans la grange de Mont-Nans, il y a, depuis trois ou quatre générations, un esprit servant comme les *Kobolde* de l'Allemagne et les *Trolle* du Danemarck, qui fait la bénédiction de la maison *. C'est lui qui prend soin de l'étable, conduit les bestiaux au pâturage, protège la grange, prépare la litière des chevaux, et remplit chaque matin l'abreuvoir d'une eau pure et limpide. On ne le voit pas, mais sans cesse on reconnaît ses bons offices; on s'aperçoit qu'il a veillé sur les récoltes et sur les moissonneurs. Pour le conserver, il ne faut que lui abandonner une légère part des produits de la ferme, lui garder à la grange ou au foyer une place très-propre, et ne pas médire de lui, car il entend tout ce qu'on dit, et se venge cruellement de ceux qui l'injurient.

Ailleurs on croit aux revenants, aux apparitions des âmes chargées de quelque crime et condamnées à venir dans ce monde l'expier. La même croyance se trouve encore dans les montagnes de l'Écosse, dans les contrées germaniques, dans les pays slaves. Au fond des vallées sauvages où l'Ain prend sa source, souvent les paysans ont cru entendre pendant la nuit retentir tout à coup le son du cor. Le chien se lève, le

---

* *Du culte des Esprits dans la Séquanie*, par M. D. Monnier. *Traditions franc-comtoises*, par M. A. Demesmay.

chasseur crie, les chevaux s'élancent à travers la forêt, et jusqu'à ce que le coq chante, le bois et la vallée retentissent du bruit de la cavalcade, des aboiements de la meute, et de la voix rauque des piqueurs. C'est le féroce chasseur célèbre dans les traditions allemandes, chanté par Bürger. C'était pendant sa vie un homme méchant et cruel, sans respect pour les ministres de Dieu, sans pitié pour ses vassaux, bravant tout pour satisfaire sa fatale passion de chasse, et ne s'inquiétant, quand il montait à cheval et courait dans les bois, ni de manquer aux offices de l'église, ni de fouler aux pieds le champ de la pauvre veuve, ni de renverser sur sa route le paysan et le bûcheron. Dieu, pour le punir d'avoir détruit pendant sa vie le repos de ceux qui étaient soumis à ses ordres, lui a refusé le repos de la tombe, et chaque nuit, par le froid, par le vent, par les brouillards sombres de l'automne, par la neige de décembre, il faut qu'il sorte de son cercueil, monte à cheval, et poursuive à travers les bois, les ravins, les rocs et les rivières, un cerf qu'il n'atteindra jamais.

Une petite ville de nos montagnes a été plusieurs fois témoin d'une apparition non moins merveilleuse que celle du féroce chasseur. A un quart de lieue du Maiche, au-dessus d'une colline, on aperçoit les restes d'un château entouré de broussailles et de sapins. Là vivait jadis un seigneur avare, dont le cœur était fermé à tout sentiment d'équité, et qui, pour assouvir sa passion sordide, soumettait sans cesse ses vassaux à de nouvelles exactions, et volait le bien de ses voisins.

Il est enterré au milieu de ses trésors, mais il ne peut y trouver le repos. Il voudrait pouvoir échanger son sépulcre splendide contre la tombe de terre fraîche où dort si bien le paysan; mais il est condamné à rester là où il a vécu, et il passe la nuit à se rouler sur son or et à gémir. Dieu, touché de ses souffrances et des prières que ses descendants ont fait faire pour lui, a cependant ramené l'espoir dans son cœur, et lui a permis de venir dans ce monde chercher quelqu'un qui le délivre. Tous les cent ans, à jour fixe, quand l'obscurité commence à envelopper les campagnes, le vieux seigneur sort de son manoir, tenant une clef rouge et brûlante entre les dents. Il rôde dans les champs, entre dans les enclos, et s'approche de la ville, offrant à tout le monde son visage cadavéreux et sa clef enflammée. Celui qui aurait le courage de prendre cette clef et de le suivre deviendrait à l'instant même possesseur d'immenses trésors, et délivrerait cette pauvre âme des tourments qu'elle endure. Jusqu'à présent, personne n'a encore osé se rendre à son appel, mais elle revient dans vingt-cinq ans. Avis à ceux qui ont envie de s'enrichir.

De ces histoires austères de méfaits et d'expiations, il est doux de passer aux riantes fictions de la Dame verte. La Dame verte, c'est notre péri, notre sylphide, la déesse de nos bois, la fée de nos prairies : elle est belle et gracieuse ; elle a la taille mince et légère, comme une tige de bouleau, les épaules blanches comme la neige de nos montagnes, et les yeux bleus comme la source de nos rochers. Les marguerites des champs lui sourient quand elle passe ; les rameaux d'arbres l'effleurent avec un frémissement de joie, car elle est la déesse bien-aimée des arbres et des fleurs, des collines et des vallées. Son regard ranime la nature comme un doux soleil, et son sourire est comme le sourire du printemps. Le jour, elle s'asseoit entre les frais taillis, tressant des couronnes de fleurs, ou peignant ses blonds cheveux avec un peigne d'or, ou rêvant sur son lit de mousse au beau jeune homme qu'elle a rencontré. La nuit, elle assemble ses compagnes, et toutes s'en vont, folâtres et légères, danser aux rayons de la lune, et chanter. Le voyageur qui s'est trouvé égaré le soir au milieu de nos montagnes a souvent été surpris d'entendre tout à coup des voix aériennes, une musique harmonieuse, qui ne ressemblait à rien de ce qu'on entend habituellement dans le monde : c'étaient les chants de la Dame verte et de ses compagnes. Quelquefois aussi les malignes sylphides égarent à dessein le jeune paysan qu'elles aiment, afin de l'attirer dans leur cercle, et de danser avec lui. Que si alors il pouvait s'emparer du petit soulier de verre d'une de ces jolies Cendrillons, il serait assez riche ; car, pour pouvoir continuer de danser avec ses compagnes, il faudrait qu'elle rachetât son soulier, et elle l'achèterait à tout prix. L'hiver, la Dame verte habite dans ces grottes de rochers, où les géologues, avec leur malheureuse science, ne voient que des pierres et des stalactites, et qui sont, j'en suis sûr, toutes pleines de rubis et de diamants dont la fée dérobe l'éclat à nos regards profanes. C'est là que, la nuit, les fêtes recommencent à la lueur de mille flambeaux, au milieu des parois de cristal et des colonnes d'agate. C'est là que la Dame verte emmène, comme une autre Armide, le chevalier qu'elle s'est choisi. Heureux l'homme qu'elle aime! Heureux ce sir de Montbéliard qu'elle a si souvent attendu sous les verts bosquets de Villars, ou dans le val de Saint-Maurice! C'est pour cet être privilégié qu'elle a de douces paroles, et des regards ardents, et des secrets magiques; c'est pour lui qu'elle use de toute sa beauté de femme, de tout son pouvoir de fée, de tout ce qui lui appartient sur la terre. Il y a cependant des gens qui, pour faire les esprits forts, ont l'air de rire quand vous leur parlez de la Dame verte, et ne craindraient pas de révoquer en doute son existence. Ces êtres-là, voyez-vous, il ne faut pas discuter avec eux, il faut les abandonner à leur froid scepticisme. Pour moi, je crois à la Dame verte; j'y crois avec amour et joie comme à un bon génie. J'ai souvent entendu parler d'elle quand j'étais enfant; je l'ai souvent cherchée plus tard, je l'ai attendue au bord du bois, et un jour enfin.... mais, non, je ne veux rien vous dire, vous êtes peut-être aussi incrédules que les autres. C'était pourtant bien une dame verte.

Une autre fée franc-comtoise mérite aussi que nous parlions d'elle, c'est la fée Arie[*]. Celle-ci n'a ni l'humeur

[*] *Du culte des Esprits dans la Séquanie*, par M. D. Monnier.

aussi folâtre, ni la vie aussi joyeuse que la Dame verte ; mais c'est la bonne fée de nos chaumières : elle aime l'ordre, le travail ; partout où elle reconnaît de telles vertus, elle répand ses bienfaits ; elle soutient dans ses devoirs la pauvre mère de famille et les jeunes gens laborieux. Presque jamais on ne la voit, mais elle assiste à tout ce qui se fait dans les champs ou sous le toit du chalet ; et si le blé que le paysan moissonne est mieux fauché, si la quenouille de la jeune fille se file plus vite et donne un fil plus beau, c'est que la fée Arie était là, et qu'elle a aidé le paysan et la jeune fille. C'est elle aussi qui récompense les enfants obéissants et studieux ; c'est elle qui fait tomber sur leur chemin les prunes des arbres voisins, et leur distribue, à Noël, les noix sèches et les gâteaux ; ce qui fait que tous les enfants connaissent la fée Arie, et parlent d'elle avec respect.

C'est là le beau côté de nos traditions ; mais il en un autre moins poétique et moins riant. Nos aïeux croyaient à la puissance du diable, aux sortilèges, aux maléfices. Ils haïssaient saintement les hommes accusés de sorcellerie, et ce qui était plus terrible que de les haïr, ils les brûlaient. Les malheureux sur qui pesait le soupçon d'un tel crime étaient traduits à la barre des grands juges, et une fois l'instruction commencée, leur procès était bientôt fait. Soit par la peur de la torture, soit par l'effet de je ne sais quelle supercherie, les pauvres victimes finissaient toujours par avouer des rapports auxquels ils n'avaient jamais songé. Les gens accusés de sorcellerie se reconnaissaient si naïvement sorciers, qu'en lisant leur interrogatoire et leurs réponses, on croit assister à une scène respectable et entendre des aveux dignes de foi. Nos hameaux de Franche-Comté avaient tous leurs sorciers; toujours on les conduisait à la potence, et toujours il en reparaissait de nouveaux. Hélas! il n'était pas difficile alors de passer pour un grand magicien; si vous aviez un ennemi dans le canton, le meilleur moyen d'en finir avec lui était de l'accuser de s'être donné au diable; les juges n'exigeaient pas de très-grandes preuves pour constater une alliance infernale, et vous débarrassaient promptement de lui. L'un des livres les plus curieux qui aient jamais paru sur la sorcellerie est celui de Boguet, juge à Saint-Claude*. Un de mes amis qui a déjà fait de longues et intéressantes explorations dans nos bibliothèques, vient de retrouver, dans une petite ville du Jura, le recueil des interrogatoires d'après lequel Boguet a composé son traité. C'est une suite de documents authentiques et précieux qui mériteraient d'être publiés et ajoutés comme appendice à l'histoire du seizième siècle**. Quel homme étrange que ce Boguet! quelle

---

* *Discours des sorciers avec six advis en faict de sorcellerie, et une instruction pour un juge en semblable matière*, par H. Boguet, dolanois grand-juge en la terre Saint-Oyan-de-Joux, dicté de Saint-Claude en comté de Bourgogne. Troisième édition. Lyon, 1610.

** Boguet naquit au seizième siècle, dans un village de Franche-Comté. En 1618, il fut nommé conseiller au parlement de Dôle; mais les membres du parlement, peu flattés

foi il a dans sa mission ! quelle habileté pratique dans ses recherches ! quelle fermeté dans ses arrêts ! A la fin, il s'était fait une réputation imposante, et on venait le consulter dans tous les procès de sorcier, comme on consulte les grands criminalistes dans un cas difficile. C'était là son rôle, sa spécialité ; il connaissait les sorciers au premier coup d'œil ; il savait le moyen de les attaquer, de les émouvoir ; il pouvait interpréter leurs gestes, leur regard, leur inflexion de voix, tant il était habile et sûr de lui-même en pareil cas. Son livre est écrit d'après ses diverses expériences, et je vous le donne comme un livre cruel, mais candide et de bonne foi.

Ce malheureux Boguet possède une érudition étonnante d'histoire sacrée et profane qu'il applique sans cesse au procès qu'il est chargé d'instruire. A l'appui de ses conclusions, il cite tour à tour et la Bible et l'Iliade, et les héros de l'antiquité et les patriarches. Il trouve partout des preuves de sorcellerie, partout des textes à présenter à ses auditeurs ; et, quand l'Écriture sainte lui manque, il les prend dans les Métamorphoses d'Ovide. Ainsi, pour lui, le sorcier existe, et le sorcier doit être soumis à une juridiction exceptionnelle, appliqué à la torture et con-

---

de se trouver en compagnie d'un tel juge, refusèrent de l'admettre parmi eux, et il fallut un ordre exprès du roi pour rendre valable sa nomination. Toute cette discussion du parlement jeta dans l'âme de Boguet une amère douleur ; il mourut en 1619, sans doute en se plaignant d'être victime de quelque sorcellerie.

damné à mort. Voilà toute sa théorie, et tous les raisonnements de son livre aboutissent à ce terme fatal, la torture et la mort.

Le sorcier est quelquefois un paysan qui se donne au diable pour un pauvre motif : pour que ses arbres portent plus de fruits, pour que sa vache donne plus de lait, pour que l'herbe de son pré devienne plus haute et plus épaisse que celle de ses voisins. Mais, s'il le veut, il reçoit aussi le pouvoir de nuir et connaît le secret des maléfices à employer envers ses ennemis. Il peut frapper de stérilité leurs champs, faire périr leurs bestiaux; il peut agir sur eux-mêmes et les rendre malades par le regard, par le souffle, par la parole, en les touchant avec une baguette ou en répandant une certaine poudre sur leur chemin; il peut aussi se transformer en chat, en souris, s'introduire dans les maisons, et pendant la nuit exercer tout à son aise ses maléfices.

Quand une femme veut devenir sorcière, le diable, pour ne pas l'effrayer, lui apparaît sous la figure humaine et quitte son vilain nom de Belzébuth ou de Satan pour en prendre un qui caresse mieux l'oreille, tel que *Vert-Joli, Joli-Bois, Verdelet, Joli*, etc. Il fait du reste un pacte solennel avec ses prosélytes, et remplit assez bien ses engagements.

Les sorciers sont tenus d'aller au sabbat. Ceux de la contrée de Saint-Claude avaient rendez-vous dans un champ écarté de toute habitation, et près d'une mare d'eau; c'était là leur Blocksberg. Ils s'y rendaient habituellement le jeudi et les veilles de grandes fêtes, les uns en se mettant à cheval, les autres en montant sur un mouton noir. Là se trouvait Satan, le monarque des enfers; Satan, sous la forme d'un bouc, tenant une chandelle allumée entre ses cornes. Chaque sorcier était obligé de lui offrir une chandelle verte, et de lui faire une autre politesse fort peu récréative. Puis, toute la gente ensorcelée chantait, buvait, mangeait, parodiait les prières de l'église et la messe, et l'orgie durait jusqu'au jour, jusqu'à l'heure où le coq chantait; car on sait que le chant du coq a un grand pouvoir sur les mauvais esprits. Quelquefois l'âme seule s'en allait au sabbat. Le corps restait immobile et comme endormi; l'âme s'échappait à la dérobée et passait la nuit dans son infernale réunion. Un jour, un paysan s'aperçut que sa femme couchée à côté de lui ne bougeait, ni ne soufflait. En vain, il l'appelle à haute voix; en vain, il la tire par les bras. Impossible de l'éveiller. Mais, aux premiers rayons du matin, elle se leva en poussant un grand cri. Le paysan, tout troublé, s'en alla raconter cet événement à Boguet. La femme fut interrogée, et déclara qu'il ne fallait attribuer son profond sommeil qu'à la fatigue qu'elle avait éprouvée la veille en travaillant tout le jour dans les champs. «Mauvais moyen de justification!» s'écria Boguet, et la pauvre femme fut brûlée.

Dans ces nuits passées au sabbat, on ne s'occupait pas seulement de boire et de manger. Il y avait quelquefois de graves conciliabules, où Satan donnait ses adeptes des leçons de science cabalistique. Les vieilles sorcières racontaient avec orgueil leurs méfaits, et les jeunes s'instruisaient à cette édifiante école. A la fin de la séance, Satan avait coutume de demander aux jeunes femmes nouvellement enrôlées sous sa bannière une mèche de cheveux, sur quoi le vertueux Boguet s'écrie : « Je crains fort que la façon de faire que nos amoureux observent d'avoir quelques bracelets de cheveux de leurs maîtresses ne procède du démon. » Ainsi, pauvres amoureux, tenez-vous pour avertis, ne serrez pas avec tant de soin la boucle de cheveux qu'une belle main vous a donnée. Cette boucle est peut-être la chaîne magique qui doit lier votre conscience. Du moins Boguet le croit, et Boguet était un habile juge en matière de sorcellerie.

Si le diable est, comme chacun le sait, un très-vilain sire, fort dangereux à rencontrer, il faut avouer cependant qu'il a de bonnes qualités. A le voir tel que le représentent les vieilles chroniques, je ne connais personne au monde qui soit plus dévoué que lui à ses amis, et plus fidèle à remplir ses promesses. S'il a pris un engagement, vous pouvez être sûr qu'il le tiendra, dût-il, pour se montrer homme de parole, s'exposer aux exorcismes du prêtre et aux moqueries de la foule. Ainsi, quand les sorciers franc-comtois sont arrêtés, le diable ne les abandonne pas. Il vient les visiter dans leur prison. Il leur dicte les réponses qu'ils doivent faire et les suit courageusement devant le juge, et parle même par leur voix. C'est ce que Boguet a constaté plus d'une fois. « Rolande du Vernois, dit-il, étant possédée, ses démons qui estoient deux parloient si naïvement son langage que nous jugions que c'estoit elle qui parloit et qui nous répondoit. »

Mais le diable a beau faire; il ne saurait tromper l'œil du juge, qui agit au nom de Dieu, et il y a des signes certains auxquels on reconnaît toujours l'homme entaché de sorcellerie. Par exemple, les sorciers portent tous sur le corps une marque que Satan leur a faite. Quand le juge les interroge, ils baissent la tête et n'osent le regarder en face. S'ils ont un chapelet, on peut être sûr que la croix de ce chapelet est brisée, et, quand ils souffrent le plus, ils essaient en vain de pleurer, car les pleurs sont un signe de pénitence.

Tels sont les caractères distinctifs de sorcellerie indiqués par Boguet. Son livre se termine par des avis adressés aux autres juges. Il leur indique comment il faut instruire un procès, dans quel cas on doit avoir recours aux prières du prêtre et dans quel cas à la torture. C'est le compendium de la science. C'est le manuel pratique que le maître remet à ses élèves. Ce livre eut un grand succès; on en fit en peu de temps trois éditions, et le nom de Boguet fut placé à côté de ceux des hommes célèbres qui avaient le plus contribué à détruire la sorcellerie, à côté des noms de Vair, de Spranger.

Grâce à Dieu, ce temps de fanatisme est passé. Le livre de Boguet est jugé comme il doit l'être, et il n'y a plus en Franche-Comté d'autre sorcellerie reconnue et avouée que celle des beaux yeux bleus de nos jeunes filles, dont aucun exorcisme ne saurait nous guérir.

LES PYRÉNÉES.

Il est des impressions que la plume ne peut rendre, des idées dont l'âme s'est nourrie avec volupté, et qui meurent dans la voix. Le rêve intime de l'artiste est d'ordinaire plus grand que l'œuvre d'exécution. L'image qu'il a conçue se dénature ou s'affadit en passant par le pinceau, et la pensée à laquelle il s'abandonne devient plus froide, ou plus étroite, en tombant dans le mécanisme du langage. Voilà du moins ce que j'éprouve en me reportant à cette vive et ardente émotion qui me saisit lorsque, pour la première fois, je me trouvai au sein des Pyrénées. J'avais aperçu ces montagnes depuis Toulouse, depuis Narbonne, toujours de loin, comme un nuage ou une vapeur. Mais, arrivé au-delà de Saint-Gaudens, je les vis s'élever devant moi dans toute leur majesté, et j'entrai dans la délicieuse vallée qui serpente au pied de leurs hautes sommités. C'était le matin, au lever du soleil. Une partie de ces montagnes était encore revêtue d'une teinte d'azur, comme les vagues de la mer que la lumière n'éclaire pas, tandis que l'autre commençait déjà à s'éclaircir, à s'argenter aux premiers rayons de l'aurore. L'épaisse rosée de septembre étincelait sur toutes les herbes de la prairie, sur toutes les feuilles des arbrisseaux ; un air frais se jouait à travers les rameaux flexibles des peupliers, à travers les branches éplorées du saule des rivières, et le long du chemin, à droite et à gauche, la petite porte de la chaumière s'ouvrait, et la jeune femme venait jeter autour d'elle un regard curieux. Tout échappait au sommeil, tout s'animait, et le pâtre dans les champs, et les troupeaux de mulets sur la grande route, et le vigneron sur le coteau. Et je m'en allais à pied le long de cette vallée, heureux d'aspirer cet air frais, heureux de voir ces tableaux, heureux de sentir passer au dedans de moi l'impression de cette suave et sublime nature. Les montagnes s'élèvent par couches détachées, par mamelons gigantesques, et se suivent et s'enlacent comme les anneaux d'une chaîne continue. Souvent vous croyez voir la route se fermer brusquement devant vous ; les montagnes l'arrêtent de toutes parts. Mais avancez encore : voici la gorge qui s'ouvre, voici la route qui s'enfuit par une nouvelle sinuosité, voici le vallon qui se referme sur vos pas comme un bassin de rivière, et s'élargit dans une nouvelle enceinte pour se fermer encore tout à l'heure et s'élargir de nouveau. Ainsi l'on passe sans cesse à travers un défilé et une prairie. A chaque pas c'est un autre vallon qui s'ouvre ; c'est l'aspect général du tableau qui change, c'est la cime des montagnes qui s'élance en pyramide, s'arrondit comme un globe, se déchire comme les flancs d'un cratère, ou s'aplanit comme une terrasse. C'est quelquefois une masse de rochers élevés à pic comme une muraille, puis des forêts de sapins, puis un espace de verdure, où les enclos montent, s'étagent l'un sur l'autre jusqu'à sa sommité, où le long de l'étroit sentier le mulet grimpe avec sa lourde charge, où la maison du laboureur apparaît de loin comme un ermitage. Puis au milieu de ces rochers, de ces montagnes, l'œil ne se lasse pas de voir cette vallée si riante et si fertile. Les diverses productions qui la recouvrent, les arbres de toute nuance qui y naissent, lui donnent autant de variété que l'on en retrouve dans l'aspect des montagnes. Les champs portent trois récoltes par année; les champs couverts de verdure s'offrent au regard comme une belle nappe d'eau. Ceux que l'on a ensemencés de blé, de sarrasin, exhalent dans l'air un doux parfum. L'arbre à fruits de la Normandie s'élève auprès du bouleau, le chêne auprès du cerisier. La vigne s'enlace à la tige des arbres, monte comme une branche de lierre, s'élargit comme un chapiteau, et puis retombe et court à un autre arbre, et plie sous le poids de ses grappes, et entoure ainsi l'enclos, le jardin, d'une verte guirlande, festonnée comme une broderie de femme, légère comme une arabesque de Chenavard. D'un côté, la route circule, unie et sablée comme une allée de jardin anglais; de l'autre, la Garonne se déroule, s'enfuit, revient par maint détour, disparaît quelquefois sous des masses de saules, puis se représente avec ses flots d'azur et d'argent. Tout cela réuni, vu ensemble, forme un tableau imposant, solennel, plein de grâce et de majesté, qui tour à tour étonne la pensée, l'élève, l'agrandit ou la repose doucement comme dans un berceau de fleurs. C'est plus grandiose que le Liebenthal dans le canton de Berne, plus varié que la vallée de Saint-Maurice, plus pittoresque que la vallée de la Mourgue dans le pays de Bade, plus riant que la riante prairie du Doubs, entre Dôle et Besançon. Et n'était-ce pas une charmante idée des anciens habitants du pays que de commencer par une tradition d'amour l'histoire des Pyrénées? Les peuples ont à leur origine cette riche imagination. Ils s'arrêtent avec surprise devant les merveilles de la nature; ils cherchent à se les expliquer, et de ce qu'ils n'expliquent pas, ils composent une fable poétique. La mythologie grecque attribuait les tremblements de terre aux efforts des Titans pour sortir de la lourde prison où Jupiter les avait jetés. Les peuples du Nord croient que ces bruits plaintifs que l'on entend le soir, au milieu des forêts, auprès des montagnes, sont les gémissements de leurs ancêtres, condamnés pour leur paganisme à être enfermés dans de sombres cavernes jusqu'au jour du jugement dernier; et les hommes de ces contrées racontent qu'Hercule entassa, couche sur couche, roc sur roc, ces immenses chaînons des Pyrénées pour en faire le tombeau de la fille du roi des Celtibères, de Pyrène sa bien-aimée.

A quelque distance du village de Cierp, on aperçoit à droite la jolie vallée de Marie avec sa robe de verdure et ses bandeaux de pâquerettes, qui va se perdre dans la vallée d'Aure. On laisse à gauche la Garonne pour suivre le cours du Piquet, ruisseau étroit, impétueux, qui court, bouillonne et bondit sans cesse. Cierp est un charmant village bâti en haie de chaque côté de la route. La nature y est très-belle, mais la malpropreté des habitants y fait un triste contraste avec cette richesse de la nature.

La vallée se rétrécit, la route s'élève, les montagnes n'offrent plus la même verdure, et leurs flancs, nus et sillonnés, montrent encore la trace des torrents qui parfois les traversent. De distance en distance, on découvre encore une cascade, on aperçoit la pointe d'un clocher qui tombe en ruines. Des communautés chrétiennes l'avaient élevé au milieu de ces solitudes sauvages dans les jours de persécution; ils l'ont abandonné après avoir recouvré leur liberté. Il y a quarante ans à peu près, quand Napoléon ordonna un recensement général de toute la France, on trouva au fond de ces montagnes des peuplades entières descendant des Albigeois, qui ne savaient rien ou presque rien de la révolution de 1789, et se croyaient encore, comme leurs pères, proscrits et persécutés.

En avançant plus loin, on retombe de nouveau dans la plaine. L'espace s'élargit. On a devant soi les glaciers, dont la tête blanche se perd au milieu des nuages, et de tous côtés le tableau devient plus riant; les villages s'étendent avec grâce au pied des montagnes, le vallon est chargé d'arbres, couvert de fleurs, arrosé par plusieurs ruisseaux, et c'est à travers cette verdure, ces fleurs et ces ruisseaux, que l'on arrive à Bagnères-de-Luchon, au milieu des montagnes qui lui forment un circuit et l'entourent comme des remparts.

Bagnères n'a qu'une grande rue qui s'allonge du côté de la maison des bains, une belle et vaste allée qui lui sert de promenade, et quelques habitations assez fraîches construites pour les étrangers. Nous y arrivions à la fin de septembre, et alors le mouvement cesse. Les baigneurs sont partis comme une troupe d'hirondelles pour s'en retourner dans leurs foyers; les marchands lèvent leur tente; les salons de réunion se ferment, les aubergistes se reposent, et cependant il y a encore une quantité de portefaix, guides, loueurs de chevaux et commissionnaires qui, dans cette saison tardive, tombent sur le pauvre voyageur comme sur une proie inespérée. Bagnères, dans les plus beaux jours d'été, dans les jours où il s'y réunit le plus de monde, n'a qu'une importance secondaire, et la saison des bains passée, c'est une ville morte, acculée aux extrémités de la frontière, qui ne voit plus venir personne, qui ne se réveille plus au bruit d'une seule voiture, et vit, tant bien que mal, sur les produits de l'été qui s'en va, sur les espérances de l'été qui revient. Nous y arrivâmes un jour de foire; et c'est là l'une de ses dernières fêtes. Les paysans des environs s'y donnent rendez-vous, les pâtres descendent des Pyrénées; le Catalan et l'Aragonais y viennent avec leur long bonnet rouge qu'ils reploient carrément sur la tête, leur ceinture rouge en laine ou en soie, et les sandales en toile qu'ils attachent sur leurs pieds nus avec une courroie. La jeune fille de Viel ou de Vénasque s'y montre avec sa mantille noire et ses légers brodequins; la femme des montagnes, avec le joli capuchon qui se termine en pointe sur la tête, prend la forme du cou, et lui retombe sur les épaules. Ce mélange de costumes, d'usages, de dialectes, cette physionomie grave et pourtant animée de l'Espagnol, cette haute stature et ces membres robustes du montagnard, étaient pour nous un spectable neuf et intéressant. Et d'ailleurs, pour se sauver de la monotonie de la vie que l'on passe à Bagnères, l'étranger a toujours ces magnifiques tableaux qui l'environnent, ces montagnes couvertes de forêts, cette roche gigantesque qui lui cache la Maladetta, et ces promenades à travers les gorges et les escarpements des Pyrénées.

Il en est deux surtout que les étrangers se plaisent à faire. L'une conduit au lac d'Oo et à sa grande cascade; l'autre, à la vallée du Lis, que l'on appelle ainsi à cause de la quantité de lis violets qui y croissent. On passe entre de magnifiques forêts de hêtre. On entend gronder à ses pieds les flots blanchâtres du Piquet, où vont aboutir tous les filets d'eau ou les torrents de la montagne. A droite, en pénétrant plus avant, on aperçoit les habitations des pâtres jetées de côté et d'autre: les unes, comme des nids d'alouettes, dans le creux du vallon; les autres sur le rocher, au bord de la rivière, au milieu du bois. Ce sont de petites maisons construites grossièrement en pierre, et recouvertes de larges dalles d'ardoise. Il y a là une grange, une écurie pour les bestiaux, et à côté une très-petite place pour l'homme. Les pâtres y viennent pendant l'été, tant que leurs troupeaux paissent aux environs. L'hiver, ils tirent le loquet sur la porte, et s'en vont dans leurs villages au milieu des vallées. Leurs habitudes sont très-simples, leur vie est d'une frugalité rare. Ils ne mangent que le fromage qu'ils ont préparé eux-mêmes, ou les quartiers de chèvre qu'ils ont fait sécher en été. Ils ont aussi une grande grange commune où ils se réunissent dans les longues soirées pour causer et travailler. Leur patron est saint Aventin, pâtre comme eux, qu'ils vénèrent beaucoup, et dont ils ne racontent pas les nombreux miracles sans une admirable naïveté de croyance. Ils ont cependant des écoles dans tous leurs villages; ils sont même, sous ce rapport, bien plus avancés que les cantons de la plaine. Ils ont des instituteurs ambulants dont on nous a vanté le zèle et l'intelligence, qui s'engagent pour toute la saison d'hiver, et s'en vont ainsi de village en village rassembler les enfants et répandre parmi eux de nouveaux germes d'instruction.

La vallée du Lis est terminée par une enceinte de bois et de rochers d'où s'échappent les quatre cascades que l'on vient admirer. Celle d'Enfer surtout est curieuse à voir par la hauteur de son jet, par l'ouverture sombre et profonde d'où elle jaillit, par les couleurs diaprées de son onde, qui tombe comme des flocons de neige, et se joue au vent comme une écharpe.

Après ces deux excursions, il en était une plus longue, plus pénible, souvent même dangereuse, que nous voulions encore tenter : c'était de traverser les montagnes les plus escarpées, et d'aller jusqu'à Vénasque, la première ville de l'Aragon. Nous partîmes à cinq heures du matin : nous étions quatre, y compris notre guide, qui marchait en avant de nous avec son costume pittoresque, son berret sur la tête, sa ceinture sur les flancs et son fouet passé autour du cou. Nous étions à peine sortis de Bagnères, que nous commençâmes à gravir au milieu des bois et le long des sentiers glissants et tortueux. Non loin de nous, nous apercevions les restes d'une vieille tour bâtie contre les invasions des Sarrasins, et les ruines d'un de ces nombreux manoirs que les templiers possédaient dans ce pays. Au-dessus, dans toute la largeur de la montagne, s'étendaient les beaux pâturages de Canzor ; en face, nous voyions s'élever l'immense pyramide de rochers que l'on appelle la pique du Port de Vénasque *, tandis qu'en jetant les yeux derrière nous, nous apercevions Bagnères et son délicieux vallon, revêtu d'une sorte de brume azurée qui le rendait encore plus beau.

Après avoir gravi continuellement pendant environ deux heures et demie, nous arrivâmes à l'hospice français. On nomme ainsi une maison que la ville de

---

* On désigne sous le nom de port dans ce pays toute espèce de gué ou de passage au sommet des montagnes. La véritable signification de ce mot est très-bien représentée par le mot étymologique *porta*.

Bagnères loue à des particuliers, à charge par eux d'y tenir toujours un logement prêt et des provisions pour les voyageurs, lesquelles clauses s'exécutent au moyen de quelques paillasses placées dans une espèce de galetas, et d'un peu de pain et de fromage que l'on vend très-cher. L'hiver, il se passe ici quelque chose de curieux. Les locataires quittent cette maison, qui n'est plus habitable au milieu des amas de neige et de glace où elle menace à tout instant de disparaître ; mais ils viennent chaque semaine y apporter de nouvelles provisions, mettre du bois auprès de l'âtre. Les voyageurs entrent là, se chauffent, prennent ce qui leur convient, et déposent fidèlement sur la table ce qu'ils croient devoir pour l'asile qu'ils ont reçu, pour la nourriture qu'ils ont prise. De mémoire d'homme, dit-on, aucun n'a encore manqué à cet acte de bonne foi. Nous nous assîmes au bord du ruisseau, et avec le vin d'Espagne renfermé dans la pouro *, nous fîmes sur l'herbe un véritable déjeuner à la Gil-Blas, par le genre de mets dont il se composait, par la gaieté qui l'assaisonnait.

Arrivés à l'hospice, nous croyions être montés bien haut ; nous n'étions pas encore à moitié chemin. Il fallut nous remettre en route, et cette fois non plus

* La pouro est une bouteille à deux ouvertures : l'une qui sert à la remplir, l'autre très-étroite par laquelle on boit, en la tenant à une assez grande distance de la bouche. C'est presque un tour de force que de boire ainsi quand l'on n'y est pas habitué, et les Espagnols s'amusent toujours beaucoup de voir la gaucherie de l'étranger qui tente l'expérience.

à travers de belles et majestueuses forêts, mais sur un sol nu et rocailleux, par un chemin rétréci et à tout instant brisé. J'admirais alors la force et l'intelligence des petits chevaux dont on se sert dans ce pays pour gravir les montagnes. Le pied de l'homme se poserait à peine là où se pose le leur, et l'œil exercé du pâtre ne trouverait pas plus sûrement qu'eux la ligne qu'il faut suivre, le terrain mal assis qu'il faut éviter. Souvent, dans les passages difficiles, je me plaisais à observer le mien; je le voyais parfois hésiter un instant, réfléchir, chercher à la base d'un roc presque lisse l'endroit le plus commode, puis insinuer ses pieds dans une fente, se cramponner à une petite pointe, et s'élancer en haut d'un seul bond. D'autres fois, à la descente, il jetait ses deux pieds en avant et les fixait là comme deux barres de fer; ou, s'il se trouvait sur une large dalle unie, il se laissait glisser jusqu'en bas, et arrivait de l'autre côté avec tout son aplomb.

Le chemin que nous suivions allait sans cesse en tournoyant, et devenait sans cesse plus raboteux et plus pénible. Les hauteurs que nous avions gravies le matin s'étendaient derrière nous comme une plaine. La Pique, cette grande aiguille dont notre regard pouvait à peine, quelques heures auparavant, mesurer l'élévation, ne nous apparaissait plus que comme un roc assez ordinaire. L'aigle planait au-dessous de nous, les nuages flottaient à quelques pieds plus haut. A tout moment, il fallait nous arrêter, laisser nos chevaux reprendre haleine, et puis gravir encore, à travers ces flancs déchirés de la montagne, à travers ces sentiers mal frayés. Les rayons du soleil avaient jusqu'alors dardé sur notre tête, et la chaleur était devenue insupportable. Quand nous fûmes arrivés auprès des grands lacs bleus qui se trouvent presqu'à la sommité de la montagne, l'air était si frais que nous fûmes obligés de nous couvrir de nos manteaux. De là, nous n'avions plus qu'un passage difficile, étroit, mais de court trajet. Le port de Vénasque s'ouvrait devant nous; la croix de fer qui sépare la France de l'Espagne nous apparaissait au-dessus du rocher, et, quand nous fûmes là-haut, nous nous arrêtâmes avec une sorte de stupéfaction. A nos pieds s'étendait une gorge étroite, aride, semée seulement de quelques pins, traversée par le torrent; en face, une montagne sans arbres, sans verdure, couverte sur ses flancs d'une terre jaunâtre ou de rochers, et de neige et de glace à sa sommité. C'est la Maladetta.

Autrefois, dit l'Espagnol, cette montagne n'avait pas cet aspect effrayant qu'elle présente aujourd'hui. Elle était belle et gracieuse, revêtue de riches pâturages et de forêts. Le pâtre aimait à y fixer sa demeure, et des villages entiers la couronnaient de leurs maisons blanches et de leurs toits d'ardoise. Un jour le bon Dieu voulut éprouver les mœurs de ces habitants; il s'habilla en pèlerin et s'en vint frapper à leurs portes et demander l'hospitalité. Personne ne lui ouvrit, car le bien-être avait endurci le cœur de ces hommes, et la misère d'un étranger ne pouvait plus les émouvoir. Le bon Dieu, après avoir été ainsi repoussé de maison en maison, allait se retirer lorsqu'il aperçut à l'écart une petite chaumière qui se distinguait entre toutes les autres par son humble extérieur ; il résolut de faire là une nouvelle tentative, et à peine avait-il frappé que la porte lui fut ouverte, et une brave famille s'en vint avec empressement le recevoir, lui servit à souper et lui prépara un lit. Le bon Dieu, justement irrité de la dureté de cœur des autres habitants du village, et touché de la misère et du désintéressement de cette famille qui l'avait accueilli, la transporta sur une montagne voisine, lui donna une maison et des champs, et de gras pâturages ; puis, la conduisant en face de la Maladetta : « Voyez, dit-il, comme le ciel punit les méchants ! » et, étendant le bras vers les demeures inhospitalières qu'il venait de quitter, il les maudit, et à l'instant les villages avec leurs habitants s'abîmèrent sous un monceau de neige ; les pâturages perdirent leur verdure, les troupeaux furent changés en rochers, et l'homme ne regarda plus que de loin, en tremblant, cette montagne.

On voit que c'est l'ancienne fable de Philémon et Baucis, encore une de ces fables orientales que le Nord s'est appropriées, et au moyen desquelles, en les poursuivant de transformation en transformation, de contrées en contrées, on parviendrait peut-être beaucoup mieux à établir la parenté des peuples que par le rapprochement des dialectes ou les analogies de conformation physique.

La Maladetta est après le Mont-Perdu la sommité la plus élevée des Pyrénées. Là vit le grand bouquetin sauvage, au poil long, aux cornes plus fortes que celles d'un taureau, au pied plus agile que celui d'un cerf ; là se réfugie l'isard, beau chamois, à la tête gracieuse, à l'œil vif, souvent plus difficile à chasser que le chamois du Tyrol. Au pied de ces rares sapins, l'ours brun se creuse sa caverne ; au milieu de ces rocs, voilés par les nuages, l'aigle royal place son aire, et, du haut d'un de ces pics, le griffon aux ailes pesantes s'élance pour chercher sa proie parmi les oiseaux de la plaine ou les agneaux du pâturage. Cependant, non loin de là, un enfant admirerait les papillons de ces montagnes, la tortue, le vulcain, le chardonneret et l'apollon aux ailes blanches tachetées de mouches noires ; et le géologue, avide d'explorer les diverses espèces de pierre dont ces rocs se composent, trouverait tour à tour la pierre jaune comme le soufre, la pierre ferrugineuse, l'ardoise, le marbre blanc comme celui de Carrare, le marbre gris d'un côté et de l'autre oxydé par le fer, le marbre rouge dont les teintes variées forment jusqu'à douze espèces, le marbre vert, et quelques filons d'argent mêlés à des masses de terre et de plomb.

Une fois parvenu au port de Vénasque, on descend continuellement par un chemin plus mauvais encore que celui de la montagne. Ce sont des pierres échelonnées les unes sur les autres, des troncs d'arbres jetés là par les torrents, et qui encombrent le passage ; parfois le chemin ressemble à un escalier désuni, rompu, inégal. Les chevaux glissent dans des fondrières ou se heurtent contre les quartiers de roc, ou trébuchent sur cette pente rapide et sans appui ; et à gauche de cette route, la montagne est taillée à pic, l'abîme est près de vous, l'eau du torrent bondit en bas. Il faudrait quelques journées d'hommes pour rendre ce sentier, sinon très-agréable, au moins beaucoup plus sûr. On ne les emploie pas. Chaque année, pendant l'hiver, quelquefois même pendant l'été, il y périt un grand nombre de personnes. Les prêtres même ont cru devoir bénir cette terre, afin d'en faire comme un cimetière pour les malheureux qui y tombent, surpris par la nuit ou par un ouragan, et il ne vient pas à la pensée des Catalans qui habitent les villages voisins, des marchands de mules qui y passent toute l'année, de se réunir un jour avec des hoyaux, et de s'en aller adoucir les aspérités du roc, élargir le passage, poser de distance en distance une sauvegarde, un point d'appui, remplir une crevasse. La ville de Vénasque a demandé, il est vrai, depuis long-temps, l'autorisation de vendre une partie de ses bois, pour l'employer à améliorer ce chemin ; le gouvernement espagnol ne la lui a pas encore accordée, et le chemin reste où il en était. En prenant la chose de plus haut, il ne serait peut-être pas impossible de trouver ici la grande route de communication entre la France et l'Espagne ; elle serait, dans tous les cas, beaucoup plus courte que celle de Bayonne, et le temps est venu où les peuples ont besoin d'abréger entre eux les distances.

Au bas de cette montagne, nous aperçûmes la première maison espagnole ; c'est l'hospice établi pour les voyageurs par la ville de Vénasque. Mais, si nous n'avions été d'abord que médiocrement contents de l'hospice de Bagnères, il fallut avouer que c'était un palais en comparaison de celui-ci. Nous entrâmes dans une enceinte de pierres jetées les unes sur les autres. Au milieu une légère cloison, les bêtes d'un côté, les voyageurs de l'autre, le toit à hauteur d'homme, et des ouvertures dans le toit pour servir de fenêtre et de cheminée; un grand feu allumé sur la terre, et tout autour de ce brasier, dans le nuage de fumée qui s'en échappait, des hommes à la figure sombre couchés sur des bancs, des femmes malpropres accroupies sur leurs genoux; une véritable hutte de sauvages, une cabane de Lapons. Nous nous hâtâmes de sortir de cette atmosphère infecte, pour aller manger en plein air. Nous avions encore heureusement avec nous quelques provisions. On nous apporta de l'eau dans le vase où l'on venait de cuire de la bouillie, et du pain noir sur une nappe plus noire encore.

Nous reprîmes notre route à travers les montagnes, toujours une route plus dure et plus dangereuse, toujours une nature plus sauvage. Des montagnes déchirées comme par une éruption volcanique, des cascades qui bondissent sur le chemin, et pas d'autre végétation que celle de quelques rameaux de buis, pas une habitation humaine, pas une trace de culture. En avant, en arrière, de toutes parts, de grandes et magnifiques horreurs; des cimes de rochers qui se succèdent et s'échelonnent sans interruption, des gorges étroites pour chemin, des précipices pour points de vue, des torrents pour rivière, une terre primitive, un tableau qui accable et fascine la pensée de l'homme.

Le soir seulement, en approchant de Vénasque, nous aperçûmes quelques enclos de verdure, nous retrouvâmes les bergers, et dans les pâturages les mules à la tête fine, au pied lisse. Un peu après, nous vîmes s'élever le fort, qui, à en juger par ses défenses et ses remparts, n'arrêterait pas long-temps une bonne compagnie d'artilleurs; puis nous entrâmes dans la ville, une ville espagnole, comme je me l'étais figurée, sale, sombre, étroite. On n'y voit ni boutiques, ni enseignes, ni vitres aux fenêtres, à plus forte raison, ni fontaines ni monuments publics. Le soir on n'y allume point de réverbères; les habitants s'en vont dans les rues avec des torches de résine. La population y est misérable et déguenillée; les enfants traînent leurs culottes en lambeaux, les femmes sont à peine habillées, mais si elles ne font que passer leurs têtes à travers une lucarne, sans montrer leurs haillons et leurs pieds nus, vous apercevez des figures d'une beauté ravissante.

A Vénasque, ville de dix-sept cents habitants, il n'y a point d'auberge. Nous étions recommandés au gouverneur qui nous accueillit avec la meilleure grâce du monde, mais qui n'avait pas assez de place chez lui pour nous recevoir. Nous espérions loger chez un marchand de mulets qui remplit les fonctions de directeur de la poste, et se plaît aussi, quand l'occasion s'en présente, à remplir celles d'aubergiste;

mais il faisait réparer sa maison, et les chambres que nous eussions pu occuper venaient de tomber sous le marteau du maçon. Ainsi nous avions passé dix grandes heures à cheval, par des chemins horribles, et nous étions menacés de ne pas trouver un gîte pour la nuit. Heureusement que le gouverneur vint lui-même nous recommander au directeur, lequel nous mena chez un de ses amis, où nous trouvâmes trois lits assez propres, un souper meilleur que nous ne l'avions espéré, du vin de Saragosse, et une jolie fille pour nous servir. Le lendemain nous étions à peine levés, que le directeur vint nous inviter gracieusement à prendre du chocolat chez lui. Nous entrâmes dans sa grande salle, décorée de son tableau d'armoiries, car il était noble, et son ami, qui nous avait reçus, était noble aussi, et aussi le marchand chez lequel nous allâmes acheter quelques *cigaros*, et tous avaient dans l'endroit le plus apparent de leur demeure leurs armoiries largement peintes, et le nom de famille au bas.

Il n'y a à Vénasque que très-peu de commerce, et point d'agriculture, à peu près trente familles qui ont de quoi vivre, le reste mendiants ou ouvriers. Pour cette pauvre population, il y a sept prêtres, deux curés et cinq prébendiers. Chaque curé prend trois gerbes sur trente, et la trente-unième appartient à l'église; ainsi de suite. On évalue leur revenu, année commune, à 5,000 fr. chacun, et celui des prébendiers à 1,000 fr. Pendant le déjeuner, le directeur se plaignit beaucoup d'un tel état de choses.

« Le gouvernement, nous disait-il, me prend le tiers le plus net de mon revenu, et les prêtres de la ville, et les capucins voyageurs, et les indulgences, et les quêtes me prennent le second. » Mais il ne voulut cependant pas nous laisser partir sans nous montrer l'église, et ce fut avec une véritable joie de catholique espagnol qu'il fit dérouler tour à tour à nos yeux, et les magnifiques chasubles de Lyon, et les soieries de Valence, et les vases en or et en argent qui remplissaient la sacristie; puis, nous conduisant dans une petite chapelle, en face d'une statue d'argent massif : « Voyez, dit-il, c'est là notre saint Martial, le patron de notre ville. Nous avons beaucoup de confiance en lui; et il la mérite bien, car, chaque fois que nous avons recours à lui, il nous exauce; chaque fois que nous lui demandons la pluie ou le beau temps, il nous l'envoie. »

Et cela était dit avec tant de bonne foi, qu'il eût été impossible au plus farouche incrédule de ne pas en être touché.

En sortant de là, nous demandâmes à visiter l'école. Il n'y en a point pour les filles. On trouve que c'est assez pour elles de savoir tourner un rosaire entre les mains, et ceux qui veulent à toute force qu'elles apprennent à lire et à écrire sont obligés de les envoyer à vingt lieues de là, à Barbastro. Nous trouvâmes dans une misérable petite chambre une vingtaine d'enfants rangés sur des gradins, et un homme assis en face d'eux. C'était l'école de Vénasque. On s'y sert cependant de la méthode simultanée.

C'est un progrès. Tous les enfants ont entre les mains les mêmes livres, un syllabaire fait sur le modèle des nôtres, le catéchisme historique de l'abbé Fleury par demandes et par réponses, les contes de l'abbé Sabatier, et un autre ouvrage purement espagnol, sous le titre de *Leçons choisies.* C'est un singulier mélange de toutes les idées d'obscurantisme et de superstition qui régissent encore l'Espagne : de la doctrine et des prières, des méditations religieuses et des traités ascétiques ; à la fin, une ode contre Napoléon, écrite en 1808. Les noms de tigre, de Corse horrible, de tyran, de Behemoth, lui sont prodigués à chaque strophe, et la pièce se termine par l'éloge de l'Angleterre [*].

Le maître avec lequel nous nous entretînmes assez long-temps nous parut être un homme instruit. Il comprenait bien l'italien, parlait facilement le latin, et pour se distraire lisait la *Cité de Dieu,* de saint Augustin. Nous avions causé un instant auparavant avec un gros et gras prébendier qui était loin d'en savoir autant. Quand nous l'eûmes quitté, nous demandâmes au directeur combien ce maître d'école pouvait gagner à remplir ses fonctions. — Environ 500 francs, nous dit-il ; mais dans l'intervalle des

---

[*] Ingeniosa Albion que de los mares
A pesar del tiranno el gran tridente,
El arbitro del mundo te ha otorgado.
Tú siempre ha peñetrado
La torcida intencion que mil pesares
Causò y desolacion al continento, etc.

classes, et pendant les vacances, il exerce un métier beaucoup plus lucratif, celui de maréchal-ferrant.

Nous ne partîmes que très-tard dans la matinée. Nous croyions pouvoir arriver encore avant la nuit à Bossos, en Catalogne; mais à deux heures seulement, nous étions de retour à l'hospice de Vénasque, et il nous en fallait encore plus de trois pour gravir cette immense montagne taillée à pic qui s'élève en face de la Maladetta. Rarement les voyageurs passent par ici. Il n'y a point de chemin frayé et presque point de trace de chemin; ce n'était qu'à une espèce de liséré gris, mince comme un ruban, et dont nous suivions avec peine les détours, que nous pouvions reconnaître à peu près la direction à suivre. Nous mîmes pied à terre pour tirer nos chevaux par la bride; quelquefois nous glissions sur une dalle d'ardoise, et nos chevaux intelligents s'arrêtaient tout court devant nous. Le sol que nous traversions était inégal et variait à tout instant. C'était tantôt un lambeau de pelouse, humide encore de rosée, ou des couches de marbre gris, des pierres amoncelées comme les débris d'une maison. Quelquefois nous enfoncions dans une terre molle et fangeuse, quelquefois un rocher en saillie nous arrêtait comme une barrière. De là, nous voyions fuir les défilés de Vénasque. La Maladetta semblait s'abaisser à nos yeux, et nous croyions sentir la fraîcheur de ses glaciers. Enfin nous parvînmes au sommet de la *Picada*, et nos regards plongèrent avec surprise sur huit grandes chaînes de montagnes étagées les unes derrière les autres, coupées par mamelons, et projetant de tous côtés leurs pics aigus, leurs vives arêtes comme les vagues profondes d'une mer courroucée.

De là il fallait descendre, et nous vîmes que nous n'avions pas encore fait la partie la plus pénible du voyage. Ce n'était plus un chemin raboteux, ce n'était plus un sentier interrompu, une échelle brisée ; c'était un lit de torrent tombant tout droit, mis à sec depuis quelques jours, et chargé encore de pierres et de troncs d'arbres. Nous attachâmes nos chevaux à la suite l'un de l'autre, et nous nous en allâmes de notre côté, en nous appuyant sur de grands rameaux de sapins, et en regardant avec une sorte d'effroi cette nature sauvage, cette terre déserte, ces montagnes foudroyées.

La nuit nous surprit quand nous arrivions dans la forêt de Pomero. C'était toujours le même chemin, si difficile parfois et le plus souvent impraticable. Nous remontâmes à cheval faute de pouvoir nous guider nous-mêmes. La lune n'était pas levée. Les larges branches des sapins, l'épais feuillage des hêtres, nous dérobaient jusqu'à la clarté des étoiles. Plus nous avancions, plus la forêt devenait serrée, et la nuit obscure. Nous marchions tous quatre l'un derrière l'autre, d'une main tenant la bride, élevant l'autre en l'air pour écarter les branches d'arbres contre lesquelles nous courions risque de nous heurter. Bientôt nous ne distinguâmes plus le guide qui allait devant nous, bientôt nous n'eûmes plus d'autre moyen de nous assurer que nous étions encore ensemble qu'en nous appelant à de fréquents intervalles. Nos yeux cherchaient en vain une lumière. Il n'y avait, à une longue distance, aucun refuge, aucune habitation humaine, et tout à coup notre guide, que nous avions perdu de vue, s'arrêta pour nous crier qu'il ne reconnaissait plus le chemin. — Abandonnez-vous à vos chevaux, nous dit-il, et laissez-les chercher eux-mêmes leur route. Nous leur lâchâmes tristement la bride ; ils descendirent, et s'en allèrent par les fourrés d'arbres, par les fondrières, par les mares d'eau, tomber sur un autre chemin. L'obscurité était toujours la même ; le sentier n'était ni plus large, ni plus uni. De la montagne en face, la Garonne, à sa source, s'élançait en mugissant dans le creux de la vallée ; nous entendions gronder le torrent au-dessous de nous, nous en distinguions quelquefois, à travers les rameaux d'arbres, les vagues écumantes. Un seul faux pas de notre cheval, un objet qui l'eût effrayé, une racine qui l'eût fait trébucher, ou une minute de vertige, et nous roulions dans l'abîme, car le torrent tombait perpendiculairement à côté de nous, et il n'y avait rien pour s'en garantir. Nous passâmes ainsi près d'une heure, n'ayant pas le courage d'accuser notre guide qui nous paraissait si honteux de son ignorance et de sa témérité, mais marchant toujours sans savoir si nous étions dans le véritable chemin, sans être sûrs de l'endroit où notre cheval posait le pied, en proie à toutes les idées bizarres qui peuvent naître d'une pareille situation, à toutes les illusions fantasmagoriques qui nous faisaient voir, dans un tronc d'arbre le cheval d'un de nos compagnons, et dans une nappe d'eau une route large et aplanie.

Cependant nous étions dans le bon chemin. Nous sortîmes de la forêt, et à peine allions-nous avancer avec plus de sécurité que la courroie de ma selle se cassa ; il me fallut mettre pied à terre. Je tirai mon cheval par la bride, et je marchai à la suite de mes compagnons de voyage, à travers les racines d'arbres et les rochers. J'étais haletant et épuisé de fatigue. Je m'assis au bord du torrent, je m'abreuvai à longs traits de cette eau rafraîchissante des montagnes ; et je me reposai un instant avec joie.

A quelque distance de là, nous vîmes briller une lumière, et nous arrivâmes à un petit ermitage, auprès duquel un pâtre a bâti sa demeure. Mais il n'avait point de lit à nous donner ; nous lui achetâmes seulement une lanterne, et nous continuâmes notre route le long de la Garonne, à la lueur blafarde et vacillante de la lampe que notre guide tenait en main, jusqu'au village de Bordes en Catalogne, où le plaisir de trouver un asile, un grand feu allumé au milieu de la cuisine, et des figures honnêtes et prévenantes, nous fit oublier toutes nos fatigues.

Le lendemain, nous reprîmes notre route par la vallée d'Aran. C'est une des plus jolies et des plus riches vallées que l'on trouve dans ces montagnes, et, après avoir traversé si long-temps les terres incultes, les rocs arides, nous trouvions une joie inexprimable à voir, dans la fraîcheur du matin, cette prairie s'ouvrir devant nous avec la rivière qui la parcourt, les verts enclos dont elle est semée, et les jolis villages qui la décorent de distance en distance.

Bossos, où nous arrivâmes après une heure de marche, est une ville plus petite que Vénasque, mais bien plus gracieuse et plus riante. Il n'y manque qu'une population plus heureuse et moins sale. Nous sommes entrés dans quelques maisons où l'homme occupait moins de place que les toiles d'araignées. Nous y avons vu des figures décharnées, des enfants n'ayant sur le corps que des restes de haillons, des femmes misérables, ayant pour tout ornement des pendants d'oreilles en plomb, des bagues en plomb, des colliers en verre. L'église cependant est magnifique, et il n'y a pas moins de dix prêtres pour la desservir. Mais toute cette population mendie effrontément. Dans chaque rue, à chaque porte, vous trouvez des groupes de jeunes filles, de femmes, d'enfants, qui vous tendent la main ; et, quand vous traversez les champs, les moissonneuses quittent leur travail pour venir sur le bord de la route vous demander encore l'aumône avec des gestes de douleur et une voix larmoyante. Si vous leur donnez, il en revient d'autres ; si vous leur refusez, elles vous jettent des pierres et vous crient des injures.

Enfin, nous gravîmes la montagne qui devait nous ramener en France, le *Portillon ;* et après avoir vu deux sales villes de l'Aragon et de la Catalogne, après avoir passé par ces chemins de montagnes dont le souvenir nous faisait encore horreur, après avoir subi et la malpropreté des hospices, et les rapines des aubergistes, et le douloureux spectacle de tant de populations si bien dotées par la nature, et dégradées par l'ignorance, la superstition et la misère, nous descendîmes avec bonheur la jolie prairie de Burde, et nous saluâmes avec des cris de joie Bagnères et son vallon.

Deux jours après, nous allions revoir les Pyrénées sous une autre face. En suivant la route de Saint-Gaudens à Bagnères de Bigorre, on longe à gauche cette grande chaîne qui tantôt se rapproche comme pour causer une dernière surprise au voyageur, tantôt s'éloigne et s'efface à l'horizon bleuâtre. Là passent tous les reflets de la lumière, toutes les nuances d'un ciel pur ou chargé de nuages. Tantôt les pics élevés des montagnes se revêtent d'une teinte sombre, tantôt la neige qui les recouvre, le glacier qui les domine, étincelle aux rayons du soleil, comme une masse de diamants; puis la distance cache l'aspérité de ces montagnes et les entoure d'un autre prestige. Ce ne sont plus ces rocs escarpés que l'on franchit avec tant de peine, ces solitudes sauvages où l'on se sent, malgré soi, saisi d'un indéfinissable sentiment de terreur, ces landes toutes nues qui fatiguent le regard, ces torrents qui ne s'écoulent qu'en causant de nouveaux ravages. C'est une longue ligne dont les sommités se dentèlent avec grâce, dont les contours se fondent harmonieusement, une ligne de montagnes azurées, douce au regard, qui s'élève comme une forteresse aérienne, s'ombrage, se colore, se marie parfois avec les teintes pourprées du matin, se cache sous la robe transparente du brouillard, et de son front gigantesque touche à la voûte du ciel.

Bagnères de Bigorre, où nous arrivâmes la nuit, est la capitale de toutes ces petites villes de bains que l'on trouve dans les Pyrénées, Cauterets, Saint-Sauveur, Baréges, etc. C'est ici qu'est le grand mouvement, le point de départ et de réunion; ici les beaux thermes, les grands hôtels, les magasins les mieux assortis, et la population la plus nombreuse. Tout auprès est la vallée de Campan, fraîche comme une oasis, toute verte comme une émeraude et riante comme une matinée de printemps. Quand on en a connu le charme, quand on a suivi quelque temps et ces flots de l'Adour qui la traversent, et ces bouquets de bois qui la décorent, et ces jolies maisons jetées sur la colline, où la famille du pâtre a sa terrasse de verdure, son petit jardin devant sa porte, son massif d'arbres sous ses fenêtres; où la jeune femme, assise avec le béret de laine qu'elle tricote, forme un joli tableau, auprès de ses enfants qui jouent sur l'herbe, non loin de la génisse qui court dans le pâturage, et de l'agneau qui bêle; quand on a vu ces bois aux sentiers mystérieux, ces grottes perdues dans les rochers, ce village pittoresque de Sainte-Marie, cette colline si bien peuplée, et en face cette montagne aride, posée là comme pour lui faire contraste, on revient avec peine dans cette ville de Bagnères, ville d'indignes complaisances, qui ne suppute, pour s'enrichir, que sur les vices ou les maladies de l'homme, qui ne s'embellit qu'en profitant de la faiblesse des uns et de la crédulité des autres. On a honte d'entrer un instant dans ces établissements de jeux, où les joueurs tiennent leurs cartes sous la table, où chacun se défie du regard de son voisin, où l'on ne perd jamais sans se plaindre d'avoir été volé.

Après les Thermes, dont je ne pourrais méconnaître l'élégance sans me faire taxer de barbarie, après le musée des Pyrénées, vaste et curieuse collection d'art et de minéralogie, je n'ai vu que deux belles choses à Bagnères : c'est la marbrerie de M. Geruzet, admirable établissement, où la main habile de l'ouvrier imprime à la pierre toutes les transformations, depuis le sciage par lames fines jusqu'aux derniers coups de ciseau qui en font une table de prince, un somno de jeune femme. Là sont réunis tous les marbres que l'on trouve dans ces immenses carrières des Pyrénées, et le marbre de Campan, tantôt vert comme l'eau de mer, tantôt mélangé de veines rouges, comme le granit, et le lumachelle aux filets d'or, et l'hortensia à la couleur tendre comme la fleur dont il porte le nom, et l'aspin d'un bleu foncé, et le marbre blanc de Saint-Béat, et l'onyx que l'on arrache avec peine aux flancs rocailleux des grottes, et dont on forme des coupes antiques dont Homère eût vanté la grâce, dont Apollon n'eût pas dédaigné l'offrande.

Ce que j'ai vu de beau après cela, n'en déplaise aux gens graves, c'est un théâtre de marionnettes. Les marionnettes ! hélas ! on nous les enlève des grandes villes ; les hommes de bon ton les dédaignent ;

le peuple, qui s'en va au Théâtre-Français, les rebute ;
on ne les trouve plus que rarement, par hasard, au
fond d'une place, exposées à toutes les intempéries
de l'air, la voix enrouée, la robe déchirée et le plus
souvent seules ou entourées d'une troupe d'enfants
criards, qui croient avoir plus d'esprit qu'elles. Et
moi je les ai revues sur la grande promenade de Bagnères, dans une salle de théâtre très-propre, à la
lueur des quinquets; non loin de là, Paillasse avec
ses grosses bouffonneries, et le joueur de violon qui
appelait les passants, et toute la salle pleine, mais
pleine d'hommes à l'aspect vénérable, de mères de
famille et de jolies jeunes filles. J'ai cru me trouver à
ces beaux jours du dix-septième siècle, où Polichinelle s'emparait fièrement des chroniques populaires,
et jouait, à Berlin, des drames de *Faust*, de *Don
Juan*, d'*Ahasvérus*, qui faisaient courir tous les
savants. J'ai revu Polichinelle, ce brave et caustique
Polichinelle, cet homme du peuple, cette épigramme
toujours vivante ; Polichinelle, qui depuis qu'un bon
génie (je ne sais, en vérité, lequel) lui a donné le
jour, n'a pas cessé un instant de vivre de notre vie,
de se mêler à nos passions, de se réjouir de nos victoires, de s'égayer de nos sottises, et souvent de jeter
tout haut sur nos maîtres le sarcasme que nous rê-
vions tout bas; Polichinelle, railleur, menteur, gour-
mand, lâche, fanfaron, et, du reste, bon vivant :
merveilleux type de tant de vices vulgaires, de tant
d'instincts intelligents; mélange de Panurge et de
Sancho, taillé d'après la corpulence de Falstaff, qui

cache parfois une grande moralité sous une espèce de niaiserie, et se sauve par une balourdise du danger d'avoir dit un bon mot. Je l'ai revu jeune, brillant, magnifique, avec ses joues enluminées, son chapeau à cornes, son ventre rouge comme une écrevisse, et ses grands yeux pleins d'esprit. J'ai revu Arlequin, son compère : Arlequin a joué le rôle de charbonnier, le rôle de gouverneur, comme Sancho le rôle de prince ; Arlequin a eu des saillies admirables, des inspirations sublimes, et tout le monde d'applaudir, et les enfants qui trépignaient, battaient des mains, poussaient des cris de joie, et les hommes d'un âge mûr qui se défendaient en vain de rire, et des jeunes filles charmantes qui dévoraient des yeux Polichinelle avec son chapeau galonné, Arlequin avec son bonnet de feutre, ce qui m'a réconcilié un peu avec Bagnères ; et, comme les marionnettes partaient le lendemain, je suis parti aussi, disant adieu aux villes de bains, aux Pyrénées, et saluant avec amour la vieille terre de Béarn.

Pau, 1834.

ROMANCES ESPAGNOLS.

Un jour dans une de ses excursions philologiques, Jacob Grimm, le savant professeur de Gœttingue, s'est arrêté devant un ancien recueil de romances espagnols (*Cancionero de romances. Anvers*, 1555), et, se sentant saisi d'un amour de jeune homme pour cette naïve et franche poésie, l'auteur de la *Grammaire allemande* et des *Antiquités du droit* a laissé là pour quelque temps ses dissertations étymologiques, ses recherches érudites; il s'est mis à suivre cette armée de rois, de chevaliers, de soldats maures et chrétiens qui s'offraient à lui. Il a entendu les plaintes de la belle Mélisandre, et les soupirs de Rodrigue; il a vu les coups d'épée de Roland, et le balcon de Séville où rêvent les infantes. Pour quelque temps, l'homme du nord s'est fait l'homme du midi. Avec son Cancionero, il a laissé bien loin derrière lui le sol aride de la Hesse pour les verts jardins de Grenade, et il est revenu de son poétique voyage avec sa *Sylva de romances viejos* (Recueil de vieux romances) dont nous allons essayer de rendre compte.

Les recueils d'anciens romances espagnols sont rares, difficiles à lire, pour la plupart très-diffus, et mélangés de pièces faibles et sans intérêt.

Il faut donc savoir gré aux hommes qui, comme Jacob Grimm, vont chercher ces recueils dans les bibliothèques, les compulsent et en publient les parties les plus substantielles. La France est restée, sous ce rapport, en arrière des autres peuples.

Personne n'ignore cependant de quelle importance est l'étude de ces anciens romanceros : c'est là la vraie poésie nationale de l'Espagne, la poésie des camps, des châteaux et des chaumières; la poésie qui assiste à toutes les réunions, qui erre sur toutes les lèvres, et échauffe tous les esprits. Cervantes, en parlant du romance du Gayferos, dit qu'il est dans la bouche de tout le monde, et que les enfants s'en vont le répétant dans les rues; et M. Martinez de la Rosa s'écrie dans son *Art poétique* : « Ainsi jadis les troubadours donnaient sur la place leurs leçons de courage et d'amour. Les enfants, les jeunes filles, les vieillards, redisaient ces chants faciles, et les jeunes gens, au cœur fier, y puisaient le désir de l'amour et de la gloire *.

Tous les souvenirs de l'Espagne sont dans ces romances. Là est sa tradition historique, son épopée nationale, son livre des héros; là sont ses contes chevaleresques, tout pleins de gracieuses images et de glorieux faits d'armes; là enfin ses chants d'amour,

---

* Obras literarias de D. Francisco Martinez de la Rosa. Paris, 1827.

que les filles de roi soupirent en brodant leurs écharpes, et que les soldats chantent en marchant au combat. Dans la première phase, c'est le Cid vainqueur des Maures, maître de Valence ; c'est Bernard del Carpio fermant le passage des Pyrénées, et s'écriant en face de son roi : « La réponse que la France nous a donnée, nous la rapportons écrite sur nos poitrines ! » C'est le roi maure pleurant sur la perte d'Alhama ; c'est Rodrigue fuyant le champ de bataille où il a été vaincu, et s'écriant avec les larmes du désespoir : « Hier j'étais roi d'Espagne, aujourd'hui je ne le suis pas d'un seul bourg ; hier je possédais des villes et des châteaux, aujourd'hui je ne possède rien ; hier j'avais une armée et des serviteurs, aujourd'hui je n'ai pas un créneau de muraille. »

A la seconde phase du romance appartiennent les compositions chevaleresques, l'histoire de Charlemagne et de ses douze pairs, de Lancelot, de Tristan, d'Amadis. Le peuple se faisait ainsi sa poésie. Les grands seigneurs avaient dans leurs châteaux les longs romans rimés, écrits sur vélin, enrichis de fleurons et de fines arabesques, et le peuple attendait sur la place : le troubadour venait lui chanter ces aventures étranges, ces contes de guerre et d'amour partagés en ballades, et composés, selon le goût de la foule, en vers assonants ou en monorimes. Cette poésie en plein air ne s'écrivait pas ; et le rapsode, content des naïfs applaudissements qu'il recevait, ne se donnait souvent pas même la peine de se nommer ; mais les hommes du peuple la recueillaient fidèlement, et la redisaient le jour dans leurs heures de loisir, le soir dans leurs veillées. Et après cela, il est arrivé une chose étrange, c'est que les manuscrits copiés avec tant d'art, conservés avec tant de soin, se sont perdus, et que la tradition populaire, en apparence si vague et si mobile, est restée. Ainsi, à défaut des livres, il a fallu interroger la mémoire des vieillards. Quand les palais ont été brûlés, les monuments primitifs de l'art détruits, on s'est demandé ce qu'était devenue cette poésie des anciens temps, et il s'est trouvé qu'une pauvre femme de paysan pouvait la dire mot par mot sous son toit de chaume, et qu'un aveugle la chantait, en mendiant le long des grandes routes.

Une autre série de romances, variée, nombreuse, intéressante à connaître, est celle des romances mauresques. C'est le tableau de la vie arabe dans tout son prestige et son éclat, la vie riante et capricieuse, comme la capricieuse architecture de l'Alhambra; la vie sombre et sévère comme cette montagne où le malheureux Boabdill s'arrêta pour jeter encore les yeux sur Grenade, et qui depuis ce temps s'appelle la Montagne du Soupir (*el Monte del Sospiro*); tour à tour les fêtes enivrantes et les heures d'amour dans les jardins d'orangers, et puis le cri de guerre, et la cuirasse d'acier reluisant au soleil, et le panache flottant au milieu des combats. A la vue de ces charmantes fictions de la poésie arabe, les Espagnols oubliaient leurs inimitiés, et, se laissant aller au charme de ce paganisme chevaleresque, ils chantaient la gloire des Abencerrages, comme ils eussent pu chanter celle de leurs propres héros. Les prêtres, les religieux, leur reprochaient assez ce penchant hérétique ; et les austères gardiens de la foi eussent volontiers inscrit en tête de tout romancero mauresque, comme l'inquisition en tête de tout livre trop hardi, cette fatale sentence : *Auctor damnatus*. Mais le peuple refusait d'entrer dans ces discussions théologiques ; et, quand on lui reprochait son amour pour les chants des infidèles, il répondait naïvement : « Quoique païens, les chevaliers de Grenade n'en sont pas moins gentilshommes ! »

> Caballeros granadinos
> Aunque moros hijos d'Algo.

Après avoir passé par la tradition historique, par le conte chevaleresque, le romance subit une nouvelle transformation ; il quitta la lance et l'épée, et se changea en berger : on en avait fait un chant de guerre, on en fit une pastorale. Quelque temps après, on le traîna encore plus bas ; on en fit un chant plaisant et facétieux. Mais ce fut là sa dernière plaie ; il mourut dans cet accoutrement fatal, comme la chevalerie dans *Don Quichotte*.

Nous ne prétendons point écrire ici l'histoire entière des romanceros. Qu'on nous permette cependant d'ajouter encore sur ce sujet quelques détails à ceux qui précèdent. Le nombre des romances espagnols est immense. On en a déjà publié une grande quantité, et il en reste encore beaucoup d'inédits. On serait fort embarrassé d'assigner aux anciens romances une date précise. Les uns veulent les faire remonter jusqu'au douzième siècle; d'autres les rajeunissent d'un ou de deux siècles. Les premiers prétendent que l'influence des Arabes après leur invasion en Espagne, qui date, comme on le sait, du huitième siècle, a dû nécessairement éveiller dans les esprits le sentiment poétique, et produire des chants populaires antérieurs au douzième siècle. Les autres analysent la versification des romances et cherchent à démontrer que, par leur forme métrique, ils appartiennent à une époque beaucoup plus récente; mais cette forme pourrait fort bien avoir été rajeunie, comme cela est arrivé, pour la plupart des chants populaires, dans les autres contrées. L'idée première d'un chant, la stance, la méthode de composition, n'en sont pas moins anciennes, mais le rhythme a quelque peu varié. La plupart des romances sont écrits en *redondilles* *, les uns, sur une rime unique alternant avec des vers non rimés; d'autres, avec l'assonance; d'autres encore, en stances irrégulières, avec un refrain.

* Vers qui ne dépasse pas huit syllabes. Il se subdivise en trois autres mesures : le *redondillo mayor*, de huit syllabes; l'*endecha*, qui en a sept; le *redondillo minor*, qui en a six. Les vers de cinq, quatre, trois syllabes, portent le nom de *pie quebrado* (pied brisé). Le plus ancien vers espagnol est l'*alexandrino*, de treize ou quatorze syllabes. Le vers de douze syllabes est appelé par distinction *del arte mayor*. Les Espagnols ont aussi l'*hendecasyllabe*, ou vers de onze syllabes, emprunté aux Italiens.

Quelquefois même la rime semble avoir été oubliée, on y trouve seulement de temps à autre quelques assonances que l'on dirait jetées là comme par hasard.

Le recueil publié par M. Grimm est presque en entier composé de romances chevaleresques, qui tous forment autant de tableaux distincts, de drames aventureux, souvent négligés, mais complets. Si mince que soit ce volume, il est facile d'y saisir cependant les principaux traits du caractère espagnol, caractère héroïque, passionné, et en même temps superstitieux. Quand l'infante Sévilla ordonne à Galaynos de lui apporter la tête d'Olivier, de Roland et de Renaud de Montauban, croyez-vous que le pauvre chevalier s'effraie de s'en aller ainsi, lui tout seul, combattre les trois plus rudes champions de la chrétienté ? Non pas ; il monte à cheval, heureux d'obéir au vœu de sa maîtresse ; il arrive en France et tombe sous les premiers coups de lance de Roland. Un autre romance nous représente le brave Durandarte mourant de ses blessures : il ne se plaint pas, il ne jette aucun soupir, il ne témoigne aucun regret; seulement, quand son ami Montésinos est près de lui, il le prie de lui arracher le cœur et de le porter à Bellerma, sa bien-aimée.

Lorsque don Carlos est condamné à mort, le souvenir de celle qu'il aime absorbe toutes ses pensées : « Oh ! va, je t'en prie, dit-il à son page, va, par pitié, trouver de ma part la princesse, dis-lui que je la supplie de venir me voir ; si à l'heure de la mort je puis la contempler, si mes yeux l'aperçoivent, mon âme ne souffrira pas. »

Quant au caractère superstitieux, il se révèle par ces rêves et ces pressentiments qui ébranlent les imaginations ardentes et crédules. Ainsi, un jour dona Alda, l'épouse de Roland, voit en songe un vautour poursuivi par un aigle; le vautour effrayé cherche un refuge auprès d'elle, mais l'aigle l'atteint et le déchire. Elle veut avoir l'explication de ce rêve, et le lendemain elle apprend la bataille de Roncevaux. Ainsi, la veille du terrible combat où le roi Rodrigue fut vaincu, son épouse le voit en rêve venir à elle le corps couvert de blessures, les yeux ensanglantés. Il la prend par le bras et lui dit en pleurant : « Adieu; malheureuse reine, adieu, je m'en vais. Les Maures m'ont vaincu, les Maures m'ont dompté. Ne pleure pas ma mort, ne pleure pas ton infortune; retire-toi dans les lieux les plus écartés; va-t'en à la hâte dans les montagnes, si tu veux te sauver : il n'y a plus d'autre remède, car l'Espagne et tout le reste est subjugué. »

Un des romances les plus étendus et les plus poétiques de ce recueil, est celui de Gayferos. Vous qui avez lu Don Quichotte (et qui n'a pas lu Don Quichotte?), vous vous souvenez de ce chapitre plaisant où Pédro ouvre son théâtre de marionnettes et représente au regard surpris des gens de la venta la captivité de la belle Mélisandre dans la ville de Sarragosse, et l'expédition audacieuse de Gayferos pour la sauver. « Regardez, s'écrie le pauvre Pédro enthousiaste du jeu de ses acteurs; regardez comme le preux chevalier emporte sa bien-aimée sur son cheval; mais la cloche d'alarme s'ébranle, les fifres et les trompettes sonnent, les Maures se mettent à sa poursuites » A ces mots, don Quichotte, le protecteur de l'opprimé, se sent saisi d'une ardeur toute chevaleresque : « Attendez, misérables, s'écrie-t-il, tant que je vivrai, il ne sera pas dit qu'on attaquera ainsi, sous mes yeux, un brave chevalier comme Gayferos. » Et alors, saisissant sa redoutable lance, il se jette sur la malheureuse armée de marionnettes, tranche, taille, renverse, écrase et pourfend en quelques minutes plus de chevaliers maures que jamais Roland lui-même n'en pourfendit dans un jour de bataille. Et Sancho de le regarder avec ses grands yeux pleins de bon sens, et Pédro, l'infortuné Pédro, de s'arracher les cheveux et de s'écrier, comme un autre roi privé de ses états : « Hier j'étais seigneur d'Espagne, et aujourd'hui je n'ai pas un créneau de muraille à moi. Il n'y a qu'un moment, j'avais sous mes ordres des rois, des empereurs; j'avais mes écuries pleines de chevaux et mes coffres remplis d'une quantité de riches habits, et maintenant me voilà ruiné, désolé, pauvre et réduit à mendier. »

Dans cette peinture si amusante d'une des folies de son héros, Cervantes a tourné en dérision un conte que le peuple prenait sans doute très au sérieux, et qui porte un caractère marqué d'héroïsme chevaleresque. Un jour, Gayferos, le gendre de Charlemagne, est assis à une table de jeu, très-occupé de ses dés, et très-peu soucieux de ce qui se passe ailleurs. L'empereur entre et lui reproche d'oublier dans de frivoles préoccupations sa femme captive chez les Maures. « Si vous étiez, dit-il, un homme à prendre les armes, comme je vous vois disposé à prendre les dés, vous iriez chercher Mélisandre; c'est ma fille : beaucoup l'ont demandée en mariage, et je l'ai refusée à tout autre que vous. Si pourtant un autre l'avait épousée, elle ne serait pas captive. » Gayferos se lève avec douleur, repousse la table de jeu, et court à travers le palais, poussant de grands cris et appelant son oncle Roland. Des armes! il lui faut des armes. Roland lui prête ses armes et son cheval; et l'époux de Mélisandre se met en route. Il voyage pendant quinze jours, et arrive à Sarragosse pendant une fête. Le roi est à la mosquée, et Mélisandre est sur la place assise à une fenêtre. Quand elle aperçoit Gayferos, elle l'appelle et lui dit d'une voix triste : « Pour Dieu ! je vous en prie, cavalier, venez près de moi, que vous soyez maure ou chrétien, ne me refusez pas cette grâce. Je veux vous donner une commission, et vous en serez récompensé. Si vous allez en France, dites à Gayferos que son épouse est ici; qu'il est temps de venir la chercher. » Mais Gayferos se nomme; Mélisandre s'élance hors de sa demeure, et vient se jeter dans ses bras. Il la fait asseoir sur son cheval; il part. Tout à coup l'alarme est donnée : les Maures se rassemblent; le roi ordonne de fermer les portes de la ville; le chevalier en fait sept fois le tour sans trouver une issue. A la fin, il lâche la bride à son cheval, lui enfonce son éperon dans le flanc ; et le cheval saute par-dessus les murailles. Cependant les Maures accourent à sa poursuite ; ils le pressent, ils l'entourent. Alors Gayferos fait volte-face ; et tandis que Mélisandre, tombant à genoux, lève les mains au ciel et implore le secours de Dieu, il arrive la lance à la main au milieu de ses ennemis, et inonde la terre de leur sang. « O Allah ! s'écrie le roi maure, comment un seul homme peut-il avoir tant de force ? c'est sans doute Roland l'enchanté, ou l'intrépide Renaud de Montauban, ou le courageux Urgel. — Taisez-vous, taisez-vous, lui dit Gayferos ; il y a bien d'autres chevaliers en France qui en feraient autant. Je ne suis pas un de ceux que vous venez de nommer ; mais je puis aussi vous dire comment je m'appelle ; je suis l'infant Gayferos, seigneur de Paris la grande, frère d'Olivier, neveu de don Roland. »

Le roi maure, vaincu et découragé, se retire avec sa troupe en désordre, et Gayferos et Mélisandre continuent leur route. Ils traversent ainsi en chevauchant le pays ennemi, et arrivent en France. Charlemagne, avec ses paladins, vint à sept lieues au-devant d'eux, et on leur donna des fêtes sans nombre. Dans les anciens romances, Charlemagne est toujours le type de la noblesse d'âme et de la loyauté. A quelque époque qu'on le prenne, c'est toujours lui qui provoque ou encourage les grandes actions et les récompense. Il va de Paris à Constantinople, et de l'Allemagne aux Pyrénées ; il est toujours le même. Admirable imagination du peuple, qui ne reconnaît ni âge, ni distance, et dote d'une éternelle force, d'une éternelle jeunesse, le héros qu'elle s'est choisi.

On ne lira pas non plus sans intérêt, quand ce ne serait que pour l'étrangeté du fait, le romance de Baldovinos.

Dans une partie de chasse, le marquis de Mantoue se laisse entraîner à la poursuite d'un cerf, s'éloigne de ses gens, s'égare. Il arrive au milieu de la nuit dans une forêt épaisse, où il est tout à coup surpris par le son d'une voix humaine, par des accents de douleur. Il s'approche : un homme est étendu par terre, le corps ensanglanté et couvert de blessures. Cet homme est son neveu, et son meurtrier est Carlotto, fils de Charlemagne. Le marquis de Mantoue, après avoir appris les détails de ce crime, entre dans un ermitage, se jette aux pieds d'un crucifix, et jure par le Dieu tout-puissant, par la Vierge Marie, de ne point se raser, de ne point peigner ses cheveux, de ne pas changer de vêtements, de ne pas entrer dans une ville ou dans un village, de ne pas quitter ses armes, et de ne pas s'asseoir à table avant que d'avoir vengé la mort de son neveu. Il envoie une ambassade à Charlemagne pour demander justice, puis il arrive lui-même. L'empereur assemble un conseil, et le crime de Carlotto son fils étant démontré, il le condamne à mort et le fait exécuter. Je ne sache pas qu'aucun historien de Charlemagne ait jamais constaté cet acte de courage stoïque, cette justice à la Brutus; mais n'importe, le digne empereur avait tant d'autres vertus si étonnantes, qu'on pouvait bien lui en prêter une de plus.

Un autre romance d'une nature moins dramatique, mais qui ressemble à une Odyssée, est celui du comte Irlos. Par les ordres de Charlemagne, le comte Irlos s'en va combattre un roi maure qui a bravé la France, et son empereur et ses douze pairs. S'il s'éloigne avec douleur, ce n'est pas par la crainte de se jeter au milieu d'une guerre périlleuse, c'est qu'il quitte une jeune femme, une jeune femme avec laquelle il est marié depuis peu et qu'il aime de toute son âme. Il la conduit à la cour de Charlemagne, il la remet sous la sauvegarde de ses amis, puis il part. « Attends-moi pendant sept ans, lui dit-il. Si à cette époque je ne suis pas revenu, tu es libre, tu peux épouser un autre homme, et tous mes biens lui appartiendront. » Il arrive dans le pays des Sarrasins, engage le combat, et remporte la victoire. Cependant de nouvelles luttes renaissent, il veut rester maître absolu; et les jours se succèdent, et quinze années se passent, pendant lesquelles il ne reçoit aucune nouvelle de sa femme, et sa femme aucune nouvelle de lui. Un jour, retiré seul dans sa tente, songeant à son bonheur passé, il s'endort, il a un rêve, il voit la comtesse au bras d'un autre époux, et soudain il se lève et fait sonner la trompette. Les soldats arrivent en tumulte. « Partons, s'écrie-t-il, partons. Voilà quinze ans que nous sommes éloignés de notre pays, et celui qui a quitté sa femme jeune la retrouvera avec des rides au front, et celui qui a laissé ses enfants au berceau ne les reconnaîtra plus tant ils seront devenus grands. » Il s'embarque et aborde sur la plage de France. Il se hâte d'arriver au château de ses pères, et alors un pressentiment fatal le saisit. « A qui sont ces terres? à qui est ce château? dit-il au premier homme qu'il rencontre. — C'est à l'infant Celinos : — Et comment l'infant Celinos en est-il devenu possesseur? Les a-t-il achetés, ou en a-t-il hérité? — Non, mais il a fabriqué de fausses lettres pour prouver que le comte d'Irlos était mort, et il a épousé la comtesse. » Le malheureux chevalier ordonne à ses soldats de le quitter et d'entrer successivement à Paris. Pour lui, il se rend en secret chez son oncle, et il apprend que Roland a lui-même engagé la comtesse à contracter malgré elle cette nouvelle alliance; et, lorsqu'elle sait que son légitime époux est de retour, elle accourt se jeter dans ses bras et pleure en l'embrassant. Mais lui ne respire que guerre et vengeance; il faut que le paladin expie sa déloyauté, et Celinos sa lâche trahison. Les douze pairs de France se trouvent alors partagés en deux camps rivaux. Les uns brandissent leurs armes pour Irlos, les autres se rangent du côté de Celinos. L'empereur affligé essaie en vain de les attendrir par des paroles de conciliation. Les fiers guerriers se refusent à tout accommodement et marchent l'un contre l'autre. Cependant, au moment d'en venir aux mains, le souvenir de leur vieille affection se réveille, et ces cœurs irrités par les reproches et les paroles haineuses s'adoucissent tout à coup à la vue d'un frère d'armes. Roland lui-même, le fougueux, l'intrépide Roland, est le premier à témoigner ses regrets et à désirer que la paix se fasse. Alors il arrive un dénouement peu prévu. Les chevaliers des deux partis conviennent entre eux que Celinos ne sera pas admis au nombre des douze pairs, qu'il ne s'asseoira pas à la table ronde et n'habitera pas avec la comtesse. Cette transaction faite, tout rentre dans l'ordre. Les haines sont dissipées, le repos de l'empire est rétabli. L'empereur donne une grande fête. La comtesse y apparaît, toute joyeuse de revoir son mari; et le brave Irlos remet entre les mains de Charlemagne les clefs des villes qu'il a conquises.

Il y a dans les traditions allemandes une histoire semblable à celle-ci. Comme le comte d'Irlos, Henri de Brunswick, surnommé le Lion, s'en va en pays étranger; comme le comte d'Irlos, le duc quitte à regret sa jeune femme et la prie de l'attendre sept ans. A peine arrivé en mer il est surpris par un orage, et son vaisseau erre à l'aventure privé de tout secours. Bientôt les provisions manquent, la faim se fait sentir, et l'on en vient à tirer au sort les passagers pour distribuer leur chair palpitante aux malheureux qui leur survivent. L'un après l'autre, tous ont succombé. Le duc reste seul avec son écuyer. Eux aussi sont forcés d'avoir recours à cet affreux moyen employé par leurs compagnons. Le sort tombe sur le duc; mais son fidèle serviteur ne veut point le faire mourir. Il l'enveloppe dans un sac de cuir, place son épée à côté de lui, et le jette à la mer en le recommandant à Dieu.

Un griffon, en planant dans les airs, aperçoit cette masse informe qui flotte à la surface de l'eau ; il fond sur elle, l'emporte dans son nid, et reprend son vol pour chercher une autre proie. A peine le griffon est-il sorti que le duc se dégage de ses entraves et descend dans la plaine. Il rencontre un lion aux prises avec un dragon. Comme dans le chant danois de Dietrich, le lion, à demi vaincu, l'appelle à son secours. Henri se met de son côté et plonge son épée dans les flancs du dragon. Dès ce moment le lion devient son protecteur, son ami. Il le défend contre les bêtes féroces et s'en va chaque jour à la chasse pour lui apporter sa nourriture. Le duc se bâtit une cabane dans le désert, et tous deux passent ainsi sept années sans voir aucune figure humaine. A la fin Henri, tourmenté du désir de retourner en Allemagne, se construit un canot et s'aventure encore sur les flots. Le lion, qu'il a voulu quitter, se jette à la nage et l'atteint. Au bout de quelques jours de navigation, au moment où Henri, privé de direction, manquant de vivres, commence à désespérer, le diable lui apparaît et lui dit que son épouse va contracter un nouveau mariage, mais qu'il s'engage à le transporter sur la montagne voisine de Brunswick à la condition que s'il s'endort il lui appartiendra : Henri accepte ; et, malgré son courage, sa fermeté, il cède à sa fatigue et s'endort ; mais les rugissements du lion le réveillent, et le diable s'enfuit tout honteux. Le duc se dirige vers son palais. On y célèbre une grande fête. La duchesse va se marier, et toutes les salles du château, les cours, les avenues sont pleines de convives et de chevaliers! Il parvient cependant à se glisser jusqu'à la principale porte, et demande pour toute grâce une coupe de vin versée par la main de la duchesse. Quand il a vidé cette coupe il y laisse tomber son anneau nuptial, et la rendant au valet : « Tenez, dit-il, portez cela à votre maîtresse. » La duchesse regarde avec surprise l'anneau, le reconnaît, et s'élance au-devant de son époux. Le nouveau mariage n'est pas encore contracté, et l'aventureux voyageur reprend paisiblement possession de ses états.

Il nous semble que ces deux traditions espagnole et allemande, mises l'une à côté de l'autre, peuvent servir à caractériser la poésie populaire des deux pays. Dans la première, le récit est simple et naturellement conçu. Il n'y a là ni fable ni apparitions surnaturelles. La seconde, au contraire, est toute pleine de fictions merveilleuses; c'est le griffon, c'est le diable, c'est le lion. Les romances espagnols sont en effet presque entièrement dépourvus de merveilleux, et il apparaît à chaque page dans les anciennes ballades allemandes. On dirait que le ciel brumeux du Nord enfante naturellement les créations étranges, et que la limpide clarté du soleil d'Espagne dissipe ces images nébuleuses, ces figures ossianiques.

Mais le plus dramatique, le plus touchant de tous ces romances espagnols, est sans contredit celui du comte Alarcos. C'est l'expression la plus prononcée d'un sentiment d'honneur froissé avide de vengeance, et de l'amour aux prises avec le crime. Alarcos a séduit la fille du roi, puis il a épousé une autre femme. Quand le roi apprend ce qui s'est passé, il le fait venir et lui dit : « Pour rendre le repos à ma fille et venger mon honneur, il faut que vous tuiez votre femme. » Le comte se révolte à cette idée, mais le roi est inflexible. « Il le faut, dit-il, sinon vous mourrez. » Le malheureux obéit, et s'en retourne en pleurant. Il pleure sur lui, et sur la comtesse, et sur les trois petits enfants qu'elle lui a donnés; l'un est encore à la mamelle, et, quoiqu'il ait trois nourrices, ne veut être allaité que par sa mère : ses deux frères sont si jeunes qu'à peine commencent-ils à avoir le sentiment de la vie. Quand la comtesse apprend le retour de son époux, elle court au-devant de lui, et, le voyant si triste et si accablé, elle le conjure de lui avouer le motif de sa douleur; mais lui ne répond rien, il s'assoit à table en silence, et ne mange pas, et ne boit pas, il cache sa tête dans ses mains, et baigne la table de ses larmes. Enfin, quand la nuit est venue, il ferme la porte et dit à la comtesse de se préparer à mourir. La pauvre femme ne fait entendre aucune plainte; seulement elle demande à revoir encore une fois ses enfants, à embrasser au moins encore une fois le plus petit qui a tant besoin d'elle; mais le comte s'y oppose et lui ordonne de faire sa prière, puis il l'étouffe, et elle meurt en lui pardonnant.

Si l'espace me le permettait, je voudrais citer encore quelques romances qui touchent à la légende religieuse, comme celui des *Deux orfèvres*; d'autres qui sont frais et gracieux comme une idylle antique, tels par exemple que celui *de la Rose et de la Fontaine*; d'autres enfin qui expriment en quelques vers une situation et se terminent brusquement par un mot concis et énergique, comme par exemple celui du *Compagnon*.

> Compagnon, compagnon, mon amante me quitte.
> Elle épouse un vilain, voilà ce qui m'irrite.
> Je veux devenir Maure, et tuer tout chrétien.
> — N'en fais rien, compagnon ; oh ! pour Dieu, n'en fais rien.
> Écoute : j'ai trois sœurs, belles à ravir l'âme,
> Prends-en une des trois pour amie ou pour femme.
> — Non, cela ne se peut. Éloigne cet espoir,
> Je n'aime qu'une femme, et je ne peux l'avoir.

Au reste, le recueil de M. Grimm n'embrasse dans sa spécialité qu'une branche du romancero. Pour avoir une idée plus étendue, si ce n'est plus complète, de cette riche poésie espagnole, il faudrait analyser encore les autres recueils publiés dans les derniers temps : celui de Müller, de Depping, de Bohl de Fabre, de M. Abel Hugo, et les romances qui ont été joints à la traduction anglaise de la vie de Charlemagne [*].

[*] History of Charles the great and Orlando, ascribed to archbishop Turpin, together with the most celebrated ancient spanish ballads relating to the twelve Peers of France, Engl. and Span. Londres, 1812 ; 2 vol. in-8°.

LA CATHÉDRALE DE STRASBOURG.

Si jamais vous allez à Strasbourg par la route de Nancy, en arrivant sur les hauteurs de Saverne, le matin, tandis que vos compagnons de voyage, la tête enveloppée dans le collet de leur manteau, cherchent encore un dernier reste de sommeil, et que le conducteur, profondément enseveli dans le calcul mental de ses bénéfices, oublie de gourmander le postillon qui s'endort sur son fouet, au milieu de ce silence qui règne dans l'intérieur de la voiture, sur la montagne et dans les champs, vous pourriez bien être surpris tout à coup par un cri enthousiaste, un cri de joie, qui fait que toutes les têtes, mollement assoupies, se redressent, et que tout le monde se frotte les yeux. Vous interrogez la physionomie de vos voisins, et vous apercevez un jeune homme d'Alsace, qui jusque-là n'avait pris qu'une part fort modeste à vos bruyants entretiens, et qui, passant sa tête blonde par la portière, salue avec amour les beaux blés qui ondoient dans les plaines de Saverne, et le clocher de la cathédrale de Strasbourg, qui se dessine comme une flèche aiguë sur l'horizon bleuâtre. La cathédrale de Strasbourg, c'est l'orgueil et la joie de tous les Alsaciens. C'est le premier monument que l'enfant apprenne à connaître, et le dernier sur lequel le vieillard arrête encore ses regards. Le pâtre, qui s'en va conduire son troupeau dans les champs de Schillig ; la bonne femme de village qui s'asseoit avec son rouet dans son petit jardin d'Illkirch ; le batelier qui conduit son radeau sur le Rhin, et le laboureur que vous voyez passer gravement sur un de ses beaux chevaux, avec son chapeau à larges bords, et son grand gilet rouge si bien brodé : toutes ces bonnes gens aiment leur cathédrale, et la cherchent de loin, et se réjouissent de la revoir. Il n'y a pas un palais au monde qui puisse la leur faire oublier ; il n'y a pour eux pas un signal de fête pareil aux sons joyeux de leur beffroi, descendant dans la vallée, aux chapiteaux à jour, aux tourelles dentelées, aux mille bouquets de fleurs de la cathédrale, couverte de lampions, étincelants comme une gerbe de feu, au milieu de la nuit. Une fois ce signal donné, vous verriez dans tous les villages, sur toutes les collines, les groupes joyeux se réunir, les brandons de fête s'allumer ; au bout d'une heure, l'Alsace est inondée de feux de joie, au milieu desquels la cathédrale élève sa tête gigantesque et sa pyramide flamboyante.

Heureux l'enfant de l'Alsace qui revient d'un pays étranger, quand de loin son œil découvre le dôme de sa cathédrale ! Il sait que là tout près est sa maison, sa famille. Il oublie l'espace qui lui reste à franchir, et revit au milieu des siens, long-temps avant de pouvoir se jeter dans leurs bras. C'est comme l'habitant des Alpes qui aperçoit la cime de ses forêts, comme le marin qui voit poindre, au retour, le phare de sa ville natale. Mais pitié à celui que le sort emmène en exil, si, au milieu de ses regrets, de son isolement, il rencontre, par hasard, l'image de ce monument autour duquel s'élève la demeure de ses amis et celle de son père. Un jour, dans une petite ville de la Hollande, je regardais les cartons d'un marchand de gravures. Un homme en cheveux blancs vint se placer auprès de moi, et se mit à parcourir d'un air assez distrait les dessins étalés devant nous. — Tenez, dit le marchand, voici le dôme des Invalides. Le vieillard se retourna vivement, et devint plus attentif. — Voici le palais du roi Stanislas, à Nancy. Voici la cathédrale de Strasbourg (*Hier is de hoofdkerk van Straasburg*). — Donnez, s'écria le vieillard. Il saisit la gravure en tremblant, la paya, et tandis qu'il la regardait, la tête baissée, deux grosses larmes roulèrent sur ses joues.

A l'histoire de l'église tient toute l'histoire de l'homme et toute l'histoire du pays. La grande porte de bronze s'ouvre pour l'enfant qui vient de naître, comme pour le vieillard qui vient de mourir. Au-dessus de ses arceaux pompeux, flotte le drapeau de la victoire ; au milieu de sa nef mystérieuse, se dresse le catafalque de mort. Hélas ! combien d'amers regrets, de douleurs sans espoir, se sont épanchés en silence dans une de ces obscures chapelles retirées à l'écart, avec une image de la Vierge au-dessus d'un simple autel, et de vieux vitraux coloriés aux fenêtres ! et combien de jeunes fiancées, le sourire sur les lèvres, la fleur d'oranger sur la tête, ont trouvé plus de joie dans leur amour, plus de confiance dans leur bonheur, au milieu d'un de ces édifices solennels qui semblaient leur servir de rempart contre les orages de la vie ! L'église s'attendrit comme une mère à toutes nos souffrances, s'épanouit à toutes nos joies, et pourtant il y règne un caractère d'immuabilité terrible. Nous nous en allons tous l'un après l'autre sur cette nef où s'agenouillaient nos pères, et la nef reste. Le même autel nous reçoit dans nos jours de triomphe et dans nos jours de deuil ; et le même chœur répond aux versets joyeux du *Te Deum* et aux soupirs du *Dies iræ*.

Que si l'humble enceinte d'une église de village rappelle tant de douces et mélancoliques idées, combien de souvenirs sont attachés à cet autre édifice, œuvre d'art merveilleuse, siége d'un évêché, métropole d'une grande ville !

Pendant l'espace de treize siècles, on ne pourrait pas faire l'histoire d'Alsace sans faire en même temps celle de ses évêques. A une époque où la question de suprématie religieuse se débat violemment contre le pouvoir temporel, l'évêque est placé au milieu de cette ville libre, impériale, de Strasbourg, comme la papauté au milieu des républiques italiennes, des bourgeoisies orgueilleuses de la Flandre, et des communes de France. Même tendance de part et d'autre, mêmes luttes. Le pape défend les priviléges de la tiare ; l'évêque combat pour les prérogatives de son chapitre ; le pape excommunie l'empereur, l'évêque excommunie les échevins. Il y a deux grandes idées en mouvement, deux bannières se lèvent sur le monde chrétien, et autour de ces deux bannières vous verrez toujours se rallier les mêmes auxiliaires. Le signal du combat part du Vatican, et se répète dans tous les royaumes, dans toutes les principautés, dans toutes les villes. La bourgeoisie s'arme pour l'empereur, l'évêque s'arme pour le pape.

C'est que c'étaient tous de hauts et puissants seigneurs, que ces évêques de Strasbourg, tous jaloux de leur autorité, et fiers de leur noblesse. « Parcourez cette longue suite de prélats, dit Grandidier, vous compterez presque autant de fils des anciens ducs d'Alsace que d'évêques, tous appartenant à la tige ou aux branches de l'auguste et ancienne maison d'Habsbourg. Les plus illustres maisons d'Allemagne se font honneur d'avoir donné des évêques à Strasbourg. La race de Charlemagne, les ducs de Franconie, de Souabe et de Luxembourg, les princes du sang de Bavière, de Brandebourg, de Lorraine et d'Autriche, les Manderscheid et les Fürstenberg, se sont fait gloire d'être placés sur le trône de cette église. »

Le chapitre marchait dans les mêmes voies de dignité aristocratiques. Parmi les trente chanoines qui le composaient, on pouvait en admettre, il est vrai, neuf qui ne fussent pas nobles. Mais les pauvres plébéiens devaient se résoudre à n'occuper partout que la dernière place. Les premiers s'appelaient *chanoines prélats*, et ceux-ci n'avaient droit qu'au titre de *maître* (magister). Les premiers prenaient les meilleures prébendes, et s'en allaient souvent visiter leurs terres au lieu d'assister aux offices. Les autres recevaient dans toutes les immunités la portion la plus maigre, et ne devaient pas manquer de se trouver à l'église aux heures prescrites. Peu à peu, la distance placée entre ces deux classes de chanoines s'élargit encore plus. Les nobles formèrent exclusivement le *grand chapitre;* les plébéiens le *grand chœur.* Les fils d'anciennes familles obtinrent des canonicats, sans être astreints à aucun devoir régulier, souvent même sans être promus aux ordres sacrés, et les offices furent chantés par neuf pauvres clercs qui remplissaient les fonctions de chanoines effectifs. Aussi disait-on, au moyen âge, que le chapitre de Bâle était le plus gai, celui de Spire le plus dévot, celui de Cologne le plus riche, mais celui de Strasbourg le plus noble.

C'est à l'aide de ces chanoines nobles que l'évêque soutenait ses prétentions contre l'*ammeister*, contre le sénat et les bourgeois de Strasbourg. Ces prétentions n'avaient pas seulement pour but la défense d'un droit religieux. Elles se renouvelaient à tout instant à propos d'une nomination d'échevin, d'un droit de péage; et, quand la lutte en était venue à un certain degré d'irritation, l'évêque ne se contentait pas d'avoir recours aux armes spirituelles, il faisait sonner aussi la trompette de guerre, et montait à cheval l'épée à la main.

Vers le milieu du treizième siècle, la ville de Strasbourg, profitant de l'anarchie qui s'était élevée en Allemagne après la mort de l'empereur Conrad IV, résolut de s'affranchir de l'espèce de tutelle que ses évêques avaient presque toujours exercée sur elle. Elle voulut avoir de nouveaux statuts, nommer elle-même ses magistrats, régler la perception des impôts; et, pour se donner un appui dans les réformes qu'elle tentait d'établir, elle conclut un traité d'alliance avec Cologne, Spire, Bâle, Worms, Mayence et plusieurs autres villes qui se trouvaient, comme elle, placées sous le même joug, et voulaient conquérir la même liberté.

Tout cela ne convenait guère à l'évêque de Strasbourg, qui voyait s'en aller ainsi une bonne part de ses plus belles prérogatives. Il réclama, on ne tint compte de ses réclamations. Il lança l'interdit sur la ville. La ville trouva des prêtres qui lui dirent la messe en dépit de l'acte d'excommunication. Il fit de nouvelles menaces, assembla quelques troupes, les citoyens exaspérés s'en allèrent dévaster un de ses châteaux. Cette fois, le brandon de discorde était jeté entre les deux partis, la guerre était déclarée. L'évêque appelle à son secours l'archevêque de Trèves, l'abbé de Saint-Gall, celui de Marbourg, le landgrave d'Alsace et plusieurs comtes. La ville sonna le beffroi, arma ses citoyens, et prit pour les commander le landgrave Rodolphe de Habsbourg, qui fut depuis empereur d'Allemagne.

Le 8 mars 1262, les deux armées se rencontrèrent

à une lieue de la ville. L'évêque n'avait pas moins de trois cents hommes à cheval, presque tous nobles, et cinq mille fantassins. Lui-même marchait à leur tête, et leur prédisait la victoire. Les Strasbourgeois s'avançaient sous les ordres de leur brave général, avec moins de présomption et d'audace que leurs adversaires, mais avec plus de fermeté. Le combat s'engage, un combat acharné. L'évêque est vaincu, son frère tué avec soixante gentilshommes, et les Strasbourgeois rentrent en triomphe dans leur ville avec quatre-vingts nobles qu'ils emmènent prisonniers.

Une guerre plus déplorable encore fut celle que Strasbourg eut à soutenir plus tard contre l'évêque Guillaume de Diesth. Il avait dilapidé les revenus de l'évêché, engagé ou vendu la plus grande partie des biens de l'église. Il marchait à grands pas à sa ruine. Les magistrats de Strasbourg le firent arrêter. De là grande rumeur dans la chrétienté. Le concile assemblé à Constance excommunie la ville. Les Strasbourgeois remettent leur prisonnier entre les mains d'un envoyé de l'empereur, mais ils sont obligés de payer une amende de 50,000 florins. Plus tard, l'évêque rentre dans son diocèse, avec un désir ardent de se venger, et voilà des batailles en rase campagne, des châteaux incendiés, des villes ravagées, une guerre qui dure douze ans.

Heureusement que tous ces évêques n'avaient pas l'humeur aussi guerrière que Geroldseck, ni le caractère aussi prodigue que Guillaume. Il en est qui ont laissé de sages institutions et fondé de beaux édifices, et l'art doit un tribut de reconnaissance à l'évêque Werner, qui, en l'an 1015, posa la première pierre de la cathédrale que nous admirons aujourd'hui. Une ancienne tradition rapporte que cette cathédrale fut bâtie en 510, et que Charlemagne se plut à l'enrichir et à l'orner. En 1007, elle fut frappée de la foudre, et il ne resta que le chœur. Le bâtiment commencé par l'évêque Werner fut achevé en 1275. On voulait y ajouter deux tours. Ervin de Steinbach en donna le plan, et l'on se mit à l'œuvre. C'était un temps de foi. Pendant de longues années, disent les chroniques, on vit jusqu'à cent mille hommes travailler à cet édifice. On leur donnait du pain, quelques racines, et ils couchaient sur la terre nue, mais ils gagnaient des indulgences. Jamais la ville, ni l'évêché, ni la province, n'eussent pu suffire aux frais d'une telle construction. Mais le prêtre était là pour encourager les ouvriers. Le prêtre, ministre de Dieu, leur promettait pour tant d'années de travaux dans ce monde tant de siècles de miséricorde dans l'autre, et ces hommes de foi, dans leur espérance naïve, appelaient leurs femmes et leurs enfants à participer à cette œuvre de salut. Chaque pierre qu'ils soulevaient était baignée de leurs sueurs, ou arrosée de leurs larmes de repentir; chaque colonnette taillée avec tant de soin avait reçu la confidence des secrets de leurs cœurs. D'année en année, ils voyaient la tour de leur cathédrale s'élever comme un monument d'amour et d'expiation, et il leur semblait que toutes ces fleurs, toutes ces ogives, pourraient un jour plaider leur cause devant le ciel. C'était aussi un temps de régénération pour l'art et la poésie. De tous côtés, les confréries d'architectes s'en allaient bâtissant des temples à Dieu, et des châteaux à la châtelaine. Les hymnes de l'église se chantaient avec plus de pompe et d'harmonie, et la lyre des minnesingers répondait des bords du Rhin à la lyre des troubadours que l'on entendait résonner dans le beau pays de Provence. Tout le moyen âge s'éveillait avec une âme jeune et candide, avec une vie d'art, d'amour et de foi. La poésie couvrait de fleurs son berceau, et la religion l'éclairait de son flambeau. Il y avait dans tout le monde chrétien unité de pensée et unité de but. Ce que le poète exprime dans ses vers, le peintre l'exprime avec sa palette et le sculpteur avec son ciseau. Pendant que Dante écrit sa *Divina commedia*, Cimabuë peint ses têtes de Vierge, Ervin de Steinbach bâtit sa cathédrale.

Le plan du grand architecte n'a, comme on le voit, pas été fini; il devait y avoir deux tours parallèles élevées sur le portail de l'église, il n'y en a qu'une. L'œuvre du maître était bien calculée sous son point de vue le plus beau et le plus grandiose; mais la foi n'a pas duré assez long-temps pour la mettre à exécution. Maintenant il faudrait, comme un poète anglais le disait de la cathédrale de Cologne, il faudrait des anges pour l'achever.

> O for the help of angels to complete
> This temple — Angels governed by a plan
> How gloriously pursued by daring man.

Ervin avait commencé son travail en 1227; il mourut en 1318, laissant à son fils Jean la glorieuse tâche qu'il avait entreprise. Vingt ans après, son fils mourut aussi. Mais toute la famille d'Ervin était dévouée à l'art. Le génie du père passait comme un héritage dans l'âme de ses enfants. Après lui, après Jean, ce fut sa fille Sabine qui se mit à la tête des tailleurs de pierres, des ouvriers, et continua ce plan gigantesque dont on commençait à comprendre les merveilleux détails. C'est elle qui a sculpté cette statue de la Vierge que l'on aperçoit sur le portail, avec une couronne sur la tête, un calice dans la main droite et une croix dans la main gauche. Mais la vie de Sabine ne suffit pas encore pour achever l'œuvre religieuse de l'Alsace. Elle et son père Ervin, et son frère furent enterrés dans l'église. Tous trois reposent dans ce magnifique tombeau qu'ils s'étaient construit, comme des rois d'Égypte dans l'enceinte de leur pyramide. Après eux vint l'architecte Jean Hültz, de Cologne, qui conduisit la flèche jusqu'à la couronne. Enfin, l'édifice fut terminé en 1439; c'est-à-dire quatre cent vingt-quatre ans après qu'il avait été commencé.

Alors les croyances religieuses du peuple n'étaient déjà plus ni aussi candides, ni aussi fermes qu'autrefois. Pour pouvoir entreprendre l'autre tour, comme Ervin l'avait conçu, il eût fallu faire reculer le monde de deux siècles. Le vent de la rébellion à l'autorité sacerdotale commençait à souffler; l'imprimerie allait éclore avec tous ses prodiges, au pied même de cette cathédrale*, et l'aire de la réformation avançait à grands pas.

Quatre-vingts ans plus tard cependant, la métropole de Strasbourg resplendissait d'un grand éclat. De grandes fêtes s'y préparaient, et le peuple se pressait dans sa large nef pour prier, comme autrefois il accourait au pied de ses murailles pour les construire. Ce qui occasionnait ce redoublement de ferveur, c'était l'arrivée du légat de Rome chargé de la vente des indulgences. Je sais combien ce mot d'indulgence a déjà soulevé de récriminations. Je ne prétends pas renouveler l'une de ces satires lancées mille fois contre la papauté, je ne veux que rapporter un fait. En 1518, on vit arriver à Strasbourg, dans un magnifique carrosse traîné par quatre chevaux, le cardinal délégué par le pape pour recueillir les dons des fidèles. Il était escorté de vingt hommes à cheval, et suivi d'une lourde voiture attelée de huit mulets, dans laquelle était enfermé le trésor qu'il avait amassé le long de la route. Il prêchait, et distribuait à tous ceux qui voulaient bien payer leur tribut les billets d'indulgence du souverain pontife. Grâces à ces indulgences, quiconque avait été frappé d'anathème par le prêtre rentrait dans la communauté chré-

---

* C'est à Strasbourg, sur la place du collége, que Guttenberg inventa et mit pour la première fois en usage les caractères mobiles. Les recherches bibliographiques de Schœpflin, Oberlin et de M. de la Serna Santander, auteur du Dictionnaire bibliographique du quinzième siècle, ne laissent aucun doute à cet égard.

tienne. Il y avait absolution entière pour toute infraction aux commandements de l'église, pour tout acte de violence même envers un ecclésiastique, à l'exception cependant des prélats, pour l'oubli des devoirs de chrétien, pour le meurtre, en un mot pour toute espèce de péché. On était dégagé de ses vœux et libre d'enfreindre ses serments, pourvu qu'on ne portât préjudice à personne. Enfin, on pouvait s'exempter de jeûner, fréquenter moins souvent les églises, et acquérir cependant, par le seul fait des indulgences, autant de mérite aux yeux de Dieu que d'autres en acquéraient par la rigide observation des pratiques religieuses *. En même temps que les prêtres expliquaient avec emphase toute cette longue suite d'avantages attachés à la bulle du pape, on exposait à la porte des églises, auprès des confessionnaux, une lettre imprimée en gros caractères, avec deux figures de chaque côté. « D'un côté, disent les chroniques alsaciennes, on voyait Jésus-Christ sans vêtement, remuant les feux du purgatoire avec une croix, et renvoyant ceux qui en sortaient vers le pape assis sur un siége, en habits pontificaux et ayant en face une lettre d'indulgence. Devant lui se tenaient à genoux plusieurs empereurs, rois, cardinaux, évêques et autres ; derrière lui, un sac d'argent, plusieurs captifs délivrés rendant grâce au pontife et suivis de prêtres payant leur rançon au Turc. On apercevait aussi des captifs au fond des puits profonds,

---

* Beiträge zu der Geschichte der Reformation von A. Jung, tom. 1. Strasbourg, 1830.

fermés de grilles de fer; hommes, femmes, enfants, faisaient d'horribles contorsions. Ceux qui voyaient ce triste spectacle pleuraient et donnaient l'argent à pleines mains *. »

Il est facile de concevoir l'influence que devaient avoir sur un peuple encore ignorant et superstitieux des promesses aussi splendides, et combien les bonnes gens des villages d'Alsace qui assistaient à ces prédications devaient s'estimer heureux de pouvoir, pour une modique somme d'argent, sauver leurs parents et se sauver eux-mêmes de la damnation éternelle. Aussi le cardinal s'en alla-t-il de Strasbourg avec des coffres bien remplis.

Mais Luther était là-bas dans son couvent de Wittenberg, qui commençait à discuter en lui-même l'efficacité de ces indulgences, et qui allait bientôt agiter toute l'Europe avec ses protestations.

La réforme s'introduisit en Allemagne degré par degré, sans beaucoup de violence, d'abord parmi le peuple, et puis parmi quelques prêtres. On échangea, il est vrai, maint grossier pamphlet. Thomas Mürner, le défenseur du catholicisme, lança d'amères satires contre ses adversaires, et ses adversaires lui répondirent. Il y eut, pendant plusieurs années, bataille de plume, bataille d'injures, en prose et en vers; mais jusqu'à la guerre des paysans, jusqu'à l'entrée du duc de Lorraine en Alsace, le sang ne fut pas répandu. Les principes de Luther, soutenus par quelques hommes énergiques, s'en allaient de ville

* Notices sur Strasbourg, par M. Hermann.

en ville, de maison en maison ; ils s'insinuaient dans le cœur de l'ouvrier, du marchand, du pasteur; puis dans celui de leur frère, et dans celui de leurs voisins. Sans avoir tiré l'épée, sans tumulte, sans rumeur, un beau jour l'Alsace se réveilla protestante. Ses églises avaient changé de face, ses hymnes se chantaient en allemand, ses prêtres étaient mariés. L'évêque en était encore à réfléchir aux moyens d'arrêter les progrès de la réforme, que déjà la réforme était faite; on lui laissa cependant son palais, ses revenus, son chapitre, mais les membres vinrent le prier de céder la cathédrale au nouveau culte; on avait mis, dans l'assemblée des écheyins, l'abrogation de la messe aux voix, et l'abrogation de la messe avait été prononcée à la majorité de cent quatre-vingt-quatre votants sur deux cent soixante et dix-neuf.

Oh! ce fut un triste jour pour la vieille cathédrale que celui où l'on vint, au nom du sénat protestant, lui enlever ses images de saints et ses reliques. On remplaça la statue de la Vierge par une table toute nue; on la dépouilla de ses grands tableaux, et puis adieu l'éclat de ses cérémonies, adieu ses grandes solennités toutes resplendissantes d'or, toutes parfumées d'encens, ses prêtres avec leur longue chape, et ses enfants de chœur avec leurs blancs surplis. Il y eut, il est vrai, un retour de prospérité pour le catholicisme, quand Charles-Quint luttait contre les principes de Luther et les confédérés de Schmalkalden; mais la main du monarque dont le royaume s'étendait sur les deux hémisphères ne fut pas assez forte pour réprimer le mouvement général des esprits. Il fut obligé de céder ; le protestantisme l'emporta.

L'église d'Ervin de Steinbach ne recouvra son ancienne gloire que sous le sceptre de Louis XIV. En 1621, quand l'Alsace fut réunie à la France, il ne restait pas à Strasbourg plus de 1500 catholiques ; mais le roi les protégeait, et leur nombre s'accrut. Les portes de la cathédrale s'ouvrirent de nouveau pour eux ; l'autel reprit sa parure, le chœur ses cérémonies, les beaux dais en soie se balancèrent au-dessus de la nef, et les vieux vitraux s'émurent au son des hymnes latins.

Tout cela dura jusqu'à la révolution de 1789. Alors vint un orage mille fois plus terrible que tous ceux que la pauvre cathédrale avait jamais essuyés. On ne se contentait plus d'abroger la messe, on abrogeait le christianisme. L'église épiscopale devint le temple de la Raison ; ses vases d'or furent brisés, ses ornements vendus, ses prêtres proscrits ; c'était la désolation des désolations. Quand on eut bien profané, pillé, foulé aux pieds tout ce qu'il y avait dans le sanctuaire et dans la sacristie, on s'aperçut qu'au dehors, le long du portail, sur la façade et sur les côtés, il y avait encore une armée de saints et d'apôtres. Le regard des propagandistes en fut choqué ; ils crièrent au jésuitisme, et, par arrêté de Saint-Just et Lebas, on abattit les patriarches de la Bible qui se reposaient là tranquillement sous leur arceau gothique, les vierges avec leur palme à la main, les martyrs avec leurs instruments de supplice. On avait déjà découronné les trois statues équestres de Clovis, Dagobert et Rodolphe de Habsbourg. Plus tard, on trouva que ces pauvres innocentes statues, la tête ainsi dépouillée de leur diadème de pierre, présentaient encore un caractère trop séditieux, on les fit descendre avec les autres; et, comme à cette époque on marchait de progrès en progrès, un jour l'arithméticien Teterele vint au milieu de son club proposer très-sérieusement de démolir la flèche de la cathédrale, attendu qu'elle blessait l'égalité. Il est vrai qu'à cette époque les idées d'égalité étaient si ardentes, et la haine des rois allait si loin, qu'à une table d'hôte, un brave Alsacien n'osait plus demander des reines-claudes; il priait son voisin de vouloir bien lui faire passer des *citoyennes-claudes.*

Aujourd'hui la cathédrale de Strasbourg est, comme toutes les cathédrales, sous le poids de cette indifférence religieuse, de ce calme plat, mille fois plus redoutable peut-être que les coups de vent et les vagues en rumeur. Le temps des grandes révolutions est passé pour elle, mais aussi celui des grandes fêtes. On respecte ses saints et ses apôtres, mais on ne vient plus les encenser. On ne parle plus d'abattre sa haute tour, ses statues de rois et de patriarches; mais pour qu'elle ne s'écarte pas trop du niveau actuel de notre civilisation, au moment où j'écris, les ouvriers la revêtent de la livrée bourgeoise, ils la badigeonnent.

Chaque année, il lui arrive cependant encore deux événements. A l'époque où la saison des eaux de Bâle recommence, le jeune dandy du boulevard de Gand, le touriste anglais, le grand seigneur italien, le petit prince allemand, et peut-être quelque senor gobernador d'une ville d'Espagne, font arrêter leur voiture sur la place de la cathédrale, descendent gravement, tirent un élégant lorgnon de leur poche, toisent le portail et le clocher du haut en bas, et, pendant les deux ou trois minutes que dure cette intéressante étude, vous pouvez entendre une conversation entrecoupée à peu près en ces termes : *C'est charmant! — Sur ma foi, c'est plus beau que Notre-Dame. — Oh! pretty, — very pretty*, s'écrie le touriste. Puis vient l'Italien qui pousse une grande et pompeuse exclamation, puis l'Espagnol qui peut-être fera un signe de croix.

L'autre événement qui menace chaque été la cathédrale de Strasbourg est moins récréatif. L'orage gronde sur sa tête, et le tonnerre en passant lui enlève tantôt la moitié de sa couronne, tantôt une partie de sa balustrade. Le lendemain toute la ville s'éveille en rumeur. La cathédrale a été déchirée, lézardée. On monte précipitamment les marches d'escalier qui conduisent à la terrasse, on observe le dégât; puis le conseil municipal appelle ses architectes, qui dressent leur plan, établissent leur dessin, et en voilà pour sept ou huit ans à réparer les ravages que la foudre a faits en une nuit. Notez que Franklin a inventé, il y a un siècle, le paratonnerre. Mais il y a de bons bourgeois de Strasbourg qui disent que la cathédrale est elle-même un excellent paratonnerre, et que si la foudre ne tombait pas sur la tour, elle tomberait sur leurs maisons.

Maintenant que je vous ai expliqué de mon mieux les diverses phases historiques par lesquelles le monument d'Ervin de Steinbach a passé, ne croyez pas que je songe à vous donner la description de cette cathédrale. J'ai été de longues heures en contemplation devant ce portail. J'ai visité maintes fois ses chapelles et sa grande nef. Je connais toutes ses niches de saints, tous ses apôtres debout sous leur pavillon de pierre, toutes ses vierges et ses gracieux symboles. Mais plus j'ai observé cette œuvre merveilleuse dans toute la majesté de son ensemble, dans toute la finesse de ses détails, plus je me suis senti impuissant à la dépeindre. Un jour, quand vous aurez lu quelques œuvres mystiques du moyen âge, rêvez les voûtes profondes de l'église qui s'ébranlent à la voix du prêtre, rêvez les chapelles mystérieuses avec leurs vitraux de pourpre et d'azur, et les majestueux arceaux, où votre cœur se sent saisi d'un sentiment indéfinissable de crainte et de piété; rêvez les armées d'anges et de prophètes échelonnés les uns sur les autres, ceux-ci avec leur livre en main, ceux-là à genoux, les mains jointes, et vous ne saurez pas encore tout ce que renferme la cathédrale de Strasbourg. Un autre jour, quand vous aurez lu quelque histoire de fée ou de péri, rêvez les balcons dentelés, les chapiteaux avec leurs broderies, les ogives qui se courbent et s'enlacent comme des rameaux d'arbre, les frêles colonnettes que l'on tremble de voir tomber au moindre souffle, et qui restent là immobiles depuis des siècles. Rêvez tous ces bouquets de fleurs élevés sur une pyramide dans les airs, toutes ces capricieuses arabesques, toutes ces pierres qui s'amollissent, se creusent, se façonnent au gré de l'artiste, et vous ne saurez pas encore tout ce qu'il y a d'admirable et de varié dans la cathédrale de Strasbourg.

Pour moi, au lieu d'essayer inutilement de vous la décrire, j'aime mieux vous faire passer par une de ses portes latérales et vous conduire sur la terrasse. Il y a là, à la place même où devait s'élever la seconde tour, une maison habitée par le gardien de la cathédrale, et, grâce à ce gardien qui est à la fois marchand de tabac, aubergiste, maçon, il se passe de temps à autre un singulier spectacle. Les soldats viennent ici fumer du tabac de la régie et boire de la mauvaise bière; les curieux s'asseoient au bord de la balustrade pour observer la flèche ou le paysage, et les étrangers, jaloux de léguer un souvenir à la postérité, font graver en toutes lettres leurs noms sur les dalles de la plate-forme. Du matin au soir, on boit là-haut, on fume, on crie, on blasphème, on parle de guerre et d'amour, on conduit la jeune Alsacienne entre les colonnes du clocher, et l'on échange avec elle des serrements de main, voire même des baisers. L'aubergiste se fâche contre les soldats qui le paient mal; les soldats cassent les cruchons de bière, et jettent les assiettes par-dessus la balustrade. Tout cela se passe au-dessus de la nef de l'église. Là est le tumulte de la tour de Babel, et à quelques centaines de pieds plus bas, le prêtre dit la messe, et le peuple s'agenouille dévotement pour l'entendre. J'ai vu bien peu de voyageurs échapper à la naïve tentation de se faire inscrire au haut de ces murailles. Il est vrai qu'il n'en coûte pas cher. Pour vingt centimes par lettre, le gardien de la cathédrale grave votre nom sur la pierre et le livre à l'immortalité. Je crains seulement qu'un de ces jours il ne faille en effacer un grand nombre, afin de faire de la place pour d'autres, car les quatre côtés de la tour, les bancs où l'on s'asseoit, la table et la balustrade, sont entièrement couverts d'inscriptions. Cette terrasse est le grand livre où toute la gent voyageuse a mis son nom depuis des siècles. Il s'y trouve des soldats de la guerre de trente ans et des réformateurs, des financiers et des artistes, des hommes du nord et du midi, Grimm et Mozart, Goëthe et Voltaire.

Voltaire a peut-être médité là-haut l'une de ses satires contre l'église. Quant à Goëthe, il y venait, jeune homme enthousiaste, moduler ses premiers vers, rêver à son Faust. Il s'asseyait en face de cette tour gigantesque, et il construisait l'autre tour dans sa pensée. Le soir, quand il pouvait échapper à la folle étourderie de ses compagnons, il venait se reposer là-haut, et son regard cherchait peut-être dans le lointain les vertes prairies de sa chère Allemagne, ou le vallon de Sesenheim habité par Frédérica*. C'est que nul paysage n'est plus large et plus riant que celui que l'on découvre du haut de cette terrasse. A votre

---

* Wahrheit und Dichtung.

droite apparaissent les montagnes des Vosges avec leurs cimes aiguës environnées de ruines et de vieux châteaux ; à gauche, la Forêt-Noire avec ses longues lignes toutes bleues, vagues, et quelquefois voilées par les nuages ; puis le Rhin, qui tantôt descend dans toute sa majesté, tantôt se cache derrière une forêt, et ne vous apparaît plus que comme un lac ; puis l'Ill, qui serpente mollement à travers les prairies, emportant sur ses flots argentés la nacelle du pêcheur. Autour de vous s'étalent avec une grâce et une variété infinies, et ces villages d'Alsace si propres, si élégants, et ces riches vallées couvertes d'arbres à fruits, et ces *villas* champêtres ; l'île Jars avec son rideau de tilleuls, sa riante maison blanche, ses verts enclos ; Graffenstadt avec ses fraîches retraites, ses bois semés le long de la rivière, ses champs entrecoupés de ruisseaux. Vous promenez de tous côtés un regard avide et curieux. Vous ne quittez un point de vue que pour en voir aussitôt reparaître un plus beau. Votre imagination ne se lasse pas d'errer à travers ces montagnes pittoresques et ces vallées silencieuses. Vous êtes là-haut, tout seul, loin des importuns, loin du bruit, élevé dans les airs, planant dans l'espace. Tout ce que vous voyez semble vous sourire ; tout cet immense paysage est à vous ; et, lorsque enfin il faut s'arracher à cette muette rêverie pour redescendre dans la rue et regagner son auberge, on se surprend à envier cette humble maison du gardien qui peut contempler chaque matin ces montagnes, et les contempler encore chaque soir.

BADEN-BADEN.

Voici venir les beaux jours du mois de juin. Les fruits commencent à rougir sous le feuillage des arbres ; les épis de blé se balancent dans les champs. C'est le temps où, comme le dirait le poète, la nature se montre dans toute sa force et sa mâle beauté, et c'est le temps où la famille des *baigneurs*, race nomade et capricieuse, qui se dilate au soleil de la canicule et se plaît dans la poussière des grandes routes, ferme ses salles de bal, prépare sa valise et prend ses passe-ports. Sur la route de Strasbourg à Bade, de Bade à Carlsruhe, l'aubergiste soigneux a fait badigeonner le devant de sa maison et réparer son enseigne. Avec ses épargnes de l'année dernière il a acheté un nouveau service de faïence peinte ; il a renouvelé sa provision de café et de chicorée, de liqueurs fines et d'eau-de-vie de pommes de terre. Il est entré en relations intimes avec tous les braconniers du pays, et le boucher, le boulanger vont maintenant lui payer leur tribut journalier. Comme cette petite auberge du Lion d'or à Bischofsheim, qui était naguère si tranquille et si déserte, s'anime tout à coup ! De bonne heure la jeune fille a revêtu son corset rouge, son jupon rayé, elle tresse ses longues nattes de cheveux avec plus de soin qu'elle n'en a jamais mis quand il fallait aller cet hiver à la soirée du bourgmestre. Elle tire de la riche armoire de noyer le beau mouchoir qu'elle a reçu à la *Weihnacht;* la petite chaîne en or, le ruban bleu que lui a donnés son fiancé. Puis la voilà fraîche et riante comme une rose au milieu des roses de son jardin, élevant sa jolie petite tête au-dessus des vases de fleurs qui couvrent la fenêtre, et attendant les voyageurs. Pendant ce temps, la servante a mis chaque chose à sa place ; les plus belles tasses sur la table, les plus belles serviettes à côté. Le quartier de chevreuil tourne déjà à la broche, le café bout, la crème écume, et l'aubergiste, le bonnet sur l'oreille, l'air affairé, s'en va de la cuisine à la salle à manger et de la salle à manger sur la porte; l'œil aux aguets, l'oreille tendue. Tout à coup un nuage de poussière s'élève sur la route, le fouet du postillon retentit avec le pas rapide des chevaux, avec la trompette du courrier. Où va cet élégant coupé couvert d'armoiries et de cartons à chapeaux? A Bade. Où va cette lourde diligence où tant de voyageurs s'entassent? A Bade. Où va cette estafette à cheval et ce pèlerin à pied? A Bade. Tout à Bade.

Bade est le rendez-vous des hommes fatigués d'affaires, qui vont là se reposer des orages de la dernière session ou des derniers échecs de la bourse. Bade est le rendez-vous des oisifs, qui trouvent ici un nouveau moyen de dépenser sans trop d'ennui les vingt-quatre longues heures dont chaque jour nous gratifie. Bade est le rendez-vous des mécontents du parti légitimiste et des fonctionnaires de l'ordre de choses ; des grands seigneurs de France et d'Angleterre, qui y apportent les mœurs du boulevard de Gand, et d'une foule de pauvres diables qui viennent vivre aux dépens des grands seigneurs. En un mot, Bade est la réunion la plus bizarre, la plus curieuse, la plus barriolée, la plus riche et la plus pauvre, la plus spirituelle et la plus sotte qui puisse se rencontrer. C'est pour le mélange des langues une nouvelle tour de Babel, et pour la confusion des races, une véritable arche de Noé. Ce qu'on y rencontre le moins, ce sont des malades; car il est bien convenu qu'on ne vient pas à Bade pour se guérir. On y vient avec la plus robuste santé du monde, et avec une volonté déterminée de bien jouir de la vie. L'ordonnance de médecin, que l'on a soin d'emporter toujours avec soi, n'est qu'un argument palpable de plus qui se prête à toutes les fantaisies et répond à toutes les objections. Vous plaît-il aujourd'hui d'être seul, de faire fermer votre porte à tous les fâcheux, hélas! c'est que vous avez avec vous une ordonnance qui vous prescrit la retraite, le silence. Faut-il demain monter à cheval et parcourir en joyeuse caravane les environs, le médecin vous a recommandé l'exercice. Va-t-on donner un bal, vous devez y être des premiers, car c'est une distraction qui ne peut que vous être utile.

Ainsi s'arrange la vie à Bade, insoucieuse, frivole,

riante et animée, n'ayant qu'un but, le plaisir, et poursuivant ce but avec la plus aimable de toutes les ténacités. Bade est la terre promise de ce monde intolérant, la terre idéale, qu'il faut avoir vue une fois au moins pour en comprendre le charme. C'est la ville neutre de tous les partis, c'est la république par excellence, république d'âmes joyeuses et paresseuses. Là tout est bouquet de fleurs, guirlandes de roses, musique, harmonie. Les discussions politiques y sont d'une grâce et d'une douceur infinies; les discussions littéraires y ressemblent à de tendres idylles; les brouilleries d'amour se font avec tant de douceur et d'esprit, qu'on voudrait se brouiller tout le jour pour le plaisir de se raccommoder. Et le moyen, je vous le demande, qu'on puisse garder le moindre sentiment de fiel au fond du cœur, quand du matin au soir vous voyez s'épanouir devant vous ces fraîches toilettes de Paris et cette magnifique nature, quand l'orchestre allemand ou les chœurs de Tyroliennes viennent vous éveiller avec les plus beaux passages de *Robert le diable*, avec Mozart et Beethoven; le *Freischütz*, ou la valse du duc de Reichstadt. Vous allez vous promener le long des montagnes qui environnent Bade, et, si triste ou si courroucé que vous puissiez être, il est impossible que votre front ne se déride pas à la vue de ces riantes vallées qui se déroulent avec leurs longs rubans de verdure entre les coteaux; à la vue de ces jolies petites fleurs allemandes qui semblent vous faire signe le long du chemin, et vous dire de les regarder; à la vue de ces beaux arbres qui penchent si complaisamment leurs longs rameaux sur vous pour vous garantir des rayons du soleil. Car à Bade tout est arrangé pour la plus grande satisfaction des voyageurs, et ce ne sont pas les gens du pays seulement qui vous font accueil, mais le bluet des champs, la mousse de la colline, la branche de sapin, et la reine Marguerite elle-même qui relève sa belle tête couronnée de blanches auréoles, pour vous dire : soyez le bien-venu. Vous retournez vous asseoir à table d'hôte, et voici de nouveaux prestiges : la figure de la jeune fille étrangère assise en face de vous qui se colore d'une douce rougeur ; le vieil ami que vous cherchiez depuis maintes années à travers le monde, et dont la main providentielle du garçon a mis le couvert immédiatement à côté du vôtre ; la vieille bouteille du Rhin qui vous noie le cœur dans une douce *Wehmuth*, dans une contemplation de *Minnesaenger*, et la bouteille de vin de Champagne qui vous fait rire et chanter comme un étudiant.

Non, de par tous les sylphes habitant les ruines du vieux château ou les grottes de l'Éberstein ; non, il n'y aura ni tristesse ni rancune à Bade, c'est la seule loi que l'on trouve écrite au livre d'or de ce royaume de fées, et Chabert est le grand enchanteur chargé de faire exécuter cette loi ; le *Spleen* des brouillards de Londres que n'auraient pu guérir ni les filtres magiques de Paris, ni l'air pur et embaumé de l'Alsace : son cuisinier le guérira, et la lourde colère que vous apportez chez lui se fondra avec ses glaces à la vanille. Tous les passages sont libres à Bade; tout le monde entre dans cet océan de fêtes comme les gouttes d'eau dans la coupe argentée du lac; il n'y a qu'une seule interdiction, il n'y a qu'un seul cas, où le pacifique nocher qui conduit votre âme dans ces champs élyséens de la vie réelle pourrait vous repousser rudement hors de sa gondole, c'est dans le cas où il viendrait à découvrir que vous ne venez ni avec l'intention de vous amuser, ni avec celle d'amuser les autres. A part cette circonstance qui ne se présente que rarement, hâtons-nous de le dire, vous n'avez ici aucun contrôle de police, aucune inquisition à souffrir, aucun signalement à donner. Le duc d'Albe pourrait s'y trouver avec les hérétiques qu'il a fait brûler, le prince d'Orange avec Philippe II, les Guelfes avec les Gibelins, les partisans de la Rose rouge avec ceux de la Rose blanche, les hommes du duc de Guise avec les mignons de Henri III, et Don Miguel avec Dona Maria, que les échevins de la ville de Bade se chargeraient de mettre tout ce monde d'accord, et que Chabert leur donnerait à dîner.

J'ai visité plus d'une province célèbre pour ses beaux sites. J'ai suivi le Rhin à travers ses chaînes de montagnes; la Garonne, au milieu de ses champs fertiles; le Rhône, au sein de ses villes marchandes et de ses riches vallons : mais je connais peu de routes aussi attrayantes, aussi douces à revoir que celle de Strasbourg à Bade, à travers toutes ces larges plaines couvertes de fruits et de moissons, à travers ces villages dont le toit à pignon, les murailles bariolées, se dessinent si bien aux bords de la grande route, sous le feuillage des arbres du verger. D'un côté vous voyez fuir devant vous ces larges eaux du Rhin, qui tantôt écument et bondissent sous la rame du marinier, qui tantôt s'endorment paresseusement au soleil ou bercent mollement leur vieux dieu dans leurs vagues dorées ; de l'autre côté s'élève cette longue chaîne de la Forêt-Noire aux teintes vagues et bleuâtres, qui parfois ressemble à un nuage et parfois à la ceinture de la mer embrassant l'horizon. Vous parcourez ainsi douze lieues de pays, et à chaque lieue nouveaux tableaux, nouveau point de vue ; puis voici Bade avec sa tour sur la colline, et ses maisons cachées entre deux montagnes comme un nid d'alouette entre deux sillons. Vous passez entre les vertes allées, où tous les heureux promeneurs, arrivés là depuis quelques jours, viennent voir quels nouveaux compagnons la poste ou la diligence leur amène ; voici la maison de conversation, la salle de jeu qui vous ouvre ses portes à deux battants, qui tressaille au son des ducats que vous apportez. Devant vous sont les boutiques de marchands qui vous jettent déjà un regard d'amour, et les hôtels garnis dont la cloche s'ébranle d'elle-même à votre approche.

En vérité, c'est un charme de voir comme l'hospitalité s'exerce à Bade. A peine la saison des bains revient-elle, que toutes ces bonnes gens qui avaient si bien arrangé leur demeure, vous abandonnent galamment leurs beaux canapés en velours d'Utrecht, leurs lits de duvet, et s'en vont loger je ne sais où. Toutes les portes sont ouvertes; toutes les chambres sont à louer. Cet amour de l'hospitalité, ce désir que l'on a de satisfaire un nouveau venu, va même si loin, que l'on n'est pas trop sûr de garder l'appartement que l'on a pris la veille, si un étranger descendant de voiture vient le demander avec son air fatigué et ses pieds poudreux. Vous souvenez-vous encore, mon cher ami F., de cette surprise qui nous saisit, lorsqu'un jour en rentrant nous trouvâmes un jeune Anglais installé tranquillement dans notre chambre, fouillant dans nos armoires, se mirant dans notre glace, s'asseyant sur notre fauteuil. Dans l'autre chambre, sa mère préparait avec tout le flegme d'une bonne femme anglaise les tasses de thé et les sandwich, sur cette même table où nous venions d'écrire une si touchante lettre à nos amis pour leur annoncer notre arrivée, et, pour compléter l'invasion, un gros garçon de sept ans battait le tambour sur notre malle. Pendant que nous étions allés faire une romantique promenade dans les environs, la famille anglaise était venue demander un logement; le nôtre lui avait convenu, et l'hôte, dans son philanthropique désir d'obliger les nouveaux venus, nous avait rationné l'espace, comme en temps de disette on rationne le vin et la farine, en sorte qu'après avoir passé une nuit de cauchemar dans une chambre large comme un hamac, il nous fallut capituler le lendemain avec le sommelier, le général en chef de toutes ces malheureuses expéditions, pour obtenir un peu d'air et plus de liberté. C'est du reste un singulier genre d'industrie que celui des maîtres d'hôtels de Bade. L'hiver, ils n'occupent que l'hôtel proprement dit pour les étrangers qui passent par Bade, pour les baigneurs retardataires qui n'ont pas suivi la grande migration. L'été, ils louent toutes les maisons qui les environnent et en font des chambres garnies. Ils appellent à eux de toutes les frontières de la France et de l'Allemagne des garçons de caisse, des sommeliers, des écuyers tranchants. Il faut que tout ce monde-là s'arrange pour rendre son séjour d'été aussi fructueux que possible; car au mois de novembre la baguette du maître se lève, toute cette armée d'emprunt se disperse, les maisons louées s'ouvrent à leur légitime propriétaire, et l'hôtel rentre dans son repos accoutumé.

Le *Zæhringer Hof* est l'hôtel de l'aristocratie, des pairs de France et des landaw. Le premier garçon porte une perruque jaune, et la cuisine occupe la moitié de la maison.

Le *Goldne Hirsch* appartient à la bonne bourgeoisie; c'est l'hôtel des négociants de Carlsruhe et de Strasbourg qui viennent passer à Bade un dimanche en famille; l'hôtel des fonctionnaires et des nièces de conseillers du grand-duc, qui s'asseyent à table d'hôte comme des fiancées, avec leurs regards timides, leur fraîche robe blanche de jeune fille et leurs joues roses comme une pêche. Le maître de l'établissement est un brave Alsacien, à qui Dieu a dit, en le mettant au monde : Tu seras maître d'hôtel un jour du *Goldne Hirsch* dans le pays de Bade ; tu satisferas à toutes les exigences de la bourgeoisie française et à tous les appétits de la bourgeoisie allemande ; tu auras soin du riche fermier et quelquefois du prolétaire ; tu veilleras sur les cheveux blancs du tuteur et sur les innocents yeux bleus de la pupille. Tu donneras à manger à la veuve et au célibataire, tu ne refuseras pas une pauvre bouteille de vin de Moselle à l'artiste et à l'homme de lettres, qui te la demanderont dans une belle heure d'enthousiasme, quand même leur bourse ne serait que médiocrement garnie. Tu accueilleras avec les mêmes prévenances l'insipide famille anglaise qui vient à toi avec sa morgue ridicule, et l'insouciant étudiant qui t'apporte sa bonne humeur, et tu tâcheras de faire en sorte qu'en sortant de chez toi on ne blasphème pas trop.

M. Heiligenthal a su remplir cette difficile mission.

Je m'aperçois que je n'ai pas encore parlé de la vie qu'on mène à Bade. Oh ! la douce vie ! N'est-ce pas une profanation d'employer le moindre travail à retracer une vie où tout est paresse, oubli, somnolence ou rêverie ? A Bade on se lève très-tard, on s'habille lentement, on passe deux heures à humer l'air des montagnes et à préparer une tartine de beurre pour son déjeûner. Ceux qui ont la prétention de vouloir se faire passer pour malades, s'en vont boire un verre d'eau minérale. Ils trouvent là leurs connaissances, ils commencent la petite chronique du jour. Ils se promènent, causent, discutent, rapportent quelque anecdote de la veille, quelques aimables méchancetés de salon, et cela leur donne de l'esprit pour tout le reste du jour. Ceux qui sont vraiment bien portants restent chez eux à essayer un pantalon blanc ou un nœud de cravate. On leur apporte avec le *Frühstück* le journal de Strasbourg et la liste des étrangers arrivés la veille. Au milieu de ces intéressantes occupations, trois ou quatre heures se passent comme trois ou quatre minutes, et vous n'avez pas fini de mettre la dernière main à votre toilette, que la cloche du dîner vous appelle. Le dîner se prolonge indéfiniment. Il faut deux heures pour ranger symétriquement l'armée de plats qui vous attend, et deux heures encore pour que le gastronome puisse s'en aller content de ses expériences culinaires. Après le dîner, la maison de conversation est là qui vous attend, qui vous sourit, qui vous montre ses petites tables en plein air et vous envoie le parfum de ses sorbets. La maison de conversation est un bel édifice, bâti en face de la ville, avec une large terrasse qui lui sert de péristyle, et des allées d'acacias et le jardin anglais tout autour. C'est là le vrai palais-royal de Bade; c'est là que se trouvent les marchands de tableaux, les marchands de livres, le cabinet de lecture de M. Marx, et Chabert-Tortoni; c'est là que l'on donne bals et concerts, et c'est là que l'on joue. En été, pendant les beaux soirs, il y a je ne sais quelle volupté intime, quel bonheur d'indolence à s'asseoir sous les orangers de la terrasse, et à se laisser aller à une de ces muettes et indéfinissables rêveries, où toute sensation s'imprime tour à tour, sans que l'on s'occupe de rechercher aucune sensation. Devant vous s'élèvent les montagnes de sapins, au-dessus desquelles surgissent les murailles en ruines du vieux château, et les teintes sombres de ce paysage du nord forment un admirable contraste avec le ciel limpide, le ciel d'été qui y projette ses rayons ardents. Devant vous passe toute cette foule d'étrangers, riante, galante, bigarrée; les femmes en grande toilette; les hommes en fracs et en gants jaunes, comme au théâtre des Italiens. C'est un panorama qui varie à tout instant; c'est le congrès où la beauté de chaque pays et la mode de chaque grande ville ont leurs représentants. Pour peu que vous ayez le cœur porté à l'amour, vous pourriez devenir amoureux, cinquante fois par soirée, ou de la mélancolique jeune fille allemande chantée par Schiller, ou de l'élégante lady dont le corps frêle se balance comme une tige de lis, ou d'une Fiametta à l'œil noir qui vient des bords de Baya. Que si je réunis à cela dans ma pensée tout le charme d'une soirée rafraîchie par l'air des montagnes, tout le prestige de ces allées d'arbres, où les lumières cachées sous le feuillage produisent un reflet fantastique, et cette maison de conversation, où les lustres de cristal étincellent, où retentissent les sons de l'orchestre, où les groupes de danseurs passent tour à tour à vos yeux comme des ombres, tandis qu'en face de vous la ville s'endort dans l'ombre et le silence, il me semble que je reviens de la terre de fictions des poètes, et que j'ai fait un conte des mille et une nuits.

Si la pluie survient, vous ne verrez plus ces beaux cercles de femmes autour des orangers; la terrasse sera déserte, mais le paysage sera magnifique. La montagne se couvre d'un voile sombre qui lui donne un aspect plus imposant, le nuage l'enlace dans ses replis onduleux et couronne les murs du château. A travers les rameaux de sapins, sur le flanc des rochers, les brouillards s'élèvent comme des colonnes de fumée, flottent comme une gaze, s'ouvrent et se referment comme un rideau, et tantôt enveloppent la montagne dans leur blanc linceul, et tantôt se déchirent et laissent reparaître les sinuosités de la route, les cimes de la forêt. Nous avons vu un soir un orage éclater au-dessus de cette ville de Bade, et rien ne saurait rendre l'impression de ces coups de tonnerre, grondant de loin comme la chute de l'avalanche, roulant de vallée en vallée, renvoyé par l'écho de montagne en montagne, et le terrible et sublime aspect de ces noires forêts, de ces ruines majestueuses, enveloppées dans l'ombre et sillonnées par l'éclair.

Mais il n'y a pas un grand nombre de baigneurs qui s'amusent ainsi à contempler l'orage. Dans les mauvais jours chacun va se réfugier dans la salle de jeu. La salle de jeu, voilà le revers de la médaille, voilà l'incurable plaie de Bade, voilà le piége de séduction auquel vont se prendre tous ceux qui y arrivent. La salle de jeu est là ouverte depuis neuf heures du matin jusqu'à minuit, comme un lion qui attend sa proie la gueule béante. Le plus grand mal, c'est qu'elle ne soit pas seulement accessible à ceux qui voudraient jouer, c'est que tout le monde y entre pour causer, pour s'asseoir, pour se promener. On y vient d'abord avec un grand dédain pour tout ce qui s'appelle jeu de hasard. On a les cordons de la bourse serrés, et l'on parle de la banque et du croupier avec une profonde indifférence. Puis peu à peu on se rapproche de la fatale table verte, on y jette un coup d'œil, et alors gare le dernier pas ! La vue de la roulette a je ne sais quoi qui vous fascine. La voix somnolente et monotone des croupiers assoupit vos plus énergiques résolutions ; la vue de l'or et des chiffres vous séduit, et lorsque vous avez assisté quelque temps au jeu de votre voisn, et partagé avec lui les émotions de perte et de gain, il est bien difficile que vous ne veuillez pas hasarder aussi votre florin, et une fois que votre main a touché au rateau, une fois que votre regard a cédé à la couleur magique de *rouge et noir*, Dieu sait où vous irez; car la perte ou le gain vous entraîne également au jeu. Une fois que le sort en est jeté, ce n'est plus une question d'argent qui vous tourmente, c'est une passion qui s'allume dans votre cœur, c'est une lutte d'orgueil, une lutte acharnée entre vous et le banquier qui vous irrite par son impassibilité, son sang-froid. Ceux qui ont imaginé ce jeu de la roulette ont donné là une terrible preuve de la science psycologique. L'homme qui a perdu reviendra jouer et perdra de nouveau; l'homme qui a gagné reviendra jouer encore. Le banquier n'a pas seulement pour lui les chances que lui donne la disposition des chiffres, le plus grand avantage qu'il possède, c'est qu'il ne se passionne pas, parce qu'il n'est là que comme une machine obéissant à une impulsion donnée. Mais le joueur se passionne, et se prive par là du peu d'avantages qu'il pourrait trouver dans le calme et la prudence. C'est une des choses les plus tristes que je connaisse, que la figure animée, le mouvement de douleur ou de colère des joueurs, et la figure froide, le regard sans expression des croupiers, le flegme désespérant avec lequel ils répètent sans cesse, comme un triste bourdonnement, ces mots solennels : *le jeu est fait!*

Il y a là des joueurs exercés qui viennent faire régulièrement chaque jour leurs trois séances à la maison de conversation, comme un savant pourrait faire ses trois séances d'études. Mais ceux-là savent se contenir. Ils connaissent toutes les combinaisons de chiffres, tous les calculs qu'il est possible d'établir sur un jeu aussi problématique. Avec leur carte à marquer et leur épingle à la main, ils se font les champions de la roulette, et luttent, par la persévérance et la réflexion, contre les coups inattendus et les caprices du sort. Le tapis vert est le champ clos où ils viennent braver la banque et le hasard, et tout autour d'eux les spectateurs timides les regardent, et s'étonnent des grands coups qu'ils se portent et du courage avec lequel ils supportent les plus rudes blessures. Au bout du compte, ils finissent toujours par être une fois ou l'autre victimes de leur témérité ; mais ils retardent long-temps leur défaite, et font quelquefois payer bien cher au banquier sa victoire. A la tête de ces joueurs théoriciens est l'ancien électeur de Hesse-Cassel, qui se console de la perte de sa principauté avec les millions qu'il a emportés en quittant la couronne ducale, avec la maison magnifique qu'il vient de se faire construire à Bade, la salle de jeu et la comtesse de Reichenbach. C'est un homme d'une cinquantaine d'années, une tête à caractère énergique, une figure mâle et pleine de noblesse. A le voir avec son œil ardent, son large front, sa barbe blanche, on le prendrait volontiers pour un de ces anciens chevaliers du moyen âge, à la poitrine cuirassée de fer, au cœur héroïque, et c'est l'ancien électeur de ce pauvre pays de Hesse-Cassel. Son grand-père amassa une fortune immense en vendant un beau jour à l'Angleterre vingt mille hommes comme vingt mille nègres, et le petit-fils apporte le reste de ces trésors à la roulette.

A la fin de la saison, les malheureux habitants de Bade qui ont quitté leurs maisons pour les louer aux étangers, qui pendant quatre à cinq mois se sont mis jour et nuit au service de chaque nouveau venu; les malheureux pères de famille qui ont acquis par un long travail assidu de quoi répandre un peu d'aisance autour d'eux; les pauvres ouvriers qui ont gagné à la sueur de leur front un maigre salaire, entrent un matin à la roulette, et jettent là en un instant le fruit de tant de fatigues, l'espoir de tout leur hiver. C'est une déroute, une désolation générale, après quoi la banque ferme sa caisse, et s'en va gaiement compter ses profits.

Elle part, et avec elle part aussi toute la joyeuse troupe des voyageurs, et pourtant quelle quantité d'excursions pittoresques à faire aux environs de Bade! Tout le pays est peuplé d'anciens châteaux, dont les ruines imposantes attestent encore la force, et d'où l'on découvre des sites admirables par leur étendue, leur variété. C'est le château d'Eberstein, élevé au-dessus de ce riant vallon que l'Os et la Murg arrosent; c'est le vieux château de Bade, avec sa noire ceinture de sapins et ses murailles tapissées de lierre, d'où l'œil plane sur la France et sur l'Allemagne, sur les Vosges et la Forêt-Noire, sur la cathédrale de Strasbourg et le couvent de Lichtenthal. C'est la romantique vallée de Gernsbach et de Geroldsau, avec ses frais ombrages, ses bouquets de fleurs. C'est ce pavillon rustique élevé au-dessus d'une montagne et que l'on appelle le Belvédère; de là, on ne se lasse pas de voir ces trois riantes prairies qui se croisent, s'embranchent et puis s'enfuient de chaque côté entre les vertes collines, entre les rameaux de sapins. Rien n'est plus doux à voir et plus reposé, et, quand on a parcouru ces escarpements de la colline couverts de fleurs et d'arbustes, ces retraites mystérieuses perdues entre les bois, animées seulement par le balancement des arbres, par le murmure des ruisseaux, on voudrait y passer de longs jours, y bâtir sa cellule. Heureux si dans le cours de ces ravissantes excursions votre bon génie vous donne, pour vous accompagner, un poète dont l'imagination jette un nouveau prisme sur toute cette riche nature, une jeune femme d'Allemagne qui vous conte l'histoire du *Wegwarten* et la romance du jardinier ; car toutes ces vallées, ces montagnes, sont peuplées d'anciennes légendes. Qu'on me permette d'en citer ici quelques-unes.

LA DAME BLANCHE.

Peu de traditions anciennes sont aussi généralement répandues que celle-ci, et se sont aussi long-temps maintenues dans la croyance non-seulement du peuple, mais des gens éclairés. Qu'elle soit fondée sur un fait historique, c'est ce dont il est impossible de douter ; seulement, les chroniqueurs diffèrent d'opinion sur l'origine de la Dame Blanche. Les uns la font descendre de la célèbre maison de Méran, et, selon eux, elle épousa le comte Henri d'Orlamund ; d'autres disent que son image se trouve dans le château de Neuhaus en Bohême. Du reste, on sait que la Dame Blanche doit apparaître dans les châteaux de Berlin, Bayreuth, Darmstadt, Carlsruhe, Bade, etc. Jung Stilling en parle comme d'une chose certaine dans sa *Théorie des esprits*. Or, voici ce que l'on raconte dans le pays de Bade sur la Dame Blanche :

Bertha de Rosenberg épousa, en 1449, Jean de Lichtenstein. Ce mariage fut on ne peut plus malheureux ; la comtesse se sépara de son mari, et se retira avec la haine dans le cœur en Bohême, où elle fit bâtir le château de Neuhaus. L'esprit de Bertha apparaît le plus souvent pendant la nuit, quelquefois aussi pendant le jour. Elle porte une robe blanche comme celles que l'on portait de son temps; son visage est couvert d'un voile épais, et éclairé par un pâle rayon. Ce qu'il doit surtout y avoir de terrible dans son apparition, au dire de tous ceux qui l'ont vue, c'est le regard fixe, perçant, immobile, de ses grands yeux noirs, qu'elle arrête en silence sur l'homme à qui elle se montre. Ce regard pénètre jusqu'au fond de l'âme et glace la pensée d'effroi. Quiconque l'a entrevue une fois ne l'oubliera de sa vie.

Quelquefois aussi la Dame Blanche apparaît avec un enfant à la main. Son apparition est toujours l'indice de la mort prochaine d'un des membres de sa famille ou d'un grand malheur. Souvent on l'a vue se pencher sur le lit d'un jeune prince dans son sommeil, et peu de jours après l'enfant était mort. Elle se montre tantôt dans les galeries, tantôt dans la chapelle, et quelquefois aussi dans le jardin du château.

LA SONNETTE.

Près de Gernsbach, à l'endroit où le chemin qui conduit au château d'Eberstein entoure la montagne, on aperçoit une petite chapelle qui porte le nom de *Sonnette*. Dans le temps du paganisme, cette retraite était habitée par une magicienne; mais, lorsque la religion chrétienne fut introduite dans le pays, un pieux ermite vint y construire sa cellule, et à côté de sa cellule il planta une croix. Une nuit il se réveilla au bruit d'une voix qui gémissait à sa porte. Il se leva, alluma sa lampe et sortit. Au pied d'un arbre il aperçut une jeune femme dont les vêtements ne cachaient qu'à demi la beauté et les charmes. De longs cheveux noirs bouclés tombaient sur son cou et sur ses épaules, et elle tenait à la main une baguette couverte de signes étranges.

« La nuit est froide, dit-elle ; la pluie tombe à torrents, donnez-moi un asile. »

L'ermite céda à sa prière ; mais elle refusa de l'accompagner jusqu'à ce qu'il eût écarté la croix qui se trouvait près de sa cellule. Cette demande effraya le saint homme, il se sentit combattu par le sentiment religieux qui le dominait et par les désirs passionnés que la vue de cette belle femme éveillait en lui. Cependant il parvint à maîtriser ses sens, il adressa au dedans de lui une prière à la Vierge. Soudain il entendit retentir le son d'une petite cloche, et du même moment la figure de la jeune femme s'évanouit. La petite cloche sonnait encore ; il s'en alla à travers la forêt, et la trouva cachée sous des broussailles ; il rentra chez lui, bâtit une chapelle avec des écorces d'arbres, et y suspendit la sonnette.

LA CHEMISE D'ORTIES.

Dans une des grottes de ce rocher adossé au château d'Eberstein habitait autrefois une naine de montagne (*Bergweiblein*), qui n'était plus ni jeune ni jolie, mais qui avait un caractère extrêmement bon et obligeant. Elle venait souvent à la veillée du soir visiter les pauvres habitants du village, elle racontait aux jeunes filles de merveilleuses histoires, et partout où elle avait passé la quenouille se remplissait de lin, et la bobine se couvrait d'un fil beaucoup plus fin et plus uni.

Il y avait dans ce temps-là à Eberstein un châtelain au cœur dur, qui tourmentait les vassaux, forçait impitoyablement les enfants de ses serfs à travailler sans cesse, et ne leur permettait de prendre ni une heure de repos, ni un instant de plaisir. L'une des jeunes filles soumises à ses ordres était très-belle; elle s'appelait Clara. Le jardinier du château l'aimait et elle l'aimait aussi. Mais elle ne pouvait se marier sans la permission du châtelain, et chaque fois qu'elle en avait manifesté le désir, celui-ci avait trouvé un nouveau moyen de repousser sa prière. Un jour qu'elle était revenue l'implorer de nouveau, il lui dit avec une froide ironie, en la conduisant vers la fenêtre : Tiens, vois-tu là-bas ce tombeau?

— Hélas ! répondit Clara en pleurant, c'est celui de mes parents.

— Les orties y croissent à merveille, ajouta le châtelain, je me suis laissé dire que l'on peut faire un tissu charmant en filant cette plante. Si tu veux que j'accède à ta demande, va te mettre à l'œuvre, pose ces orties sur ta quenouille et tires-en de quoi faire deux chemises de même grandeur, l'une sera ta chemise de fiancée, l'autre me servira de linceul. —

A ces mots, il s'éloigna avec colère, et la pauvre fille resta toute stupéfaite, ne sachant à quoi se résoudre. Dans la tristesse du son âme elle alla s'asseoir sur le tombeau de ses parents, et pleura et pria tant, que ses pleurs et ses prières auraient pu attendrir un rocher. Tout à coup la *Bergweiblein* lui apparut et lui demanda la cause de son chagrin. Clara lui raconta ce qui venait de se passer, et, en écoutant ce récit, le visage de la vieille femme prit une expression de colère : Console-toi, dit-elle, je viendrai à ton secours. En disant cela, elle arracha les orties qui avaient grandi sur le tombeau et retourna dans sa montagne.

Peu de temps après, le châtelain chassait dans la forêt; il arriva auprès du Rockenfels, et trouva la *Bergweiblein* assise à l'entrée de sa grotte et tournant son rouet avec une grande activité. Vieille, dit-il en passant, tu travailles à faire une chemise de fiancée!

— Oui, répondit-elle, une chemise de fiancée et une chemise de mort.

— Tu as là une belle laine, tu me l'auras sans doute volée.

— Non. Je l'ai recueillie sur la tombe du brave Gottfried. —

Cette réponse jeta le trouble dans la conscience du châtelain. Il retourna à Eberstein avec une agitation visible, et il combattait au dedans de lui-même pour savoir s'il consentirait au mariage de Clara, ou s'il s'y opposerait encore. Quelques jours se passèrent sans qu'il eût la force de prendre aucune résolution. Un soir il était assis à table, avec sa coupe pleine de vin devant lui; Clara entra, portant ses deux chemises. « Monsieur le châtelain, dit-elle, voici ce que vous avez demandé, voici les deux chemises tissues de fil d'orties ; l'une est pour vous, l'autre pour moi.

— Eh bien ! je tiendrai parole, répondit le châtelain, demain le mariage aura lieu. » Il dit ces mots en riant ; mais son âme était pleine de frayeur et son regard était sombre. Il lui semblait qu'il se trouvait poussé par une main miraculeuse ; il donna ses ordres pour la cérémonie et promit d'accompagner Clara à l'église. Mais le lendemain matin il avait cessé de vivre, et à l'heure où la cloche s'ébranlait pour annoncer le mariage de Clara et du jardinier, une autre cloche sonnait pour annoncer ses funérailles.

LA CHAIRE DU DIABLE. — LA CHAIRE DE L'ANGE.

Sur le chemin qui conduit de Bade à Gernsbach, on voit surgir à travers la forêt de sapins un roc élevé. On y monte sans difficulté, on trouve sur sa cime plusieurs rejetons d'arbres qui y ont pris racine, et de là-haut le regard s'étend sur toute la vallée de Bade. Ce rocher est connu sous le nom de *Chaire du diable*, et voici ce que la tradition rapporte :

Dans le temps où les premiers prêtres chrétiens arrivèrent dans la Forêt-Noire pour prêcher l'Évangile, le diable sortit de l'enfer par la source d'eau chaude de Bade, et, en jetant les yeux autour de lui, il éprouva une douleur amère en voyant les progrès que faisait la vraie religion. Dans sa colère, il s'élança au-dessus de ce rocher qui a gardé son nom, et s'efforça de ramener à lui les âmes que les missionnaires de Dieu entraînaient. D'une voix caressante et mielleuse il leur parla des richesses de son royaume, des joies réservées à ceux qui viendraient à lui. Bientôt son éloquence fit grand bruit, ses discours agitèrent les esprits, de tous côtés les gens de la contrée se rassemblèrent autour de lui ; et déjà il avait persuadé à un grand nombre de ses auditeurs de repousser les saintes maximes de l'Évangile, quand soudain, sur le rocher nu qui s'élève près du château d'Eberstein, apparut un ange resplendissant de gloire. Il portait une palme à la main, et parlait avec tant de douceur des félicités éternelles du royaume céleste, que ses paroles s'insinuèrent dans l'âme de tous les assistants; ils quittèrent l'un après l'autre la chaire du diable et vinrent se mettre aux pieds du messager de Dieu. En peu de jours, Lucifer se trouve complétement abandonné de tous ceux qu'il avait espéré enchaîner à jamais à lui. La rage s'empare de lui, il s'élance sur une montagne posée en face de celle où prêchait l'ange, et arrachant les quartiers de roc, les racines d'arbres, il les fait rouler le long de la montagne et dans la plaine ; il grince des dents, il s'agite, il mugit, pour empêcher les fidèles d'entendre la voix de l'ange.

Alors Dieu descendit sur le sommet de la montagne, et, prenant le mauvais esprit dans sa main puissante, il le jeta avec tant de force sur le rocher, que le diable y laissa l'empreinte de son pied. On peut encore la voir aujourd'hui.

COBOURG.

Ceux qui, après la révolution de juillet, s'avisèrent d'entrer en Allemagne, soit pour y faire des études, soit par curiosité, furent plus d'une fois assez désagréablement surpris des méfiances de la police, et des rigueurs de ses agents. Il est de fait qu'à cette époque, si les bons et innocents bourgeois de la vieille Germanie étaient toujours fort hospitaliers, les hommes du gouvernement ne l'étaient guère. Il fallait être muni d'un passe-port bien complet, et doué d'une physionomie bien ingénue, pour ne pas éveiller dans leur esprit quelque atroce soupçon. Les princes et les diplomates regardaient la France comme un pays en feu, et tout homme venant de là était envisagé de prime-abord comme un brandon incendiaire, c'est-à-dire comme un propagandiste. On partait de ce point de vue, et l'on commençait l'examen de sa personne. Il y avait certaines remarques auxquelles les habiles inquisiteurs de la police croyaient infailliblement reconnaître l'apôtre des constitutions libérales. Le passe-port daté de Paris était d'un mauvais augure; la cravate bariolée de rouge et de bleu n'indiquait qu'une moralité fort équivoque; la moustache avait un petit air conquérant qui ne plaisait que tout juste ; enfin le collier de barbe, cette innocente parure du dandy, était considéré comme un signe de ralliement. Si à ces emblèmes fâcheux le voyageur avait le malheur de joindre le titre de journaliste ou d'avocat, c'en était fait de son voyage. On lui démontrait par des arguments irrésistibles qu'il ne pouvait aller plus loin, et, s'il avait la hardiesse extrême de faire encore quelque objection, le corps-de-garde était là pour lui prouver d'une façon irrécusable la parfaite injustice de sa cause. J'ai connu un jeune légiste fort inoffensif et fort studieux, attiré au-delà du Rhin par la réputation de Mittermayer, de Hugo, de Savigny, et qui dans l'espace d'une année subit cinq à six fois cette terrible argumentation des agents de police. Son crime était d'avoir une figure assez conforme au signalement de Mazzini, le démocrate italien, et quoiqu'il démontrât par les preuves les plus positives qu'il était né en France, élevé et domicilié en France, dès que les fonctionnaires chargés de veiller à la sûreté publique voyaient ses yeux noirs et ses cheveux noirs, ils commençaient par l'envoyer en prison. Le ministre de France le réclamait. Il continuait sa route, et, à peine arrivé dans un autre état, tombait dans une autre prison. Hélas ! c'est que les princes d'Allemagne avaient fort à faire pour garder comme une arche sainte l'édifice de l'absolutisme. De toutes parts on entendait gronder la voix de l'émeute et l'orage des révolutions. C'était le temps où les petites principautés de la Saxe demandaient impérieusement une constitution, où les bourgeois de Brunswick chassaient leur souverain et incendiaient le château que, par parenthèse, le nouveau duc leur fait aujourd'hui chèrement payer. C'était le temps où le peuple de Bruxelles s'en allait, au sortir du théâtre, renverser une dynastie, où les Polonais entraient dans la Prusse en chantant la liberté et Kosciusko. C'était le temps, enfin, où Bœrne écrivait ses lettres démagogiques qui venaient comme autant de flèches percer le cœur des vieux Allemands, où les universités semblaient vouloir former entre elles un nouveau *tugendbund*, où l'on découvrait une conspiration d'étudiants à Francfort, dans cet arcanum des idées conservatrices, sous les yeux même de la diète, cette fidèle gardienne des bons principes et des vieilles institutions. D'où pouvait venir tant d'audace et tant de calamités, sinon de ce *damné* pays de France, comme l'appelait énergiquement un écrivain absolutiste à qui ses haines politiques faisaient oublier jusqu'au premier principe de charité chrétienne. Ainsi donc il fallait se mettre en garde contre la France, et c'était là le but de toutes les veilles de la censure, de tous les efforts de la police.

Il y avait en 1832, sur les frontières d'Allemagne, deux cordons sanitaires : l'un pour le choléra, l'autre pour la politique. Celui du choléra n'entraînait pas de longues formalités. Avec le plus petit certificat d'un bourgmestre complaisant, on allait tout droit son chemin sans être soumis à aucune fumigation ; mais celui de la politique avait la vigilance du coq et la finesse du renard ; de plus, il était arrogant comme un parvenu et rude comme un archer. Impossible de plaisanter avec lui, de tromper son regard ou de faire fléchir sa volonté. Il avait une certaine manière de dire *non* qui ne permettait pas la plus humble réplique, et quand alors il s'avisait de rire, c'était la plus terrible de toutes les menaces. J'ai vu un pauvre jeune théologien de Schlestadt, qui s'en allait faire un voyage à Munich, pâlir en écoutant ce rire sardonique et dur. Pour guider les observations des agents placés ainsi comme des sentinelles en face de la démagogie et de la révolution, il avait été formé dans chaque grande ville des listes de suspects. Chaque journaliste trop hardi, chaque membre influent des associations populaires était là inscrit avec tous les renseignements qu'on avait pu recueillir sur lui, sur ses antécédents, sur ses moyens d'action. Je me rappelle encore cette immense salle de la police de Vienne pleine de larges cartons rangés par ordre alphabétique. Quand je me présentai pour obtenir un permis de séjour, le chef de bureau demanda la lettre M. Un employé subalterne alla chercher un énorme registre, bien plus serré et plus compact que l'Almanach des 25,000 adresses. L'employé le feuilleta attentivement, en me jetant de temps à autre un regard scrutateur, sans doute pour voir si mes traits s'accordaient avec ceux dont il lisait tour à tour le signalement. Par bonheur, j'étais un trop petit personnage pour que mon nom se trouvât inscrit dans ce livre de proscription. J'en fus quitte pour répondre à quelques questions banales, et je sortis emportant une carte marquée d'un signe indéchiffrable, probablement le signe de mon innocence et de ma sécurité.

J'ai pourtant eu aussi ma querelle de gendarmes et mon réquisitoire. Mais, loin d'en savoir mauvais gré à la police bavaroise, je l'en remercie, car sa rigueur m'a valu quelques-uns des plus beaux jours que j'aie passés de l'autre côté du Rhin. C'était par une de ces fraîches matinées d'été, où les vallées fleuries, les forêts de chêne, les ruisseaux d'argent de l'Allemagne sourient à ceux qui viennent les voir sans leur demander s'ils sont démocrates ou absolutistes, s'ils écrivent des articles de politique ou des traités d'agriculture. Je venais de traverser les charmantes prairies de la Saal, la jolie ville de Rudolstadt, petite résidence d'un petit prince qui pourrait faire envie à des rois par sa délicieuse situation et son château si riant et si pittoresque. J'avais franchi la chaîne du Thüringerwald, cette romantique partie de l'Allemagne, décrite par tant de voyageurs. Tandis que la voiture gravissait péniblement les détours escarpés du chemin, je m'en allais à pied, rêveur et joyeux, rappelant dans ma mémoire, comme autant de compagnons de voyage chéris, les naïves légendes que les habitants de ces forêts racontent à leurs veillées, les douces idylles inspirées aux poètes d'Allemagne par l'aspect de ces lieux agrestes; puis ensuite, oubliant toute cette œuvre des hommes pour ne plus voir que l'œuvre de la nature, les buissons de bruyère, les guirlandes de campanules bleues déroulées le long des sentiers, les larges branches de sapins qui se rejoignaient comme les arceaux d'une cathédrale pour protéger le repos de cette solitude champêtre, et la source limpide endormie au pied du rocher et reflétant dans son cristal sans tache le feuillage des arbres, les fleurs de la colline et le ciel bleu, comme une âme candide qui se repose à l'écart dans une pensée d'amour et dans une pensée de Dieu. Tantôt je m'arrêtais au bord d'une des avenues de la forêt pour voir ses mystérieuses profondeurs éclairées çà et là par des flots de lumière; tantôt, debout sur une des cimes de la montagne, je contemplais dans une muette admiration la vallée fleurie et les champs féconds qui se déroulaient à mes pieds; et lorsqu'à travers les groupes de sapins centenaires je distinguais le tourbillon de fumée flottant au-dessus du chalet; lorsque dans le profond silence des bois j'entendais la voix du berger ou le tintement argentin des cloches du troupeau, il me semblait être encore au temps heureux, au temps regretté, où, bien plus jeune encore et plus riche d'illusions, je m'en allais ainsi errer à travers les montagnes de la Franche-Comté et les solitudes de la Suisse.

Arrivé à Cobourg, je me hâtai de visiter le château, l'église, le gymnase. Je ne voyais rien au premier aspect dans cette ville qui dût me retenir, et j'avais hâte d'arriver en Bavière. Une voiture retournait le lendemain à Bamberg, j'allai retenir ma place et je partis, songeant avec joie à cette vieille et majestueuse cité que j'allais bientôt voir, et avec plus de joie encore à la suite de mon voyage, qui devait me conduire à Nuremberg. A six lieues de Cobourg, la voiture s'arrête. Nous étions sur les frontières bavaroises. Un officier s'avance, escorté de deux soldats, et demande nos passe-ports. Le mien était lourd comme un in-8° allemand, couvert de cachets comme un diplôme de chancellerie. Pour pouvoir y faire entrer tous les visas et les signatures destinés à protéger ma très-inoffensive personne, il avait fallu l'allonger comme la robe d'un enfant qui grandit. Il était bariolé d'armes comme un écusson de petit duc, et large comme une mappemonde. Je n'ai jamais vu un passe-port plus respectable. Mais en recueillant ces visas de ministres, de consuls, de bourgmestres, dont on me gratifiait à chaque ville, moyennant une taxe de quelques *groschen*, j'en avais oublié un; et voyez le malheur ! c'était précisément celui de l'envoyé de Bavière. Je compris la grande faute que j'avais commise et le péril qui me menaçait à la mine rébarbative de l'officier, qui, pour mieux compter mes cautions, avait mis ses lunettes. Je me dis en voyant le froncement de ses sourcils : O malheur ! Mais que faire? Mon oubli ne pouvait plus se réparer. J'étais dans la fatale position d'un de ces enfants dont les contes bleus racontent la destinée. On a invité à leur baptême toutes les fées du voisinage, et toutes viennent le doter de leurs dons, et au moment où sa mère énumère, avec le ravissement de l'amour maternel, les trésors de bonheur amassés sur sa tête, voilà qu'il arrive une autre fée, que par mégarde on avait oubliée et qui vient se venger de cet oubli. L'envoyé de Bavière était cette fée que j'avais oublié de convier au baptême de mon passe-port, et j'allais expier mon impardonnable étourderie : — Pourquoi, me dit l'officier, ne vois-je pas sur cette feuille le visa de notre ministre? — C'est que je n'ai pas pensé à le demander. — Eh bien! vous ne pouvez aller plus loin. — En vérité! Les autres signatures ne peuvent-elles me servir de sauvegarde? — Non. — Mais je suis ici près de Bamberg; qu'il me soit permis de me rendre dans cette ville; j'y resterai tout le temps nécessaire pour faire mettre mon passe-port en règle. — Impossible. Cet impossible était prononcé d'un ton qui m'ôta l'envie de continuer ma harangue. — Conducteur, ajouta-t-il, descendez les effets de ce voyageur et partez. Ces autres messieurs sont en règle. » Ces autres messieurs étaient des Allemands, dont mon rigoureux inquisiteur avait à peine entr'ouvert le passe-port. Quand je vis mon porte-manteau sur le chemin, la voiture roulant vers Bamberg, et moi tout seul au pied de ce corps-de-garde qui m'empêchait de passer, j'éprouvai une sorte de rage. Non, il n'en sera pas ainsi, m'écriai-je en courant à la porte de la chambre dans laquelle l'officier venait de rentrer glorieusement comme un homme qui a sauvé son pays. Il doit y avoir non loin d'ici un fonctionnaire supérieur qui anéantira peut-être votre sentence; faites-moi conduire près de lui. — Volontiers, me répondit l'officier en se levant du canapé où il était déjà assis, et en secouant par terre la cendre de sa pipe; volontiers, mon jeune monsieur, je vais vous faire donner une voiture que vous paierez, deux gendarmes que vous paierez ; le *landsrichter* demeure à deux petites lieues d'ici, et cette excursion ne vous coûtera que six francs; si vous pouvez aller plus loin, je vous souhaite un bon voyage.

La voiture fut prête en un instant. C'était une espèce de charrette à foin, avec une planche au milieu, attachée tant bien que mal à l'aide de quelques clous et de deux bouts de corde. Je montai sur ce siége. Mes deux gendarmes, le casque en tête, le fusil en bandoulière, le sabre sur la hanche, s'assirent à mes côtés. L'un d'eux voulut bien prendre les rênes du cheval et nous servir de cocher, mais le second m'observait en silence, comme s'il avait eu peur que je ne m'évadasse. Notre arrivée dans la petite ville où demeurait le landsrichter produisit une singulière rumeur. C'était un jour de marché. Les gens de la campagne, réunis sur la place, se rangèrent tout ébahis sur notre passage. La vente des bestiaux et des légumes fut interrompue ; les enfants coururent après nous. Dans les regards qui se tournaient de notre côté, je ne distinguais que l'expression d'une curiosité niaise ou d'un honteux soupçon. Quelques hommes, en me voyant passer, secouaient la tête avec un air de profonde sagesse, et les femmes se demandaient quel pouvait être cet étranger si jeune et déjà si coupable, qu'on amenait entre deux gendarmes. Il est bien possible que, dans ce moment-là, un des poëtes de la bourgade ait écrit une légende sur mes crimes, et qu'on me cite encore aujourd'hui aux petits enfants comme un exemple de la justice céleste.

La voiture s'arrêta devant la maison de mon juge, et l'on me fit entrer dans une grande salle humide et sombre comme une prison. Un de mes deux soldats vint s'installer près de moi, bien décidé toujours à ne pas me perdre de vue; l'autre resta sur la place pour garder le cheval et répondre aux mille questions de la foule inquiète. Celui-là avait le plus beau rôle. Pour peu qu'il ait eu d'imagination et qu'il ait voulu composer une lamentable complainte au milieu de ces bonnes gens disposés à tout croire, il a dû jouir d'un triomphe pareil à celui des improvisateurs italiens. Le landsrichter n'était pas chez lui, et, pour comble de malheur, il était à dîner chez un de ses amis. J'aurais voulu qu'on ne le troublât pas dans cette grave et douce occupation, sachant qu'en Allemagne, plus que partout ailleurs, il faut bien prendre garde de déranger l'honnête homme qui dîne. Mais ma cause paraissait si grave que mes deux gendarmes n'osaient en retarder l'entière solution. On alla donc chercher le juge, qui arriva d'un air de fort mauvaise humeur, comme un gastronome que l'on dérange très-mal à propos d'une partie de plaisir pour lui soumettre la décision d'une affaire. C'était un homme sec et maigre, que je vois encore d'ici, avec son œil fauve et sa face plate. Son aspect seul m'épouvanta, et il n'avait pas encore prononcé une parole que je voyais déjà ma cause perdue. — Que voulez-vous, me dit-il, après avoir parcouru d'un bout à l'autre mon passe-port?—Je voudrais continuer ma route. —Cela ne se peut; votre passe-port n'est pas visé par notre ministre. —Eh bien! j'irai le faire viser à Bamberg. —Un non bien articulé fut sa seule réponse à cette seconde demande; puis il reprit, en me regardant de la tête aux pieds : Que venez-vous faire en Allemagne?—Étudier.—Monsieur, s'écria-t-il de l'air d'un philosophe qui va formuler un des plus grands axiomes de la science, on ne vient pas en Allemagne pour étudier. Après cette parole solennelle, il s'approcha de la glace pour rajuster sa cravate, ordonna aux gendarmes de me reconduire hors des frontières, et retourna à son dîner.

Une fois au corps-de-garde bavarois, je fus délivré de mon escorte, je trouvai un paysan qui consentit à me mener avec sa voiture à Cobourg, et j'arrivai dans cette ville vers la nuit. Il m'en avait coûté, pour mes deux charrettes et pour la place que j'avais payée jusqu'à Bamberg, environ 60 francs; j'avais en outre perdu une journée en courses fatigantes, et j'avais pendant plusieurs heures subi le contact de deux gendarmes, tout cela pour l'oubli d'une signature et d'un cachet.

Cependant mon hôte de Cobourg, qui m'avait vu partir si joyeusement pour la Bavière, ne comprenait pas pourquoi je revenais si vite. Les explications qu'il fallut bien lui donner le jetèrent dans une étrange perplexité. Dans sa bonne foi d'Allemand, il sentait bien que je n'étais pas un être redoutable; mais dans sa conscience d'aubergiste, c'est-à-dire d'homme soumis au contrôle incessant de la police, il ne savait trop s'il ne devait pas me regarder comme un personnage suspect, et s'il ne s'exposait pas à quelque grave réprimande du bourgmestre en me donnant asile. — Vraiment, disait-il en se promenant de long en large dans la chambre, vraiment un passe-port qui n'est pas en règle... conduit devant le landsrichter... ramené hors des frontières, par ma foi c'est grave... c'est grave ; je ne me rappelle pas avoir rien vu de semblable. — Je vis le moment où, à force de réfléchir à l'embarras et au danger de ma situation, il allait tout simplement me prier de chercher un autre gîte, et je commençais déjà un nouveau commentaire sur la valeur réelle de mon passe-port, quand, par une faveur toute particulière de la Providence, il m'arriva un auxiliaire. Ce n'était rien moins que la fille de mon hôte, une belle et grande jeune fille, intelligente et habile, qui, dès les premiers mots qu'elle nous entendit prononcer, se rangea de mon côté et trouva aussitôt l'argument qui devait émouvoir son père : «Tu sais bien, lui dit-elle, que ces Bavarois sont des arrogants et des sots. Quand ils passent par ici, ils ont toujours l'air de nous prendre en pitié, et nous appellent des hérétiques. Ce landsrichter, te souviens-tu de ses dédains un jour qu'il est venu loger chez nous ? On eût dit que notre maison n'était pas digne de le recevoir. Et cet officier, n'ai-je pas vu comme il s'admirait au dernier bal de la ville, en nous disant de fades galanteries à ma cousine et à moi? Quant à monsieur, ajouta-t-elle en se retournant gracieusement de mon côté, il est évident qu'il est venu ici pour étudier ; quand il a ouvert sa malle, le domestique a vu qu'elle était pleine de livres allemands, et hier au soir il lisait Schiller. — Ma fille a raison, s'écria le digne aubergiste, ce landsrichter est un vilain homme. Je ne sais comment j'avais fait pour l'oublier, et vous, monsieur, vous ne pouvez être un voyageur dangereux puisque vous lisez Schiller ; moi, je suis fou de Schiller. Envoyez votre passe-port à Munich, restez ici jusqu'à ce que vous le receviez, et soyez tranquille, la police de Cobourg ne vous dira rien, car je la connais. — A ces mots il vint me prendre la main, et la jeune fille sortit sans me donner le temps de la remercier. Le lendemain elle partait pour aller passer un mois à la campagne. Je ne devais plus la revoir. J'appris seulement qu'elle était chérie de tous ceux qui la connaissaient, et qu'elle s'appelait Marguerite. Depuis ce temps j'adore le nom de Marguerite.

Quand je fus seul dans ma chambre, livré à moi-même, et récapitulant tous les événements de cette journée, je sentis s'éveiller en moi je ne sais quel vague désir de scandale et de vengeance, et ma première pensée fut d'écrire une lettre dans les journaux. Je me disais qu'une offense faite au passe-port français ne devait pas rester impunie ; je me disais d'un autre côté que la petite persécution que je venais d'éprouver pourrait bien me donner une très-jolie réputation de martyr. Je me rappelais l'éclat produit, quelques années auparavant, par l'emprisonnement de M. Cousin ; je me croyais tout aussi malheureux que M. Cousin, et peut-être l'étais-je beaucoup plus. Déjà je voyais les journaux disserter sur mon arrestation et le public s'émouvoir au récit de mon infortune. Le ministre des affaires étrangères adressait à notre ministre à Munich des instructions spéciales à mon égard ; la Bavière faisait des excuses ; le gardien des frontières et le landsrichter se frappaient le front et se repentaient de m'avoir méconnu, et du haut de ma grandeur future j'envoyais un témoignage de reconnaissance à la jeune fille qui était venue à mon secours. Bref, je bâtissais sur ma mésaventure de quelques heures des rêves de vanité et de fortune, comme Perrette sur son pot au lait, et je m'endormis dans la contemplation de mon avenir.

Le lendemain, je m'éveillai aux rayons du soleil qui brillaient à travers mes rideaux. Le ciel était pur, l'air frais et embaumé. Des tiges de liseron, grimpant le long de la muraille, semblaient monter jusqu'à moi pour me montrer leurs calices bleus avec leurs perles de rosée ; à l'angle de ma fenêtre, une hirondelle bâtissait son nid ; au pied de la maison, je voyais passer les paysans des environs, avec leur longue redingote et leur honnête physionomie, et devant moi j'apercevais les coteaux bordés d'arbres à fruits et chargés de vignes. J'oubliai au même instant mes vaines idées d'ambition fondées sur un ridicule espoir de scandale. J'envoyai tout simplement, comme mon hôte me l'avait conseillé, mon passe-port à Munich, puis je sortis pour voir ce que je n'avais pas encore vu, les élégantes maisons de campagne et les riants jardins qui entourent Cobourg, et je ne sentis plus que l'impression d'une nature bienfaisante qui console et vivifie.

Cobourg n'est qu'une ville de huit mille âmes, sans université, sans établissements scientifiques, par conséquent dépourvue de l'intérêt qui s'attache même à quelques-unes des plus petites cités de l'Allemagne, à Iéna, par exemple, à Giessen, à Erlangen. De plus, elle est située hors des grandes routes du nord et du sud. On ne passe point par là en allant à Berlin ou à Vienne, à Cologne ou à Dresde. Ce n'est ni une ville d'industrie, ni une ville de bains, ce qui est encore la meilleure des industries. La population se compose de rentiers, de fonctionnaires attachés à la cour ou à l'administration, et d'un assez petit nombre de marchands et d'ouvriers. Aussi n'y trouve-t-on point ces constructions élégantes qui s'élèvent à la suite d'une spéculation heureuse et d'une fortune rapide. La rue du Château seulement a un air de nouveauté séduisant et coquet; les autres sont ce qu'elles étaient il y a quelque cent ans; mais il y a dans l'isolement de cette ville, dans son repos habituel, dans son silence, un charme indéfinissable auquel on se livre bien vite avec abandon, et les sites qui l'environnent sont si pittoresques et si beaux, qu'on ne se lasse pas d'y revenir et de les contempler. La ville est bâtie en partie dans la plaine, en partie sur la pente inclinée d'une colline, au pied de deux montagnes parsemées d'arbres, de pâturages, de champs féconds. Au sommet d'une de ces montagnes, on aperçoit un vieux château qui tombe en ruines; au sommet de l'autre, un jardin, un parc, un palais gothique bâti récemment, léger et gracieux comme un édifice du moyen âge. Du haut d'un de ces balcons dentelés, on découvre à la fois la chaîne du Thuringerwald, les plaines de la Saxe, les champs de la Bavière. J'allais souvent errer le long des verts sentiers qui côtoient cette montagne, au milieu des larges allées de chênes qui l'ombragent, autour des murailles de son château, dont les fenêtres à ogives, les tourelles et les colonnettes étaient pour moi comme le symbole rajeuni d'un autre temps au milieu d'une nature toujours jeune et toujours belle, qui se moque également des ravages du temps et des soins artificiels de l'homme.

Entre les deux montagnes s'étend une large vallée arrosée par une rivière limpide, verte et féconde comme un enclos de la Touraine, calme et riante comme l'asile idéal d'un poëte. C'est là que s'élève le château de Rosenau, la demeure favorite du grand-duc. C'est là qu'un jour, dans une de mes promenades vagabondes, j'aperçus deux enfants revêtus d'un pantalon de toile, d'une veste bleue, et travaillant à bâtir sur un tertre de quelques pieds de hauteur une forteresse de gazon. Je ne me doutais guère que ces enfants occuperaient bientôt toute la diplomatie européenne; qu'un d'eux deviendrait roi de Portugal et l'autre roi d'Angleterre.

Une partie de ma journée se passait ainsi à m'en

aller sur la montagne ou dans la plaine, abandonnant ma course au hasard, et me détournant à chaque pas comme un écolier pour voir un rameau d'arbre chargé de fruits, un champ de blé ou un insecte. Et alors je m'écriais :

> Oh ! quand revient le mois de mai
> Avec ses fleurs et son feuillage;
> Ses rayons d'or, son ciel si gai,
> L'homme attristé reprend courage.
>
> Dans son âme renaît l'espoir;
> Son front sourit, son œil s'éclaire;
> Car les jours sont si beaux à voir
> Et l'existence est si légère.
>
> Qu'importe quel fut son ennui,
> Sous quel toit reposa sa tête ?
> L'œuvre du ciel est toute à lui,
> Le printemps l'appelle à sa fête.
>
> A lui le vert et doux gazon;
> Les flots que la lumière argente,
> Les bleus contours de l'horizon;
> Les bois épais, l'oiseau qui chante.
>
> L'âme s'envole avec le jour
> A travers la plaine fleurie;
> Puis, vers le ciel, dans son amour,
> Elle s'élance, et rêve, et prie.
>
> Le monde entier nous appartient.
> La vie alors est belle et pure;
> Car le printemps du cœur revient
> Avec celui de la nature.

De retour à l'auberge, après ces excursions aventureuses dans cette charmante contrée de l'Allemagne, je retrouvais avec joie mes livres de prédilection qui m'avaient suivi dans tout mon voyage, qui m'entretenaient encore de l'Allemagne et m'en faisaient aimer la grâce mélancolique et le génie. Quelquefois mon hôte venait tout doucement frapper à ma porte et me demandait la permission de s'asseoir auprès de moi. Il avait fini par perdre toute défiance à mon égard, et par me prendre décidément sous sa sauvegarde. Il venait donc d'ordinaire, dès qu'il avait lu sa *Gazette d'Augsbourg*, pour me raconter, dans toute l'expansion de son premier étonnement, les grandes nouvelles de France et d'Allemagne. Puis, quand il avait épuisé son arsenal politique, il me parlait de sa fille, comme s'il eût compris que plus d'une fois au fond du cœur je songeais à elle, et que plus d'une fois déjà j'avais regretté de ne plus la voir.

Une semaine s'écoula ainsi, et ma vie était si pleine que je ne songeais ni à chercher une nouvelle distraction, ni à faire la moindre connaissance. Le dixième jour, je reçus par la poste un lourd paquet portant le sceau de la légation française. C'était mon passe-port, augmenté d'une nouvelle bande de papier et revêtu de trois nouveaux visas. Il me parut qu'il arrivait bien vite. J'avais presque oublié que je devais partir, quand cette missive officielle vint me le rappeler. J'allai dire adieu aux sites que j'avais le plus souvent contemplés, comme à des amis avec qui l'on a eu de longs et doux entretiens, et dont on s'éloigne en songeant que vraisemblablement on ne les reverra jamais. Je fis ma malle à regret, et je m'approchai avec une véritable tristesse de mon hôte, pour lui serrer encore une fois la main : « Attendez, me dit-il, j'ai quelque chose à vous remettre. » Il ouvrit une armoire et en tira un livre soigneusement enveloppé : « Tenez, ajouta-t-il, voilà ce que ma fille m'a chargé de vous donner, quand vous partiriez. »

C'était un exemplaire d'*Hermann et Dorothée*. Sur la première page, Marguerite avait écrit : Souvenez-vous de l'Allemagne, où les femmes défendent l'étranger quand les hommes l'abandonnent. » Je serrai ce livre contre mon cœur, et je sentis une larme rouler dans mes yeux. Qu'on me pardonne cette naïve émotion : je n'avais encore fait que passer quelques mois à Paris, et j'avais vingt ans.

TRADITIONS D'ALLEMAGNE.

J'en appelle à celui qui a parcouru dans sa jeunesse une contrée poétique. Si le soir il s'est assis auprès des tours en ruines, si les vieillards du pays lui ont raconté la légende du château, n'a-t-il pas vu dans son imagination les remparts détruits se relever sur leur base, la bannière flotter au-dessus du donjon, et les armures d'acier étinceler dans le préau ? Dans l'espace d'un ou deux siècles, le lieu qu'il visite a subi une complète transformation. L'ogive de la chapelle a été rongée par le temps, ou brisée par le marteau. Les balcons de marbre sont tombés pièce par pièce. La grande salle d'armes a été convertie en atelier, et la machine à vapeur crie et tournoie là où l'on n'entendait autrefois que le chant de la châtelaine ou la harpe du ménestrel. Mais la tradition populaire n'a pas encore enregistré toutes ces innovations. Les yeux tournés vers le passé, elle regarde les jours qui fuient loin d'elle, et porte dans les plis de sa robe tous les trésors de l'ancien temps. D'un coup de baguette, elle peut encore balayer tout cet échafaudage moderne, et faire revivre, par le souvenir, les prestiges du vieux château, la poésie du passé.

S'il est un pays où l'on puisse ainsi s'égarer à plaisir à travers les légendes historiques et les pieuses crédulités du peuple, c'est l'Allemagne. Là, toutes les plaines ont leurs génies, toutes les montagnes leurs grottes mystérieuses, tous les lacs leurs palais de cristal; là toutes les fées ne sont pas mortes, et tous les sylphes n'ont pas dépouillé leurs ailes d'or; là, quand vient la nuit, les flots de l'Elbe et du Rhin ont encore des soupirs d'amour, les arbres frissonnent au souffle des esprits, et les châteaux racontent, du haut de la colline, leurs histoires de guerre. L'industrie a pourtant étendu son impitoyable main sur ces vallons peuplés de tant d'êtres charmants; et les *Mœnnlein*, effrayés, se sont retirés dans leurs montagnes. Mais laissez là les chemins de fer, les fabriques, laissez l'Allemagne avec son nouveau système de douanes, sa police, ses marchands; invoquez la vieille Teutonie; et, depuis les plaines de la Silésie jusqu'au romantique pays de Saltzbourg, depuis les forêts de la Bohême jusqu'au *Thuringerwald*, le cor merveilleux de la tradition, le *Wunderhorn*, va retentir et faire apparaître toute cette foule de génies féeriques qui s'étaient endormis.

Parmi ces traditions répandues à travers l'Allemagne, il en est qui remontent jusqu'à l'Orient, qui se lient de très-près à celles de l'Inde et de la Grèce. Celles-là ont émigré dans le nord, elles ont été chantées par Odin, et répétées dans la Scandinavie comme dans la Souabe; d'autres sont venues de la Provence, et n'ont fait que changer de costume en traversant le

Rhin ; quelques-unes ont été apportées par les soldats des croisades, par les pèlerins de la terre sainte. Il en est plusieurs dont on ne saurait déterminer l'origine, car elles se trouvent également dans nos provinces du midi et dans la Bretagne, en Islande et en Danemarck. Rien n'indique d'une manière précise à quel pays on doit les attribuer; mais la plupart sont nées sur le sol allemand, et, quelle que soit leur origine, c'est chose curieuse que d'étudier le caractère de ces traditions, de chercher, sous leur manteau germanique, ou le symbole religieux, ou le fait qu'elles recèlent. Ce serait chose plus curieuse encore que de constater, par des rapprochements nombreux, leur parenté avec celles des autres peuples, leurs transformations successives, et leur filiation. Mais c'est une œuvre difficile, souvent même impossible; car les traditions ont passé trop vite d'un pays à l'autre pour qu'on puisse tracer ainsi leur itinéraire; car, comme l'a dit Campbell : « La fiction a l'aile plus rapide que la science, elle répand ses étamines de fleurs à travers le monde, et nous ne les voyons pas jusqu'à ce que ces fleurs surgissent tout à coup, et nous étonnent par la ressemblance de leurs couleurs avec celles des autres contrées [*]. »

De même qu'un seul pays n'a pas vu naître toutes ces traditions, de même un seul siècle ne les a pas toutes enfantées. Elles se sont formées successivement, et se sont rejointes comme les anneaux d'une longue

---

[*] Essay on the english poetry, p. 30.

chaîne. A mesure que le peuple était ému par un événement, ou surpris par un phénomène, il composait une légende, il inventait un mythe. Il suppléait au raisonnement par la poésie, à la science par l'imagination. Ses légendes historiques reposent sur une base certaine, sur des faits avérés, mais elles ont été tellement embellies par le caprice des auteurs, qu'on ne peut y saisir parfois qu'un trait de mœurs et un nom. Ses légendes merveilleuses proviennent de ce culte mystérieux de la nature, de cette espèce de panthéisme secret dont le moyen âge a toujours admis le principe sans jamais le formuler. Les hommes du nord avaient une vénération religieuse pour les astres et pour les éléments. Les Lithuaniens regardaient le soleil comme le père de la terre, la lune comme son épouse, et les astres comme ses enfants. Les Allemands avaient coutume de saluer chaque soir les étoiles avant de se coucher, car les étoiles étaient pour eux les yeux du ciel; ils célébraient dans leurs fêtes le solstice d'été et le solstice d'hiver. Ils rendaient hommage au vent et à la tempête, à la nature morte et aux êtres animés. Les métaux avaient pour eux des propriétés particulières; les rochers grandissaient sur les montagnes et au fond des eaux; les plantes renfermaient des sucs puissants et des saveurs magiques; les oiseaux prédisaient l'avenir et connaissaient les secrets des hommes. Dans une vieille tradition, une colombe conduit le voyageur auprès d'un trésor; dans l'Edda, deux corbeaux racontent chaque jour à Odin ce qui se passe sur la terre. Les grenouilles même avaient appris dans leurs marais mainte chose curieuse ; et les couleuvres gardaient au fond de leur grotte des cassettes d'or et de diamants.

Dans ce monde merveilleux, où chaque objet avait ainsi ses attributions, les montagnes, par leurs masses gigantesques, par leur forme bizarre, devaient nécessairement frapper l'imagination des hommes du moyen âge. Le peuple ne savait pas trop ce qu'il y avait derrière ces rideaux de verdure, dans ces cavités de pierre. Il en a fait la demeure des êtres fabuleux et le tombeau de ses héros et de ses rois. Le Kœterberg est plein d'or et d'argent. Le Kuttenberg a vu parfois de grands miracles, entre autres celui-ci. Trois mineurs allaient y travailler toute la semaine, et n'emportaient que leur livre de prière, de l'huile dans leur lampe, et du pain dans leur besace pour un jour. C'étaient des hommes de foi. Chaque matin, avant de se mettre à l'ouvrage, ils se jetaient à genoux pour se recommander à la Providence. Un soir, au moment où l'huile de leur lampe commençait à baisser, tout à coup un orage violent éclate. La voûte de la grotte dans laquelle ils travaillaient s'ébranle, se crevasse ; le rocher tombe avec des flots de sable, et les mineurs sont engloutis. Mais Dieu, pour les récompenser de leur piété, maintint un espace vide autour d'eux, et renouvela chaque jour leur provision d'huile et leur morceau de pain. Ils vécurent ainsi pendant sept ans, toujours travaillant à sortir de leur prison et toujours priant. Leurs prières furent exaucées. Ils revirent le ciel bleu au-dessus de leurs têtes, et rentrèrent dans leur village bien-aimé.

Le Wunderberg est la plus curieuse de toutes ces montagnes. Là se trouvent des villes semblables aux nôtres, des cloîtres et des églises, des remparts et des palais construits par les Mœnnlein. Là Charlemagne repose au milieu de ses preux. Il est assis devant une table de marbre, la couronne sur la tête, le sceptre à la main. Sa barbe blanche tombe sur sa poitrine, et grandit sans cesse. Quand elle pourra faire trois fois le tour de la table, l'arbre de la liberté reverdira sur la colline, le vieil empereur sortira de son souterrain, et une nouvelle ère, une ère de bonheur et de prospérité sans fin, renaîtra dans le monde. Mais, hélas ! nous ne verrons pas ce temps-là, car la barbe de Charlemagne ne fait encore qu'une fois le tour de la table fatale.

Dans le Kiffhaüser repose Frédéric Barberousse, cet autre héros des Allemands. Plusieurs personnes ont vu son front chauve passer au-dessus des rochers, car il quitte parfois sa demeure pour respirer l'air pur. Un berger qui avait conduit son troupeau au-dessus de cette montagne alluma une fois sa pipe, en s'écriant : Frédéric, je vais fumer à ton honneur. Au même instant, le héros lui apparut, et, pour le récompenser de son souvenir, le conduisit dans une large salle où il y avait un grand nombre de chevaliers. Là, il lui montra de riches armures, des glaives brillants, et lui donna plus d'or qu'il n'en eût fallu pour satisfaire un prince.

C'est au sommet de ces montagnes, c'est dans ces

vastes cavités qu'habitent les géants. Rien n'égale la taille monstrueuse et la vigueur de cette race d'êtres, dont la naissance, selon l'Edda, a précédé celle du premier homme. Un roc énorme, que nul effort humain ne peut ébranler, n'est pour eux qu'un grain de sable qui les gênait dans leur soulier. Une île jetée au milieu de l'Océan, c'est une poignée de terre qu'ils ont laissée tomber de leur tablier. Quand le dieu Thor, le dieu de la foudre, parcourait la Scandinavie, il entra une nuit dans une large tente où il dormit paisiblement avec son compagnon ; le lendemain, il s'aperçut qu'il avait dormi dans le pouce d'un gant de géant. Quand le valeureux Dietrich de Berne attaqua Siegenot, le géant, pour se défendre, déracina un des arbres les plus élevés de la forêt, et le *Heldenbuch* dit que, depuis Adam, on n'avait jamais vu un homme si fort.

Les grottes des collines sont occupées par les nains qui ont aussi leur cycle de traditions. Un vieux poëme allemand dit que Dieu créa d'abord les nains pour cultiver la terre ; puis les géants pour exterminer les monstres ; puis enfin les héros pour protéger la pauvre race des nains contre les géants. Dans la symbolique du nord, les géants représentent la force brutale, la matière ; et les nains, la faculté d'esprit, l'intelligence. Malgré leur petitesse, ils sont doués d'une grande force. Ils se construisent des demeures splendides, et l'hiver ils forgent les métaux. Ils fabriquent les flèches acérées, les armures étincelantes. Pas une épée ne vaut celle qu'ils ont faite eux-mêmes, pas un casque ne résiste comme les leurs au tranchant du glaive, à la pesanteur de la hache d'armes. Pendant qu'ils travaillent ainsi, leurs femmes filent la laine la plus blanche, ou le lin le plus pur. Les nains sont beaux et gracieux, mais si petits qu'ils peuvent passer par le trou d'une serrure. Ils se marient et élèvent leurs enfants chrétiennement. Ceux du Wunderberg vont quelquefois à l'église de Saltzbourg. Ils aiment la danse et la musique. Souvent l'été, par un beau soir, ils s'en vont danser dans la prairie, et le lendemain on reconnaît sur l'herbe les longs cercles qu'ils ont tracés *. Ils aiment aussi à se promener sur la colline, à s'approcher des hommes, et à causer avec eux. Ils ont pitié de celui qui souffre, et récompensent généreusement, ou l'intérêt qu'on leur témoigne, ou le service qu'on leur rend. Souvent ils ont protégé le faible, soutenu l'opprimé, et malheur à celui qui a commis une injustice, s'ils sont appelés à la venger. Si quelqu'un s'égare auprès de leur demeure, ils viennent eux-mêmes au-devant de lui, l'emmènent sous leur toit de rocher, et lui donnent un abri. Un soir, un étudiant de Gœttingue fut surpris par l'orage sur la colline de Plesse. La pluie avait trempé ses vêtements, et l'obscurité était si grande qu'il ne pouvait retrouver son chemin. Tout à coup, il vit venir à lui un mœnnlein, un petit homme tout gris qui, le prenant par la main, le fit passer par une fente de rocher, et le conduisit dans une salle

* La même tradition existe en Normandie. V. Contes populaires de l'arrondissement de Bayeux, par Frédéric Pluquet.

souterraine meublée avec luxe et richement éclairée. Là était la femme du mœnnlein, revêtue d'une robe de soie, plus brillante que celle de la femme du bourgmestre. Là étaient ses frères et sa fille qui avait des cheveux blonds tombant sur l'épaule, et des yeux bleus d'une douceur infinie. L'étudiant la trouva charmante, et, la voyant entourée de tant d'objets précieux, il l'eût volontiers demandée en mariage, s'il n'eût eu peur de la perdre en la reconduisant à Gœttingue, tant elle était petite. On se mit à table, on causa des événements du monde, des guerres d'Italie, de la mort de l'empereur; puis chacun s'agenouilla, la maîtresse de maison fit la prière, et, lorsqu'elle fut achevée, la jeune fille prit un flambeau d'argent et conduisit l'étudiant dans la chambre qui lui avait été préparée. Le lendemain, il partit à regret; car, dans le peu de temps qu'il avait passé avec la famille du mœnnlein, il s'était attaché à elle. Le nain lui donna plusieurs pierres précieuses, et la jeune fille lui apporta en riant une poignée de noisettes. A son arrivée à Gœttingue, les noisettes étaient autant de belles et bonnes pièces d'or. Depuis ce jour, l'étudiant a cherché plusieurs fois à retrouver la porte rocailleuse par laquelle il était entré, jamais il n'a pu y parvenir.

Quelquefois aussi les nains demandent asile aux hommes, soit parce qu'ils se trouvent trop loin de leur demeure, soit pour célébrer plus solennellement une fête. Un d'entre eux vint un jour demander à un comte, qui était leur voisin, la permission de danser dans son château. Le comte le permit, et, le soir même; voilà une armée de nains qui descend de la colline et se répand à travers les jardins, à travers les haies touffues et les appartements du château. Les uns allument le feu dans les fourneaux et préparent le souper; les autres portent des guirlandes de fleurs, des tentures de soie; et décorent la salle. En un instant, les lustres sont placés; les flambeaux d'or reluisent sur les murailles, et se reflètent dans les glaces. Les danseurs prennent la main de leurs danseuses; les musiciens accordent leurs instruments, et le bal commence. C'est une joie sans égale; c'est un tourbillon qui ressemble à celui d'une troupe d'oiseaux prenant son vol dans la vallée; à celui des feuilles d'arbre que le vent moissonne dans la forêt. Le comte lui-même se mêle à ces rondes animées. On lui donne la plus grande de toutes les danseuses; mais elle tourne si vite qu'il ne peut la suivre. Après le bal, toutes les tables furent couvertes de nappes brodées; de vaisselle d'or et d'argent. Les nains conduisirent le maître du château à la place d'honneur, et on lui servit des mets d'une saveur exquise; et du vin conservé depuis des siècles dans les tonnes de marbre des montagnes. Puis tout disparut comme par enchantement, et le lendemain deux ambassadeurs du royaume des nains vinrent remercier le comte de l'hospitalité qu'il leur avait accordée; et lui remirent une épée et un anneau, en lui disant que ces deux objets lui porteraient à tout jamais bonheur.

A la famille du nain appartient la race des Elfes, mais ceux-ci sont d'une nature plus poétique et plus élevée. Ce sont les frères des Djinns lumineux et des Péris, les frères d'Ariel et de Trilby. Ils ont le visage blanc comme un lis, et les rayons de la lune composent les fils de leur vêtement. Ils n'habitent pas dans les entrailles des montagnes. Ils voltigent dans les airs, et se balancent comme des papillons dorés sur la tige d'une plante ; une feuille d'arbre leur sert de tente, et ils peuvent vivre tout le jour d'un peu de miel puisé dans le calice d'une fleur et d'une goutte de rosée. Les femmes des Elfes sont belles ; elles dansent le soir et chantent sur les collines, et leur voix est si douce, leur chant si harmonieux, que chaque passant s'arrête pour les entendre. Mais il ne faut pas s'approcher d'elles, il ne faut pas se mêler à leurs danses, car leur regard glace le cœur, et leur baiser donne la mort. Les Elfes portent de petits souliers de verre. Si l'on pouvait s'emparer d'un de ces souliers, on serait riche, car celui à qui il appartient le rachèterait à tout prix.

Il y a encore une autre espèce d'êtres apparentés avec celle-ci, mais moins vagabonds que les Elfes, moins solitaires que les nains, c'est celle des esprits domestiques qui se cherchent un gîte dans la maison des paysans, couchent dans la grange et se réchauffent au foyer de famille. Les Allemands appellent cet esprit Kobolde. C'est le *Brownie* de l'Écosse, le *Servant* de la Suisse, le *Trolle* du Danemarck, le *Goubelin* de la Normandie. Le Kobolde est actif et empressé ; il prend soin des chevaux, nettoie l'écurie, conduit la charrue, travaille à la moisson. Si on ne le mécontente pas, les maîtres de la maison peuvent se reposer et les valets dormir tranquilles. Dès le matin toute leur besogne sera prête. Pour le garder sans cesse, il suffit de lui mettre chaque jour un peu de lait dans un coin de la maison et de balayer proprement la chambre qu'il occupe. Autant le Kobolde est bon et dévoué quand on ne lui donne aucun sujet de plainte, autant il devient capricieux et vindicatif dès qu'on l'a offensé. Une jeune fille avait un Kobolde à son service, et c'était une bénédiction de voir comme il allait au-devant de tous ses désirs, comme il l'exemptait de tout ouvrage pénible. Un jour elle jeta par malice quelques copeaux dans la tasse de lait qu'il devait boire, et dès ce moment le Kobolde l'a abandonnée. Elle est obligée de se lever de bonne heure et de se coucher tard, de travailler sans relâche, et son ouvrage n'avance pas. Chaque jour l'implacable Kobolde lui suscite un nouvel obstacle ; chaque jour il la condamne à subir un nouvel accident. Si elle prend avec les plus grandes précautions un vase précieux, elle le casse ; si elle fait chauffer de l'eau, elle se brûle les doigts ; si elle prépare à dîner, elle met double dose de sel dans un plat et rien dans l'autre. Quand nous reprochons à nos cuisinières de trahir les respectables lois du cordon bleu, nous avons bien tort ; cela vient peut-être des Koboldes.

La bonne Holla est la reine de ces valets domestiques ; c'est elle qui encourage les jeunes filles au travail et les aide dans leurs efforts; c'est elle qui vient la nuit pour grossir leurs quenouilles, tourner leurs fuseaux; c'est elle enfin qui est la vraie patronne de la femme allemande, solitaire et modeste, laborieuse et économe.

Quelques contrées d'Allemagne admettaient encore un autre esprit qu'on appelait esprit familier, *spiritus familiaris*. On l'enfermait dans une fiole, et on n'avait plus besoin de s'occuper de lui. Tous les vœux se réalisaient par un acte muet de sa volonté. Mais celui-là venait de l'enfer, et il fallait bien prendre garde de le conserver jusqu'à l'heure de la mort, car alors il vous emmenait tout droit dans les ténèbres. Le plus difficile est de s'en débarrasser; le méchant esprit a sa mission à remplir, et il faut qu'il conduise quelqu'un au diable. Si on le jette dans l'eau, il surnage; si on le broie sous une pierre, il renaît aussitôt; si on le met au feu, il en sort plus vif que jamais. Le seul moyen à employer pour qu'il ne revienne plus, c'est de le placer dans une autre maison, c'est de le vendre. Un marchand de chevaux, réduit à la misère par une suite continuelle d'infortunes, acheta un jour d'un inconnu une petite boîte qu'on lui remit comme un talisman de bonheur, en lui recommandant de la garder en secret et de ne pas l'ouvrir. Du moment où cette boîte fut entre ses mains, toute sa destinée changea. Il trouva un trésor; il reprit son commerce; il fit des entreprises hardies et téméraires, et pas une seule n'échoua. Mais sa femme, qui était une bonne chrétienne, soupçonna qu'il pouvait bien y avoir quelque sortilége dans un tel bonheur. Elle ouvrit un jour la boîte mystérieuse; et elle en vit sortir une grosse mouche noire qui s'envola par la fenêtre; un passant la ramassa. Dès ce jour, la fortune du marchand de chevaux déclina rapidement, et il redevint plus pauvre, plus malheureux que jamais.

Les lacs, les fleuves, les rivières, ont aussi leurs féeries et leurs enchantements. Là est le Wassermann qui monte parfois sur un banc de sable pour se réchauffer au soleil et chante pour attirer les passants. Le Wassermann est, comme les nains, un être assez obligeant quand on ne le tourmente pas; mais sans pitié pour ceux qui lui font injure. Il est petit et grêle. Il a les dents vertes et porte un chapeau vert. Mais au sein des vagues profondes, sur le sol étincelant d'or que les flots nous dérobent, il se bâtit des palais de nacre et de corail. Des coquillages azurés comme le ciel; jaunes et violets comme l'opale, brillants comme le rubis, tapissent les murailles; des nénuphars forment autour de sa demeure une guirlande toujours verte et toujours fleurie. Il boit dans une coupe d'ambre et couche sur un lit d'ivoire. C'est là qu'il passe sa vie solitaire, tantôt chantant, tantôt parcourant à la nage ses riches domaines; puis attirant à lui les âmes des noyés. Un paysan qui demeurait auprès d'un lac avait fait connaissance avec le Wassermann du lieu. Ils se rencontraient quelquefois tous deux sur la grève et causaient ensemble comme de bons voisins. Un jour, le Wassermann voulut lui faire voir sa demeure. Il l'entraîna dans les eaux et lui montra l'une après l'autre ses salles splendides. A l'extrémité de cette royale habitation, le paysan aperçut une petite chambre dans laquelle se trouvaient quelques fioles hermétiquement fermées. Il demanda ce qu'il y avait dans ces fioles, et le Wassermann répondit que c'étaient les âmes des noyés. Après cette exploration aquatique, le paysan revient à terre. Le sort de ces pauvres âmes le touche, et il prend la résolution de les délivrer. A l'heure où il savait que le Vassermann avait coutume de sortir, il s'approche du lac, se recommande à Dieu, puis s'élance dans les flots avec courage. Son bon ange le soutint et le guida dans sa route. Il retrouva la demeure du méchant esprit et la chambre mystérieuse. Il ouvrit toutes les fioles, et les âmes s'élancèrent joyeusement hors de leur prison et s'envolèrent dans les airs.

Les Nixes sont plus beaux et moins cruels que le Wassermann, mais ils chantent aussi pour attirer les pêcheurs. Souvent ceux qui les écoutent ne peuvent leur résister, et le voyageur qui passe sur la grève, fasciné tout à coup par cette mélodie magique, s'élance dans l'eau pour l'entendre de plus près, et le batelier qui s'en allait au village tourne sa barque de leur côté et va s'abîmer dans un gouffre. C'est le soir, surtout, auprès des moulins, au bord des cascades que les Nixes chantent les chants les plus suaves. Ils ont, dit-on, onze mélodies différentes. A une certaine distance, l'homme peut en entendre dix sans trop de dangers. Mais quand ils chantent la onzième, les vieillards et les enfants, les malades et les estropiés, les chaises même et les tables, tout obéit à ces accords merveilleux, tout se met à danser.

Les femmes des Nixes ont, comme les sirènes, la moitié du corps fort belle; le reste se termine en queue de poisson. Souvent elles viennent à la surface de l'eau jouer de la harpe, ou peigner, avec un peigne d'or, leurs blonds cheveux. Un jour, un chasseur en aperçut une et dirigea son arme contre elle; mais elle se mit à rire, plongea dans les flots, et trois jours après le chasseur se noya. Quelquefois aussi elles s'en vont, toutes pâles et grelotantes, s'asseoir la nuit auprès du feu que les bergers allument dans la prairie. Elles recherchent l'amour des hommes, et prodiguent à celui qui les aime toutes les marques de dévouement, mais à condition qu'il ne parle jamais d'elles. Il en est qui peuvent sortir chaque jour du lac où elles habitent, mais il faut qu'elles rentrent à une heure déterminée. On raconte qu'une fois trois jeunes Nixes venaient tous les soirs visiter un hameau voisin de leur lac. Elles entraient avec leur quenouille dans la maison du paysan, et s'asseyaient auprès du foyer, travaillant comme les autres femmes. Tout le monde se plaisait à les voir, car elles savaient d'étonnantes traditions et des chants admirables. Mais, dès que onze heures sonnaient à l'horloge du clocher, elles partaient en toute hâte, et nulle prière ne pouvait les retenir. Un jeune homme devint amoureux de l'une d'elles, et, pour les faire rester plus long-temps, il retarda l'horloge. Les jeunes filles ne s'en allèrent qu'à minuit; mais le lendemain on aperçut à la surface du lac trois taches de sang, et depuis ce temps elles n'ont jamais reparu *.

Les Allemands regardaient tous ces esprits comme des êtres d'une nature fort peu orthodoxe; cependant ils croyaient que le christianisme étendait jusqu'à eux sa loi de miséricorde et de rédemption. Un enfant se promenait au bord d'une rivière; il aperçut un Nixe qui jouait de la harpe et chantait. Pourquoi chantes-tu si gaiement, pauvre malheureux? lui dit l'enfant; ne sais-tu pas qu'un jour tu seras damné? A ces mots, le Nixe baissa la tête et se mit à pleurer. L'enfant s'en alla raconter cette scène à son père, qui était prêtre, et qui lui dit : Tu as eu tort d'affliger ainsi l'esprit des eaux, car ni lui ni ses semblables ne seront damnés. L'enfant accourut en toute hâte rapporter ces paroles au Nixe, qui, à l'instant, reprit sa harpe et chanta avec bonheur.

Mais il y avait encore, s'il faut en croire certaines chroniques, d'autres habitants que les Nixes dans les lacs et les fleuves. Le soir, quand le ciel était clair et le flot paisible, on a découvert sous la lame transparente des églises et des forteresses, on a même en-

---

* Il suffit d'observer les phoques, avec leur tête arrondie, leurs grands yeux verts si doux et si veloutés et leurs mamelles, pour comprendre qu'ils soient devenus l'objet des superstitions populaires. Aussi les Grecs en avaient-ils fait des sirènes; les Allemands, les Danois, des fées et des Nixes; et les sauvages de l'Amérique appelaient les phoques les démons des eaux.

tendu, dans le cristal limpide, le son religieux des cloches *. Quelquefois aussi il est arrivé là des miracles pareils à ceux que raconte la Bible. Au bord du lac de Steinberg habitait jadis un chevalier qui, par ses crimes et ses brigandages, était devenu la terreur du pays. Un jour une jeune fille vint à passer devant lui ; il se précipita sur elle et voulut l'emporter dans son château. Mais elle lui demanda la permission de se jeter à genoux pour faire sa prière. Elle se recommanda à la Vierge et s'élança dans le lac. Alors les flots s'entr'ouvrirent comme pour les compagnons de Moïse, et elle passa au milieu du lac comme au milieu d'une prairie. Le chevalier voulut la suivre, mais la vague se referma sur lui, et il disparut. Maintenant encore, il n'est pas rare d'entendre, la nuit, retentir ses accents de colère et ses plaintes d'amour.

Les peuples du Nord attribuaient une grande influence aux sources d'eau. Ils allaient y puiser à certains jours de l'année. Ils s'en servaient dans leurs pratiques mystérieuses. Quelquefois, pour leur rendre hommage, ils allumaient des flambeaux au bord des rivières, et ils regardaient comme un signe de malheur la source d'eau troublée, comme un signe de deuil la source d'eau tarie. Les traditions russes parlent d'une eau merveilleuse qui guérissait les blessures et rendait la vie aux morts. Les traditions allemandes rapportent plusieurs prodiges du même genre.

---

* Southey a décrit en beaux vers cette croyance populaire. Voyez, dans ses poésies, la pièce qui a pour titre : *The submarine City*.

Les Elfes, les nains, les Koboldes, les Nixes, composent le cycle habituel des légendes ; mais les Allemands admettaient encore dans leurs croyances un grand nombre d'autres esprits. Ils admettaient les nymphes des bois et celles de la vallée ; les fées qui règlent, comme les parques ou comme les nornes, l'existence des hommes ; les vierges guerrières qui président aux destinées des batailles, et les magiciennes qui prédisent l'avenir. Ils croyaient aux apparitions de revenants, aux êtres humains enchantés dans les montagnes ou changés en serpents. A Bryneburg, une fille tuée par le tonnerre se montre la nuit au milieu des ruines, et pendant l'orage prête son secours à ceux qui l'invoquent. Ailleurs il en est une autre à moitié femme et à moitié couleuvre. Elle tient à la main un trousseau de clefs, une cassette d'or, et il faut, pour la délivrer, qu'un jeune homme chaste l'embrasse trois fois. Dans le château de Bodo, une jeune fille, qui est morte d'amour, se lève chaque nuit dans son cercueil et s'avance avec son voile blanc et sa couronne de fleurs dans la chambre de l'étranger. Elle est belle encore, quoiqu'elle porte sur son front la pâleur de la mort, et ses yeux, dont le sommeil de la tombe n'a pu faire disparaître l'éclat, jettent le trouble dans l'âme de celui qui les regarde. Elle s'approche de l'étranger et lui parle d'une voix douce et mélodieuse. S'il ne la repousse pas, elle lui met une bague au doigt, elle lui donne un baiser sur les lèvres et l'appelle son fiancé. Mais ses fiancés sont comme celui de Lénore. Leur mariage se célèbre dans le cimetière, et leur lit de noces est un cercueil. Un jour un chevalier vint coucher dans ce château, et écouta la voix de la jeune fille. Le lendemain, en s'en allant, il aperçut trois vieilles femmes accroupies au bord du chemin, et qui tordaient un fil épais entre leurs doigts ridés. — Que faites-vous là? leur dit-il. — Nous filons ton linceul, répondirent les vieilles femmes; et trois jours après le chevalier était mort.

Souvent aussi la tradition allemande n'est autre chose qu'un symbole qui enveloppe un dogme de morale, une leçon de vertu. Pour se souvenir d'un précepte, le peuple avait besoin d'une image poétique, et il traduisait en légende la parole du prêtre, l'enseignement du père de famille.

Un homme, pour satisfaire la passion qu'il avait pour la chasse, a profané le jour du dimanche et conduit sa meute à travers le champ de la veuve; Dieu le condamne à chasser jusqu'à la fin du monde, à courir nuit et jour par les taillis, par les rochers, après un cerf qu'il n'atteindra jamais. La même légende existe dans toutes les contrées du nord. On la retrouve aussi dans quelques-unes de nos provinces, en Bretagne, par exemple, et en Franche-Comté.

Une jeune fille veut se marier contre la volonté de sa mère, qui meurt et la maudit. La nuit même des noces un orage épouvantable éclate sur le château, les murailles sont renversées, le lit de noces est changé en pierre. La jeune fille apparaît au sommet de la montagne enchaînée sur un lit, et les corbeaux viennent la dévorer.

Dans un temps de disette, un évêque de Mayence repoussa la prière des pauvres, et, par une punition du ciel, une armée de souris pénétra dans sa demeure et dévora tout ce qu'il avait amassé. En vain employa-t-il le fer et le poison pour les détruire, les souris pullulaient chaque jour, et la maison en était inondée. Pour leur échapper, il traversa le Rhin et s'en alla bâtir une grande et forte tour à Bingen. Mais les souris se jetèrent à la nage et le dévorèrent dans ses remparts.

La légende suivante peut être citée comme la contre-partie morale de celle-ci. La Fontaine en eût fait une charmante fable.

Un pauvre marchand colporteur s'en allait à pied le long des plaines de la Bohême, la bourse vide, la besace vide. Il était loin encore de toute habitation, et il ne lui restait qu'un morceau de pain épargné sur son dîner de la veille. Il s'assit auprès d'une fontaine, et commença son frugal repas sans savoir s'il pourrait en faire un second dans la journée. Pendant qu'il était là, une souris s'approcha de lui et leva la tête d'un air suppliant comme pour lui demander l'aumône. — Pauvre petite bête, dit le marchand, tu es donc encore plus malheureuse que moi! Voilà tout ce qui me reste, mais je ne mangerai pas sans toi. Et il émietta son pain et le posa à terre devant elle. Le déjeuner fini, il va boire à la fontaine, et, en revenant, devinez ce qu'il aperçoit? La petite souris qui apportait une à une des pièces d'or près de son bissac. Elle en avait déjà apporté trois, et elle allait chercher la quatrième. Il la suivit, élargit le trou par lequel elle entrait, et trouva un trésor.

Si de ces légendes humaines nous descendons d'un degré l'échelle de la nature, voici tous les animaux apocryphes tant de fois dépeints par les hommes crédules du moyen âge. Voici les loups-garous * à l'œil de feu, à la gueule sanglante; voici les couleuvres qui sortent de leur grotte avec une couronne d'or sur la tête, et le dragon, qui joue un si grand rôle dans l'*Edda* et les *Niebelungen*, dans les *Folkvisor* et les *Kœmpeviser*. Spenser a fait une horrible description du dragon. Son corps est couvert d'écailles épaisses; ses griffes sont plus tranchantes que le glaive, plus dures que l'acier; ses yeux étincèlent comme deux larges boucliers; ses ailes ressemblent à deux grandes voiles enflées par le vent; une vapeur épaisse et sulfureuse s'exhale de sa gueule. Quand il prend son vol, les nuages effrayés fuient à son approche, et le ciel le regarde, étonné de sa force **.

Les Allemands représentaient le dragon comme un animal monstrueux qui gardait des trésors, quelquefois aussi comme un être infernal à qui il fallait dévouer chaque année une victime. Le dragon que tua Regnar Lodbrok, le vaillant roi de Danemarck, avait grandi avec le lingot d'or déposé sous lui. Le dragon

---

* Dans les traditions russes on trouve non-seulement le loup-garou, mais le loup ailé qui parfois se change en homme et combat l'épée à la main, puis reprend sa peau de loup et s'envole dans les airs.

** The Fairy Queen.

de Frankenstein étendit ses redoutables griffes sur la source d'eau qui alimentait le pays. On ne pouvait y puiser qu'en lui abandonnant de temps à autre une jeune fille. Un chevalier le tua; mais le dragon le piqua au genou, et le chevalier en mourut. En Suisse, quand l'orage a brisé sur sa route les arbres de la forêt et courbé les broussailles, les paysans disent encore : Le dragon a passé par là. Un berger tomba un jour dans une immense caverne, où il aperçut deux dragons. Cet homme avait la foi, il se recommanda à Dieu, et les dragons ne lui firent aucun mal. Mais il lui était impossible de sortir; et il passa là tout l'hiver, vivant, comme ses redoutables hôtes, d'une espèce de substance salée qu'il trouvait sur les parois de la caverne. Au printemps, il observa que les dragons se disposaient à prendre leur vol. Il se suspendit à la queue de l'un d'eux, et se laissa ainsi emporter hors de l'abîme. Quand il fut sur la terre ferme, il souhaita le bonjour à son coursier aérien, et s'en alla.

Sur les bords du Rhin, non loin de la riante ville de Bonn, le voyageur aperçoit au milieu des sept montagnes un rocher couvert de ruines qui s'élève vers le ciel comme une pyramide. On l'appelle Drachenfels (Rocher du Dragon). Il a inspiré à Byron d'assez beaux vers pour qu'on puisse se dispenser désormais d'en faire la description *. Au temps du

---

* The castled crag of Drachenfels
Frowns o'er the wide and winding Rhine.
CHILDE HAROLD. Cant. III.

paganisme, sur cette cime escarpée, vivait un dragon auquel les habitants du pays sacrifiaient leurs prisonniers de guerre. Un jour, dans une de leurs fréquentes batailles, ils prirent une jeune fille et la dévouèrent au monstre. Mais la jeune fille était chrétienne. Elle marcha avec courage vers le lieu du supplice, et, au moment où le dragon s'élançait contre elle en rugissant, elle tira de son sein un crucifix, et le lui montra. A cet aspect, le monstre poussa un effroyable mugissement, puis se précipita dans sa caverne, et jamais on ne l'a revu. Mais le peuple, témoin de ce miracle, écouta la parole de l'Évangile, et adopta le christianisme.

Le christianisme n'anéantit pas toutes les vieilles croyances populaires. Il les revêtit seulement d'une sorte de voile religieux. Les nouveaux prosélytes, si fervents qu'ils fussent, ne pouvaient renoncer si vite aux traditions de leurs pères. En se convertissant, ils voulurent convertir avec eux tous les êtres qu'ils avaient vénérés autrefois. Ils placèrent, comme le pape, la statue de saint au-dessus de la colonne païenne. Ils changèrent, comme les Anglo-Saxons, leurs temples païens en églises chrétiennes. Ils firent de leurs dieux des esprits célestes ou des anges rebelles, de leurs héros des martyrs, et ils gardèrent dans les pratiques du nouveau culte plusieurs de leurs anciennes superstitions. En même temps que le christianisme tolérait, par une espèce de transaction muette, ce qu'il ne pouvait empêcher, il introduisait parmi le peuple des cycles tout neufs de légendes, les légendes de patriarches, d'apôtres, de saints et de miracles, et les légendes du diable qui se présentent si souvent au moyen âge, et sous tant de formes.

Autour du diable se groupent les magiciens qui ont vendu leur âme pour un peu de science, comme Faust, et les sorcières qui assistent au sabbat. Elles se réunissent tous les samedis sur le Blocksberg et s'asseoient de chaque côté du bouc immonde. Les plus vieilles racontent avec orgueil leurs diaboliques prouesses. Les plus jeunes écoutent et tâchent de s'instruire. Puis l'heure du bal arrive, chaque sorcière donne le bras à quelque démon fourchu, et le musicien commence. Il a pour violon une tête de cheval, et pour archet une queue de chat, ce qui doit faire une étonnante musique. A la fin de cette joyeuse cérémonie, toutes les sorcières se prosternent jusqu'à terre devant Satan, et s'en retournent sur leur manche à balai.

Dans plusieurs contrées de l'Allemagne, il existe des monuments que la tradition attribue au diable. Près d'Altenbourg, on trouve un rocher que les efforts réunis de cinq cents hommes ne pourraient remuer. Le diable le posait sur sa tête comme un chapeau, et s'en allait fièrement à travers les campagnes. Il rencontra le Christ et le défia de porter un tel fardeau; mais le Christ souleva le rocher du bout du doigt, et le diable s'enfuit tout honteux.

Dans l'église de Goslar, on aperçoit au milieu de la muraille un trou qui n'a jamais pu être fermé. L'abbé de Fulda et l'évêque de Hildesheim se disputaient la prééminence, et leur orgueil alla si loin qu'ils en vinrent à se battre dans l'église. Le diable entra par ce trou pour empêcher toute réconciliation et soutenir l'ardeur des combattants.

Mais le plus souvent les légendes ne représentent pas le diable sous cet aspect terrible qu'on lui a attribué depuis. Ce n'est plus ce génie puissant qui gouverne l'abîme, et dans son orgueil d'ange déchu lutte avec Dieu même. C'est un malheureux qui a bien de la peine à peupler son royaume de quelques âmes abandonnées, et qui s'en va attendre au coin des bois, au bord de l'eau, la femme qui oublie de prier et l'homme qui désespère. Ce n'est plus cet esprit insinuant, dangereux, dont le regard fascine, dont la parole se glisse si doucement dans le cœur. C'est un être vulgaire qui spécule sur le salut des hommes, et marchande une conscience, comme un Normand marchanderait un arpent de terre; dans toutes ses transactions, il est toujours de bonne foi, et toujours il est joué; il remplit fidèlement ses promesses, et c'est un grand sujet de triomphe pour les moines et pour les paysans d'éluder leur parole, et de le tromper. Au bout du compte, il perd à chacun de ses marchés son or, ses peines, son industrie; vraiment, à le voir ainsi fatigué, joué, honni, le pauvre diable fait pitié.

Quand on bâtit la cathédrale d'Aix-la-Chapelle, l'argent manqua, et le bourgmestre fut obligé de faire suspendre les travaux; c'était une grande désolation pour les bourgeois de la ville, qui s'enorgueillissaient déjà de voir briller le dôme de leur église. Le diable vint à leur secours. Il leur proposa d'achever à ses frais l'édifice, à condition que la première créature qui y entrerait lui appartiendrait. Le sénat accepte le marché, les ouvriers se mettent à l'œuvre; le temple de Dieu s'élève avec l'argent du démon, et en peu de temps la cathédrale est achevée. Il n'y manque ni une vitre, ni une dorure. La grande question alors était de savoir qui voudrait payer le diable; personne ne s'en souciait. On avait beau sonner les cloches, annoncer une grande fête, pas une âme ne prenait le chemin de l'église; les prêtres eux-mêmes s'en tenaient aussi loin que possible, et ceux qui se sentaient quelque péché capital sur la conscience restaient plus loin encore. A la fin un sénateur de la ville, homme d'esprit, et depuis ce temps vénéré comme un saint, avisa un bon moyen de tromper le diable. Il fit prendre un loup dans la forêt, on l'amena un dimanche matin à la porte de l'église, les cloches sonnèrent, la grande porte s'ouvrit, deux hommes lâchèrent le loup dans la nef; le diable, qui était aux aguets, s'élança sur lui, et, s'apercevant qu'il ne tenait entre ses mains qu'un misérable loup, il secoua la porte d'airain du temple avec tant de force et de colère qu'il la brisa. Mais le lendemain, les prêtres entrèrent en procession dans l'église, et le peuple vint paisiblement y prier.

Voici une autre histoire qui ne fait pas moins d'honneur à la bonhomie du diable. Un paysan de la Hesse avait grand besoin de bâtir une grange, mais était hors d'état de subvenir à une telle dépense. Un jour, il se promenait dans la campagne en rêvant aux moyens de réaliser ses désirs, lorsqu'il vit venir à lui un petit vieillard qui lui dit : « Je sais ce qui t'inquiète, je me charge de bâtir ta grange d'ici à demain matin, au premier chant du coq, si tu t'engages à me donner un bien que tu possèdes, mais que tu ne connais pas encore. » Le paysan, qui savait fort bien tout ce qu'il possédait, crut faire un bon marché, et s'en vint tout joyeux le raconter à sa femme. Mais sa femme lui dit : « Malheureux, qu'as-tu fait ! je suis enceinte. C'est là ce bien dont le diable a parlé, et tu lui as livré notre enfant. » Cependant le diable se met à l'œuvre. Des milliers d'ouvriers taillent les pierres, scient les poutres. Dans l'espace de quelques heures ils ont jeté les fondements de la grange, bâti les murailles. Déjà les portes roulent sur leurs gonds, les volets sont suspendus aux fenêtres, et le toit est couvert. Il ne restait plus qu'une ou deux tuiles à placer, et il était encore nuit. La femme du paysan, qui avait suivi tous ces travaux avec attention, s'en va dans la basse-cour, et imite si bien le chant du coq, qu'à l'instant tous les coqs se réveillent et se mettent à chanter. Le diable s'enfuit en colère, et jamais on n'a pu placer la tuile qui manquait. Le jour, la main du couvreur la joignait aux autres; la nuit, une main invisible l'enlevait.

Les bonnes gens d'Allemagne, qui racontent ces chroniques, disent qu'aujourd'hui le diable n'a pas besoin de se donner tant de peine pour acheter les âmes des hommes, et qu'elles vont bien à lui sans qu'il vienne les chercher.

Nous venons de raconter les traditions féeriques et superstitieuses de l'Allemagne. A côté de ce cycle varié, infini, qui remonte jusqu'à la poésie païenne de l'Orient, et redescend aux plus mystérieux symboles du christianisme, il en est un autre non moins vaste, non moins imposant, c'est celui des traditions historiques. Cette fois, nous passons de l'être fictif à l'être réel, d'une nature de convention à la nature vraie. Si nous portons nos regards vers les fleuves au cours lointain, vers l'immense espace des mers, ce ne sera plus pour y chercher les Nixes aux blonds cheveux qui habitent au fond des vagues des palais de cristal, ou l'esprit des eaux qui attire à lui les âmes des noyés; ce sera pour y voir passer la petite barque du batelier, qui dans l'orage se recommande à la Vierge, ou le bateau qui emporte le pèlerin à la chapelle, le chevalier à la croisade, ou le vaisseau armé d'un éperon de fer sur lequel le hardi pirate s'en va sillonner l'Océan, chercher les combats. Si nous nous égarons dans la forêt, nous n'entendrons plus résonner le cor d'Obéron ou le sifflet d'Ariel; mais voici Geneviève la belle, la dolente, qui pleure assise au pied d'un arbre; voici Berthe échappée à la cruauté de Tibert, qui s'agenouille, implore le ciel, et regrette sa douce terre de Hongrie et sa bonne mère la reine Blanchefleur. Si nous gravissons la montagne, ne songeons plus ni aux géants qui habitent dans les larges cavités du roc, ni aux nains qui forgent les métaux ; voici les hauts remparts où retentit le cri de guerre ; voici la blanche tourelle où la châtelaine salue encore de loin le chevalier qui s'en va. Si nous descendons dans la vallée, nous ne verrons plus tourbillonner autour de nous les sylphes ailés ; mais la cellule de l'ermite va nous conter ses miracles, et l'abbaye nous ouvre son livre de chroniques.

Toutes ces traditions allemandes dont nous avons à parler ne sont pourtant pas dépourvues de merveilleux ; mais elles ont du moins une base certaine, elles reposent sur un fait. Le peuple, entraîné par son imagination, les a brodées et embellies, il les a entourées d'images poétiques, mais sans altérer leur caractère primitif, le nom qu'elles célèbrent, l'événement qu'elles constatent.

Chaque abbaye d'Allemagne, chaque château, chaque forteresse a sa légende. De nos jours, quand on pose la première pierre d'un édifice, on y place une médaille. Autrefois on consacrait un monument nouveau par une légende. Le monument est tombé en ruines, la légende est restée. Aujourd'hui, quand nous bâtissons une de nos demeures, une seule chose nous préoccupe, c'est de savoir combien elle nous coûtera, et si elle sera assez confortable. Au moyen âge, une pensée d'amour, d'héroïsme, de religion, s'attachait à toutes les constructions comme à toutes les entreprises. Un chevalier qui avait long-temps couru le monde s'en revenait fatigué de ses aventures, repentant de ses fautes. Il vendait tous ses biens, en distribuait une partie aux pauvres, et avec le reste bâtissait un cloître. Un grand seigneur qui dans la croisade tombait au pouvoir des Sarrasins, priait la Vierge de le délivrer, et à son retour il lui consacrait une chapelle. Un baron de Bavière trouve un jour au pied d'un rocher le corps sanglant de sa bien-aimée, et à l'endroit où la jeune fille a rendu le dernier soupir, il élève un monument religieux. Une reine d'Allemagne, assise à son balcon, laisse tomber son voile, elle s'en va le chercher jusque dans la forêt, et, comme s'il avait été amené là par le souffle de Dieu, elle bâtit une abbaye près du buisson où le voile s'est arrêté. Notre charmante église de Brou a été rêvée dans un rêve d'amour et bâtie dans une pensée de deuil, et les chapelles votives qui de loin apparaissent au sommet de nos collines, au bord de nos lacs, disent assez par la place qu'elles occupent, par le nom qu'elles portent, par les inscriptions qu'elles renferment, à quelle douleur elles doivent servir de refuge, à quel souvenir elles sont vouées.

En Allemagne comme en France, c'est dans les abbayes qu'on a écrit et conté toutes les légendes religieuses, les légendes de saints et de miracles, et celles des expiations de péchés, et celles des juifs, cette pauvre race errante si cruellement persécutée par le moyen âge. Dans l'un et l'autre pays on retrouve les mêmes préjugés, les mêmes dogmes attachés à des faits différents, et revêtus d'une différente forme. On croyait en Allemagne que les juifs exerçaient la sorcellerie, qu'ils se livraient dans l'intérieur de leurs maisons à d'horribles impiétés, et que, pour opérer leurs maléfices, ils déterraient les morts et massacraient les petits enfants. Un jour, une pauvre femme de village travaillait dans les champs; elle était seule, elle avait laissé son mari et son enfant à la maison. Tout à coup, un affreux pressentiment la saisit, et trois gouttes de sang lui tombent sur la main. Elle accourt, elle demande son enfant; mais son mari lui dit qu'il l'a vendu à des juifs qui viennent de l'égorger, et lui montre les pièces d'or qu'il a reçues. Un instant après, ces pièces d'or se changèrent en feuilles d'arbre. La malheureuse femme mourut de douleur, le mari devint fou, et les juifs furent brûlés. On connaît la tradition de l'hostie percée par un juif. Elle a été racontée maintes fois, elle a été peinte avec un art admirable sur les vitraux d'une des églises de Rouen. Elle se retrouve aussi en Allemagne, seulement avec quelques modifications.

On sait qu'en France les moines délivraient autrefois des passe-ports pour aller tout droit en paradis. Un seigneur franc-comtois donna en mourant une vigne magnifique à un couvent de Besançon. Les religieux lui remirent en échange un contrat scellé de leur sceau par lequel ils s'engageaient à lui donner au ciel autant de place qu'il leur en laissait dans ce monde. Pour l'exécution de leur promesse, ils l'adressaient à saint François, qui devait le mener directement à saint Pierre. En Allemagne, mêmes contrats, même crédulité. Rodolphe de Strattelinger était un prince fourbe, ambitieux, cruel, également haï et de ses voisins et de ses sujets; mais il protégeait les moines, il enrichissait les églises. Quand il mourut, les diables accoururent pour s'emparer de son âme. Déjà ils la tenaient entre leurs griffes, et ils allaient l'emporter, lorsque l'archange Michel, se souvenant du respect constant de Rodolphe pour les prêtres et de ses libéralités pieuses, vint combattre les diables. Pour prévenir une bataille qui pouvait durer long-temps, on résolut de part et d'autre de peser équitablement les mérites du mort. On mit dans la balance, d'un côté, ses injustices, ses meurtres, ses vols à main armée; de l'autre, sa condescendance envers les religieux, ses aumônes aux pauvres, ses dons aux églises. Le diable, s'apercevant que le bassin l'emportait de beaucoup sur l'autre, se suspendit au bassin des péchés pour rétablir l'équilibre, et il allait faire condamner l'âme de Rodolphe, quand l'archange Michel, remarquant cette supercherie, tira son glaive flamboyant et précipita le démon dans les enfers.

L'histoire suivante, conçue dans le même esprit, est encore plus explicite.

A la mort de l'empereur Henri II, les diables sortirent aussi en toute hâte de l'abîme pour venir s'emparer de son âme. On pesa aussi ses vices et ses vertus. Ses vices étaient bien lourds et en grand nombre. Les diables triomphaient; mais, par bonheur pour lui, l'empereur avait donné une fois dans sa vie un calice d'or à une église. Voilà saint Laurent qui s'approche et jette le calice dans la balance. Aussitôt le bassin des vertus l'emporte, l'âme joyeuse s'élance vers le ciel, et les pauvres diables s'en vont tout honteux.

Telles sont les légendes d'église, souvent cruelles, souvent entachées de superstition et d'égoïsme, mais plus souvent encore admirables par leur candeur, leur effusion religieuse, leur loi de charité.

Celles de châteaux ne sont que des légendes de guerre ou d'amour. Au cycle purement germanique sont venus se joindre tous ceux qui sont enfantés par la Provence et l'Armorique, par l'Angleterre et l'Espagne. Dans le pays de Souabe comme dans le pays de Cornouailles, les chroniqueurs ont raconté les aventures de Tristan; les poètes ont chanté la belle Yseult. Dans la Thuringe, Wolfram d'Eschenbach a fait revivre le nom d'Arthur et de Parcival, et le roman de Fleur et Blanchefleur, de la Fée Mélusine, de Maguelonne; les magies de Virgile ont été imprimées pour le peuple à Nuremberg et à Cologne, comme elles l'étaient à Troyes et à Paris.

Le plus célèbre de tous les héros de tradition allemande, c'est Charlemagne. Cette tradition lui prête, il est vrai, des aventures auxquelles ni Eginhard, ni même l'archevêque Turpin, n'avaient jamais songé. Mais tous les peuples ont pris la même liberté à l'égard de notre vieil empereur. Un poème anglo-normand, publié par M. Fr. Michel, le fait voyager à Constantinople et à Jérusalem, et la chanson de Roland, dont nous devons aussi la publication au zèle de

M. Fr. Michel, agrandit singulièrement le cadre habituel de la bataille de Roncevaux.

Un jour, dit la tradition allemande, Charlemagne part pour la Hongrie. Il voulait aller convertir les païens. Il embrasse sa femme Hildegarde et lui dit : Attends-moi dix ans. Si à cette époque je ne suis pas revenu, tu pourras te regarder comme veuve et te marier. Neuf ans se passent. Les grands du royaume, n'apprenant plus rien de Charlemagne, pressent Hildegarde de se choisir un autre époux. Long-temps elle s'y refuse, mais ils redoublent leurs instances, et elle cède. L'époux est choisi, le mariage est arrêté. Une nuit, Dieu envoie un de ses anges à Charlemagne pour le prévenir de ce qui se passe. Aussitôt Charlemagne monte à cheval, et, par la puissance de son guide céleste, arrive en trois jours du fond de la Hongrie à Aix-la-Chapelle. Il était temps. Déjà les cloches sonnent, les sacristains décorent l'église, les comtes et les barons caracolent autour du palais; et quand l'empereur demande ce que signifient tous ces préparatifs de fête et ce mouvement de la foule, on lui dit que le lendemain Hildegarde se marie. Le bon empereur ne se fait pas reconnaître. Il passe la nuit dans une auberge, mais le lendemain matin, à l'heure où l'on allait célébrer la messe solennelle, il entre le premier dans l'église. Il y avait au haut de la nef un siége doré qui ne pouvait être occupé que par l'empereur. Il va s'y asseoir, tire sa large épée, la pose nue sur ses genoux et attend. Le premier prêtre qui aperçut cet homme à cheveux blancs, assis sur le trône impérial et roulant autour de lui des regards de colère, jeta un cri d'effroi. Les autres prêtres accoururent aussitôt, et l'évêque, s'avançant avec ses habits pontificaux, demanda au majestueux vieillard qui il était : « Qui je suis ? s'écria Charlemagne d'une voix tonnante. Ne me reconnaissez-vous pas ? Je suis votre empereur que vous deviez servir, que vous avez trahi. » L'évêque se jette dans ses bras ; le peuple le salue avec des acclamations de joie. Puis Hildegarde bénit le ciel qui lui a rendu son époux.

N'est-ce pas là la vieille Odyssée d'Ulysse appliquée à d'autres noms, mélangée d'autres faits. Cette histoire d'un homme qui s'en va courir le monde, et revient chez lui sans être reconnu, et trouve sa femme mariée ou prête à se marier, n'appartient pas à un seul pays, à un seul individu, mais à tout un cycle de traditions, à toute une époque ; elle se présente à chaque instant dans les livres de légendes, notamment en Allemagne dans ceux de Mœringer et de Henri-le-Lion ; en Espagne, dans le romance du comte d'Irlos ; en Franche-Comté, dans la chronique du sire de Palud.

Une autre tradition rapporte que Charlemagne, étant à Aix-la-Chapelle, devint amoureux d'une femme qui n'était ni jeune ni belle. Chacun s'étonnait de cette singulière passion. Plus d'une fois même, ceux qui pouvaient lui parler librement lui représentèrent le mauvais choix qu'il avait fait. Mais ni les conseils ni les reproches ne l'arrachaient à son entraînement. Cette femme mourut, et il la pleura amèrement. Il se fit apporter son corps dans sa chambre. Il la garda auprès de lui et passa des jours et des nuits à la contempler. Déjà le cadavre commençait à tomber en putréfaction, et Charlemagne, absorbé dans son amour, ne s'en apercevait pas. A la fin, l'archevêque Turpin soupçonna qu'une telle passion pourrait bien ne provenir que d'une œuvre de magie. Il entra dans la chambre où était le corps de la morte. Il la fit visiter, et trouva sous sa langue un anneau d'or qu'il emporta. Quand Charlemagne revint, on eût dit qu'il s'éveillait tout à coup d'un long sommeil. Il promena autour de lui des regards surpris, et demanda avec colère qui avait apporté dans sa chambre ce cadavre infect. Mais aussitôt toute son affection se tourna du côté de l'archevêque. Il voulut le voir à toute heure du jour, il le suivit partout. Le digne archevêque comprit alors toute la puissance de l'anneau; et, prévoyant les malheurs qui pourraient arriver si ce magique talisman venait à tomber entre les mains d'un méchant homme, il le jeta dans le lac. Voilà pourquoi, dit-on, Charlemagne aimait tant la ville d'Aix-la-Chapelle et son lac.

Othon III fit un jour ouvrir le tombeau de Charlemagne. Il trouva le vieil empereur assis sur son fauteuil, la couronne sur la tête, le sceptre à la main. La mort n'avait point altéré les traits de son visage, et, à le voir ainsi dans une attitude majestueuse, le corps droit et les épaules couvertes de son manteau, on eût pu se croire encore aux jours où il régnait à

Aix-la-Chapelle. Les barons de l'empire s'inclinèrent devant lui, et le fier Othon le contempla avec respect.

Le nom de Roland a été, comme celui de Charlemagne, chanté et popularisé parmi les Allemands. Vers la rive gauche du Rhin, non loin du Drachenfels, on aperçoit une île, une demeure riante, au milieu d'un vert enclos. Cette île est dominée par une montagne rocailleuse au-dessus de laquelle apparaît une tour et des remparts en ruines. C'est là ce qu'on appelle le *Rolandseck* ; c'est là que la tradition a long-temps fait vivre le vaillant neveu de Charlemagne. Un matin je côtoyais dans une barque ces rives poétiques, et quand nous arrivâmes en face de l'île, en face du vieux château, le batelier me raconta dans son langage simple et sans art cette légende :

>Sur ce sol riant et fertile
>S'élevait jadis un couvent,
>Couvent de femmes, saint asile.
>On y venait de loin souvent.
>
>C'est là qu'Hildegonde la belle
>A Dieu consacra son destin.
>Un chevalier dans la chapelle
>L'aperçut et l'aima soudain.
>
>C'était Roland, homme de guerre,
>Un brave comte craignant Dieu.
>Il aimait. Il eût voulu plaire,
>Mais Hildegonde avait fait vœu.
>
>Alors là-bas, sur la colline,
>Il alla bâtir ce château

Dont on ne voit que la ruine
Triste et pendant sur le hameau.

Là, songeant à la jeune fille,
Sans cesse il eût voulu la voir.
Dans les murs, derrière la grille,
Il la cherchait matin et soir.

Et puis là-haut dans sa retraite,
La nuit il allait s'enfermer,
Oubliant jeux, tournois et fête,
Heureux tout seul, heureux d'aimer.

Un jour la cloche au cloître tinte
D'un son qui lui va jusqu'au cœur ;
Il écoute, entend une plainte
Profonde et d'amère douleur.

Puis un long convoi se déroule,
Avec les vêtements de deuil.
Et de loin, à travers la foule,
Ses yeux distinguent un cercueil,

Un crucifix, une couronne,
Des roses blanches, un drap noir.
Il regarde, pâlit, s'étonne.
C'était elle... Il cessa de voir.

Il s'enfuit en terre étrangère,
Laissant son château sans soutien,
Cherchant les périls et la guerre ;
Et de lui on n'apprit plus rien.

Mais l'hiver, pendant les nuits sombres,
On raconte encore au hameau
Que l'on a vu deux blanches ombres
Planer au-dessus du château.

Toutes les forteresses en ruines, tous les châteaux aux blanches tourelles qui dominent les coteaux pittoresques du Rhin, les sommités du Thuringerwald, les montagnes de la Silésie, ne rappellent pas au voyageur des histoires empreintes d'une telle mélancolie. Il en est que la tradition signale comme le séjour des méchants esprits, et devant lesquels les crédules enfants d'Allemagne font le signe de la croix en passant. Le peuple du moyen âge aimait à idéaliser la mémoire des princes qui s'étaient montrés tendres et généreux envers lui; mais il flétrissait à tout jamais par un conte, par un poëme, le nom de ses tyrans. C'était là sa vengeance. Pour toutes les exactions qu'il avait subies, pour les larmes qu'il avait versées, pour le sang qu'il avait répandu, il imaginait une légende. Comme les Égyptiens, il faisait le procès de l'homme après sa mort; il l'appelait à son redoutable tribunal, et le condamnait dans ses chants populaires, dans ses livres, à des remords sans fin. Ici, l'insatiable baron, qui toute sa vie a dérobé le bien de ses sujets, se roule avec des cris de douleur sur l'or qu'il a injustement amassé. Là, celui qui a commis un meurtre erre sans cesse avec une plaie saignante au cœur. Ailleurs, celui qui a méprisé les douleurs de la pauvre veuve, les larmes de l'orphelin, revient au milieu des nuits demander une prière aux enfants de ceux qu'il a offensés.

Dans la Bohême, on montre au voyageur les ruines du château de Kynast, et l'on raconte cet étrange roman. Le maître de ce château n'avait qu'une fille, appelée Cunégonde, à laquelle il légua en mourant tous ses biens. Cunégonde était belle, mais elle avait l'âme dure et orgueilleuse. Quand les vieux serviteurs de son père la prièrent de se choisir un époux, elle les conduisit au-dessus d'un abîme, au sommet d'un roc escarpé, où l'homme le plus brave ne posait le pied qu'en tremblant, et elle leur dit : Si quelqu'un songe à m'épouser, il faut qu'il gravisse à cheval cette cime élevée, et j'en jure par tout ce qu'il y a de plus saint, celui-là seul qui pourra soutenir cette épreuve aura droit à m'appeler sa femme. Plusieurs chevaliers essayèrent d'accomplir cette terrible condition, et tous succombèrent. Les uns accouraient séduits par la beauté de Cunégonde, d'autres entraînés par l'ambition, d'autres par un fol orgueil ; et l'impitoyable jeune fille vit périr avec la même indifférence ceux qui l'aimaient sincèrement et ceux qui aspiraient à partager ses principautés. Un jour, trois nouveaux chevaliers vinrent tenter la même entreprise. C'étaient les trois enfants d'une famille puissante, tous trois jeunes, beaux, braves ; ils attiraient tous les regards, et tous les vœux de la foule les suivaient. L'un après l'autre ils essayèrent de gravir le roc fatal. Le premier n'était pas à moitié chemin que son cheval fit un faux pas et le précipita dans l'abîme ; le second échoua un peu plus haut ; le troisième s'avança avec plus de précaution, et déjà il avait surmonté les principaux obstacles, déjà il approchait du but, quand tout à coup une plante humide le fit glisser, et il roula de roc en roc jusqu'au fond du gouffre béant. Le peuple poussa un cri de douleur à la vue de ce spectacle cruel, et Cunégonde elle-même se sentit émue. Mais bientôt elle reprit sa superbe indifférence, et regarda sans un seul battement de cœur tomber tous ceux que l'aspect de la montagne sanglante n'avait pu effrayer. Un matin, le son du cor annonce l'arrivée d'un étranger. Un chevalier entre dans le château ; il porte une armure étincelante ; une plume d'aigle flotte sur son casque, et ses longs cheveux noirs tombent sur ses épaules. Celui-là est beau, plus beau que tous ceux qui l'ont devancé. Son regard respire la fierté, son attitude est imposante. Cunégonde, en le voyant, éprouve un sentiment de crainte et d'amour qu'elle n'avait jamais connu auparavant. Quand il lui annonça le désir qu'il avait de gravir la montagne, elle pâlit, elle trembla, elle eût voulu l'arrêter au bord du chemin, l'enlacer dans ses bras, et lui jurer à l'instant même une fidélité éternelle. Mais lui voulait achever son périlleux voyage. Il se met en route ; il monte par le sentier tortueux, par les rochers à pic. Cunégonde le suit avec anxiété ; elle compte chacun de ses pas et chacun des périls qu'il doit surmonter. Quand elle le voit tourner avec adresse les obstacles, se tenir debout sur la pente la plus escarpée, son cœur tressaille ; elle lève les yeux au ciel, elle prie, elle espère, puis un instant après elle retombe dans ses angoisses. Cependant le chevalier poursuit son chemin ; il s'élève de cime en cime, et tout à coup il arrête son cheval. Il est arrivé à la dernière sommité, et son panache ondoie au-dessus de l'abîme. A cette vue, Cunégonde se jette à genoux, et l'air retentit de ses exclamations de joie. Puis elle accourt, elle se précipite au-devant de l'étranger. Mais lui, la repoussant avec mépris : « Va-t'en loin de moi, lui dit-il, misérable femme qui as fait verser tant de pleurs ; souviens-toi de tant de nobles chevaliers dont tu as causé la mort. Souviens-toi de ces trois frères que tu as vus sans pitié périr l'un après l'autre. Je suis venu pour les venger. Tu m'aimes, et moi je te maudis. »

A ces mots il s'éloigne, et la malheureuse Cunégonde, torturée par son amour, en proie à ses remords, s'élance au-dessus de la montagne, et se jette dans le gouffre où sont tombées ses victimes.

Cette tradition de Cunégonde fait un singulier contraste avec les autres traditions d'amour répandues en Allemagne. Dans presque toutes, l'amour apparaît humble et candide, fidèle et résigné. Il grandit à l'écart, il se développe dans la solitude, il s'épanouit comme une fleur. La jeune fille se dévoue à celui qu'elle aime ; elle le prend pour son protecteur, pour son maître ; elle s'associe de cœur et d'âme à son destin. S'il souffre, elle souffre avec lui ; s'il commande, elle obéit ; s'il revient blessé d'une bataille, elle panse ses plaies et le veille sans relâche ; s'il est absent, elle se retire loin du monde et l'attend de longues années, et demande à toutes les vagues du fleuve qui s'écoulent, à tous les nuages qui passent, s'ils ne l'ont point vu, s'il ne reviendra pas bientôt.

Auprès de Hirzenach, on aperçoit les restes de deux châteaux. Deux frères les habitaient : ils avaient été élevés avec une jeune orpheline, et tous deux l'aimaient avec la même passion. Quand elle fut en âge de se marier, ils s'offrirent l'un et l'autre pour l'épouser, et la prièrent de choisir. La jeune fille n'osait. Mais l'aîné, ayant cru remarquer qu'elle préférait son frère, sacrifia généreusement ses prétentions, et partit. Le second, avant de se marier, voulut faire un voyage en Terre-Sainte ; et, quelques années après, on apprit qu'il était de retour en Allemagne, ramenant avec lui une jeune Grecque qu'il voulait épouser. A cette nouvelle, le frère aîné, irrité de le voir manquer à ses engagements envers celle qu'il avait lui-même si long-temps aimée, et qu'il aimait encore, veut punir son parjure, et l'appelle en duel. Le jour du combat est fixé. Les deux frères se réunissent à moitié chemin de leur château : ils tirent le glaive, ils s'avancent l'un contre l'autre, quand tout à coup la jeune fille se jette au milieu d'eux, et les apaise par ses paroles, par son regard. Au lieu de lutter ensemble, ils s'embrassent, ils se jurent une amitié éternelle. Mais celle qui les avait réconciliés s'en va, sans se plaindre de celui qui l'a trahie, et s'enferme dans un couvent.

Voici une autre tradition dont on ferait un roman digne d'être mis à côté de celui d'Aucassin et Nicolette.

Un chevalier lorrain, nommé Alexandre, part pour visiter le Saint-Sépulcre. Sa femme lui remet, en le quittant, une camisole blanche sur laquelle elle a brodé une croix rouge. « Tiens, lui dit-elle, porte-la toujours. Cette camisole est le symbole de ma fidélité; rien ne peut la ternir. » Le chevalier est pris par les Sarrasins, envoyé au sultan et condamné à traîner la charrue. Dans tous ses travaux, il porte constamment sa camisole, et ni la pluie, ni la poussière, ni la boue, ni le sang, ne peuvent y imprimer une tache. Elle est blanche comme le jour où la main de la jeune femme l'acheva. Les gardiens d'Alexandre, ayant remarqué ce fait, vont le raconter au sultan, qui appelle son prisonnier et lui demande d'où lui vient ce merveilleux vêtement. « C'est un présent de Florentine, ma femme, dit Alexandre; c'est un symbole de sa fidélité. » Le sultan envoie un de ses affidés à Metz, avec l'ordre d'employer tous les moyens pour séduire Florentine. Mais le Sarrasin prodigue vainement les promesses, les présents; la jeune femme reste insensible à toutes ses galanteries. Quelque temps après elle prend un habit de pèlerin, une harpe, et s'en va de rivage en rivage jusqu'en Palestine. Elle arrive dans la contrée où est son mari. Elle entre dans le palais du prince; et chante si bien que le sultan la prie de dire elle-même ce qu'elle veut avoir pour récompense. Elle demande la liberté d'un prisonnier, choisit son mari, et, sans se faire reconnaître, reprend avec lui le chemin de Metz. A deux ou trois journées de distance de cette ville, elle dit à son compagnon de voyage : « Je suis obligée de vous quitter; voilà votre route, voici la mienne. Pour prix du service que je vous ai rendu, donnez-moi un morceau de votre camisole. » Le chevalier le lui donne. Elle s'en va par le chemin le plus court, arrive à Metz vingt-quatre heures avant lui, revêt ses habits de femme; et lorsque son mari paraît elle le reçoit avec toutes les marques de la joie et de la surprise, comme si elle ne l'avait pas vu depuis le jour où il est parti. Cependant les amis d'Alexandre viennent lui communiquer leurs soupçons. Ils lui racontent que sa femme a été absente pendant longtemps, et qu'on ne sait où elle est allée, et comment elle a vécu. La jalousie s'empare du chevalier. Il convoque un jour ses parents, ses amis; et là, au milieu de cette assemblée solennelle, il somme sa femme d'expliquer sa conduite. Florentine lui demande la permission de sortir un instant. Elle entre dans sa chambre, et reparaît bientôt avec son habit de voyage, avec sa harpe sous le bras et le morceau de camisole à la main. Le chevalier reconnaît l'adorable pèlerin qui l'a délivré, et se jette à ses genoux.

Toutes ces traditions d'Allemagne rendent un culte suprême à la beauté. Chaque fois que la beauté apparaît, ou dans une légende, ou dans un chant populaire, elle émeut, elle subjugue, elle efface toutes les distances. Fille du peuple, elle monte au rang des patriciens. Les hommes les plus fiers de leur naissance recherchent son sourire; les rois se lèvent devant elle comme les vieillards troyens devant Hélène.

La fille d'un prince aime un pâtre des montagnes, et meurt de douleur, parce qu'il n'a pu être son époux.

La femme d'un puissant margrave aime un jeune

menuisier. Elle le fait venir auprès d'elle et l'embrasse. Le margrave apprend cette infidélité, et condamne le menuisier à mort. Mais la jeune femme le sauve, lui dit de partir, et lui mettant un rouleau de ducats dans la main : « Tiens, lui dit-elle, va, et si le vin qu'on te servira dans les hôtelleries te paraît amer, bois du vin de Malvoisie, et si mes baisers te semblent plus doux, reviens en chercher. »

L'ascendant qu'exerce la beauté est quelquefois si grand, que le peuple l'attribue à la sorcellerie. Telle est l'histoire de Lore Lay racontée par le poète Clément Brentano :

« A Bacharach, au bord du Rhin, habite une magicienne. Elle est belle et gracieuse. Elle séduit facilement le cœur. Déjà plusieurs hommes ont souffert pour elle. Une fois qu'on est tombé dans ses liens d'amour, on ne peut plus s'en délivrer. »

L'évêque la cite devant le tribunal ecclésiastique. Il voulait la condamner, mais il n'en eut pas la force, tant il la trouva belle. « Dis-moi, s'écria-t-il avec émotion, dis-moi, pauvre Lore Lay, qui donc a fait de toi une méchante sorcière ?

— Seigneur évêque, laissez-moi mourir. Je suis lasse de la vie ; car tous ceux qui me regardent sont condamnés à souffrir. Le feu magique est dans mes regards, et mon bras est une baguette magique. Jetez-moi dans les flammes, détruisez mes enchantements.

— Je ne peux pas te condamner avant que tu m'aies dit comment il se fait que ce feu magique ait déjà pénétré dans mon sein. Je ne peux pas te condamner, car mon cœur se briserait en deux.

— Seigneur évêque, ne vous moquez pas d'une pauvre fille. Priez plutôt, priez pour moi le Dieu de miséricorde. Je ne veux pas vivre plus long-temps. Je ne peux plus aimer. Condamnez-moi à mort. Voilà tout ce que je vous demande. Celui que j'aimais m'a trahi; il s'est éloigné de moi; il est parti pour la terre étrangère. La douceur du regard, le frais incarnat du visage, la suave mélodie de la voix, voilà ma magie. Moi-même j'en suis victime. Mon âme est pleine de douleur, et je mourrais si je voyais mon image. Faites-moi donc justice. Laissez-moi mourir. Tout a disparu pour moi dans le monde, depuis que je ne vois plus celui que j'aimais. »

L'évêque appelle trois chevaliers : « Conduisez-la, dit-il, dans un cloître. Va, ma belle Lore Lay; que le ciel ait pitié de toi! Tu deviendras nonne, tu porteras la robe noire et blanche. Prépare-toi sur cette terre au grand voyage de la mort. »

Les chevaliers partent pour le cloître, et regardent avec tristesse la belle Lore Lay.

« O chevaliers! s'écrie-t-elle, laissez-moi monter au-dessus de ce rocher. Je veux voir encore une fois la demeure de mon bien-aimé; je veux contempler encore une fois les vagues profondes du Rhin. Puis après nous irons au cloître, et je deviendrai la fiancée du Seigneur. »

Le roc est taillé à pic, difficile à gravir. Mais elle s'élance rapidement jusqu'à sa sommité, et là, debout, elle s'écrie : « Je vois un bateau sur le Rhin ; celui qui guide ce bateau doit être mon bien-aimé. Oui, c'est sans doute mon bien-aimé, et la joie me revient au cœur. »

A ces mots, elle baisse la tête et se précipite dans le fleuve.

Là s'arrête le chant du poète. Mais le peuple continue la tradition. Il raconte que Lore Lay apparaît encore au milieu du fleuve où elle s'est jetée, comme Sapho. Souvent on la voit à la surface des vagues tresser ses longs cheveux ; souvent, le soir, on l'entend jouer de la harpe et chanter, et ceux qui veulent s'approcher pour la voir de plus près, ou ceux qui prêtent l'oreille à ses chants, ne peuvent résister à la magie de sa voix, à la fascination de son regard. Ils abandonnent leur barque et se jettent dans les flots.

Ainsi, dans la poésie du peuple, la beauté est impérissable, et la mort, qui d'un souffle renverse les papes et les empereurs, la mort n'altère pas le charme d'un doux regard, la mélodie d'une voix de jeune fille.

J'ai esquissé rapidement ce tableau des traditions allemandes. On pourrait écrire sur ce sujet des volumes entiers. Les Allemands en ont préparé avec un zèle admirable tous les matériaux. Toute la moisson est là sur pied ; libre à chacun de la prendre. Entre autres bons ouvrages, j'indiquerai, à ceux qui voudraient faire une étude particulière de ces histoires du peuple, les livres des frères Grimm : *Deutsche sagen ; Kinder und Haus Mœrchen ;* les contes de Musœus; les traditions du Harz, du Thuringerwald, de la Silésie, par Büsching; de la Bohême, par Gerle; de la Hongrie, par le comte de Mailath; du pays de Saltzbourg, par Massmann; des bords du Rhin, par Schreiber et par Geib, etc.

ÉRIC XIV.

CHRONIQUE SUÉDOISE.

I.

Le 12 juillet de l'année 1561, la ville de Stockholm présentait un rare et curieux spectacle. Dès le matin, les bourgeois circulaient dans les rues, les cloches sonnaient dans les églises, les canons étaient rangés sur la grande place, et les fanfares des clairons retentissaient à la porte du château. A voir cette foule errant d'un lieu à l'autre avec une sorte d'inquiétude, on eût pu croire que la ville était menacée d'un grand péril, que les cloches sonnaient le tocsin et que toute cette population courait à la défense de ses remparts. Mais les bourgeois avaient revêtu leurs plus beaux habits, les femmes avaient natté leurs cheveux avec un soin tout particulier; et les enfants même étaient déjà parés comme pour un jour de fête. C'était, en effet, une circonstance importante. C'était le jour où Éric XIV, récemment couronné à Upsal, devait faire son entrée dans la capitale de ses états.

Depuis plus de trente ans, c'est-à-dire depuis l'avénement au trône de Gustave Wasa, il n'y avait point eu de solennité semblable. A cette époque, la Suède, épuisée par les guerres de partis, ravagée par l'invasion des Danois, toute saignante encore des plaies que lui avait faites la cruauté de Chrétien II, ne pouvait apporter à cette fête ni beaucoup de pompe, ni beaucoup de luxe, et le sage et héroïque Gustave, qui avait si noblement partagé les misères, les périls de son peuple, avait l'âme trop grande pour chercher à rehausser par un vain éclat une cérémonie dont un cri de joie et un cri d'amour partis du milieu de la foule devaient faire tout le charme. Mais dans le cours de son règne, le peuple, pareil à un malade confié à des mains habiles, avait vu peu à peu toutes ses blessures se cicatriser, la Suède avait repris une nouvelle splendeur, et la royauté s'était enrichie. Quand Gustave mourut, ses fils ouvrirent la chambre mystérieuse où il amassait, par une sorte de prévoyance douloureuse de l'avenir, le fruit de ses épargnes, et ils y trouvèrent d'immenses trésors. Une portion de ces trésors avait déjà été employée à envoyer en Angleterre de magnifiques ambassades pour négocier le mariage d'Élisabeth avec Éric. Le reste fut divisé entre les enfants du vieux roi, et l'imprudent Éric, aussi prodigue que son père était économe, avait fait une large brèche à sa part d'héritage pour préparer son couronnement. Tout ce qu'il y avait à cette époque de plus précieux, la soie et le velours, les broderies fines et les perles, devait servir d'ornement à cette solennité. Les marchands les plus renommés et les ouvriers les plus habiles avaient été mis en réquisition. De Hollande, on avait fait venir les insignes de la royauté, le sceptre, le globe, la couronne ; d'Angleterre, des caisses pleines de bijoux, de riches vêtements et de brillantes étoffes. L'entrée à Stockholm devait être, comme la cérémonie du couronnement à Upsal, préparée de manière à frapper tous les esprits. La cour avait son spectacle et le peuple le sien. Sur une des places les plus larges de la ville, on voyait des animaux extraordinaires que la plupart des naïfs citadins connaissaient à peine de nom ; des lions enfermés dans des cages de fer, des dromadaires que des étrangers revêtus d'un costume bizarre promenaient de long en large, et des oiseaux qui chantaient d'une merveilleuse façon. Ici, un ingénieux acteur représentait avec des marionnettes tout le drame de *Faust*, y compris sa mort terrible, son enlèvement par le diable et son supplice dans les enfers. Un peu plus loin, un astrologue expliquait l'influence des constellations et dévoilait les mystères de l'avenir. Ailleurs, un baladin se vantait, chose inouïe ! de pouvoir, dans l'espace de quelques minutes, couper la tête d'un homme, et la lui remettre pleine de vie sur les épaules. Quelques vieux bourgeois passaient avec une surprise mêlée d'effroi devant ces théâtres étranges, disant que tout cela n'était que mensonge ou sorcellerie, et que de telles sciences ne devaient point porter bonheur à un royaume. Mais les plus jeunes s'arrêtaient volontiers auprès des tréteaux où un habile jongleur jouait avec des boules et des épées, et les femmes tendaient à se rapprocher du magicien. Cependant, malgré sa distraction apparente, toute la foule était occupée d'un même désir et d'une même pensée. A chaque instant, les regards se tournaient vers la porte du Nord, et de distance en distance chacun demandait : Ne voit-on rien venir ? En jetant les yeux autour de soi, l'observateur le moins habile eût pu facilement reconnaître que ces scènes de marionnettes, d'astrologie et de jonglerie n'étaient, pour les spectateurs de tout rang et de tout âge, qu'une espèce de préliminaire à une autre scène plus grave et plus impatiemment attendue.

Vers midi, un nuage de poussière s'éleva sur la route, un son de trompettes et un bruit de chevaux se firent entendre. Au même instant, les tréteaux furent abandonnés, le peuple se précipita comme un torrent du côté des remparts : Éric allait venir. D'abord on vit apparaître une troupe d'hommes d'élite, couverts de riches armures et portant à la main des lances étincelantes ; puis les chevaliers nobles, habillés avec une élégance dont on n'avait point encore eu d'exemple ; les seigneurs du royaume, aux cheveux blancs, au front grave, marchant devant leur jeune prince comme des tuteurs devant leur pupille. Ensuite venaient les grands dignitaires de l'état, portant les insignes de la royauté, les gentilshommes illustres auxquels Éric avait donné la couronne de comte et de baron en prenant la couronne de souverain ; puis le duc Jean et son frère, et enfin le roi, monté sur un cheval superbe, qu'il guidait avec une dextérité et une grâce admirable. Il était suivi de ses deux gouverneurs, Burræus et Goran Persson, qui déjà commençaient à s'attirer la haine du peuple, et d'une troupe considérable de gentilshommes, d'écuyers, de soldats et de valets.

Éric touchait à sa vingt-huitième année. C'était peut-être le plus beau des enfants de Gustave, qui tous étaient remarquablement beaux. Il avait la taille moins haute que celle de son père, mais plus élégante, et le corps moins robuste, mais plus souple. Ses cheveux, d'un blond foncé, tombaient à grosses boucles sur ses épaules ; son front large et déjà sillonné par quelques rides précoces, ses yeux bleus recouverts de sourcils bruns, ses lèvres légèrement serrées, avaient une singulière expression de rêverie et de tristesse. Il y avait de la poésie dans son regard, de l'amertume dans son sourire, et toute sa physionomie aurait pu paraître trop douce aux yeux des vieux compagnons de Gustave, si une moustache épaisse et une longue barbe taillée en pointe ne lui avaient donné un caractère plus noble et plus ferme. Le costume qu'Éric avait choisi pour entrer à Stockholm servait encore à faire ressortir tous ses avantages. C'était un pourpoint en soie blanche qui lui serrait étroitement la taille, des culottes en soie de la même couleur ornées de rosettes, de grandes bottes en maroquin brodé, un manteau à l'espagnole retenu sur l'épaule par une agrafe en diamans, et un chapeau noir surmonté d'une plume d'autruche. Nul gentilhomme suédois n'était, du reste, aussi habile que lui à tous les exercices du corps; nul n'avait autant de dignité dans sa démarche et de grâce dans ses mouvements. Aussi, quand il apparut au milieu de son cortége, la foule surprise le regarda en silence, oubliant d'applaudir et de saluer. Mais une femme, qui, pour le mieux voir, était montée sur une des bornes de la route, ne put contenir son émotion. « Qu'il est beau! » s'écria-t-elle, et cette exclamation spontanée produisit aussitôt une explosion de cris de joie et d'admiration. Dans ce moment, le roi passait sous l'arc de triomphe qu'on lui avait élevé à la porte du Nord. Le carillon des cloches, les salves de l'artillerie, les fanfares des clairons, se mêlaient aux acclamations enthousiastes du peuple. Des milliers d'hommes, de femmes, d'enfants, se précipitaient par un mouvement unanime sur ses pas, étendant leurs mains vers lui et le regardant avec amour. C'était une de ces minutes enivrantes qui passent si vite et qui ne reviennent plus, un de ces instants où l'âme de l'homme se dilate dans le charme de ses émotions, où la pensée embrasse à la fois ce qu'il y a de plus doux dans la vie et de plus grand. Et le roi continuait sa marche, saluant avec un joyeux sourire tous ceux qui l'entouraient, et provoquant sans cesse un nouvel enthousiasme. Arrivé sur la place du Brunkeberg, son cheval fit un faux pas. Éric le releva avec un mouvement de mauvaise humeur, puis, se tournant vers le comte Svante Sture : Cette place, dit-il, doit-elle aussi m'être fatale? — C'est la place où les plus nobles têtes de Suède sont tombées sous le fer du bourreau, répondit Sture; peut-être le cheval de votre majesté a-t-il senti l'odeur du sang. — Pour tout autre, cet incident eût été sans conséquence; mais il produisit sur l'âme superstitieuse d'Éric une réaction subite. Son front se rembrunit, son regard se détourna avec une sorte d'inquiétude du spectacle si animé qui l'entourait, et son oreille parut insensible aux acclamations naguère encore si douces à écouter. Le peuple s'en aperçut, et son enthousiasme se refroidit presque aussitôt; les cris de joie diminuèrent. Éric entra dans la cour du château sans se retourner et sans envoyer un dernier adieu à ceux qui étaient venus si gaiement au-devant de lui. La foule resta encore quelques instants autour de la demeure royale, indécise, étonnée; puis, à la voir s'éloigner à pas lents, en silence, on eût dit qu'elle venait de comprendre les terreurs superstitieuses de son souverain, et qu'elle se retirait frappée d'un pressentiment fatal.

II.

Le soir de cette mémorable journée, un caporal des gardes du roi, nommé Mone, s'en retournait l'arme sur l'épaule dans sa demeure, lorsqu'il fut accosté par un jeune homme portant aussi l'uniforme militaire et l'aiguillette d'enseigne: — Ah! vous voilà, Maximilien, s'écria Mone en lui frappant sur l'épaule; eh bien! vous allez venir avec moi. Un bon sujet du prince Éric peut bien se permettre aujourd'hui la bouteille de bière. Mon vieux père nous fera peut-être grâce de ses citations bibliques, et vous ne serez pas fâché de voir ma petite Catherine.

A ce nom, les joues du jeune officier se couvrirent d'un léger incarnat. Il serra la main du caporal et le suivit en balbutiant quelques mots de remerciement.

— N'est-ce pas, dit Mone, c'était aujourd'hui une joyeuse journée? Vraiment la Suède n'en a pas eu beaucoup de semblables. Comme notre jeune roi monte bien à cheval, et quelle magnifique épée il portait à la main! Avez-vous vu? On dit qu'elle coûte plusieurs centaines de marcs.

Mais avant que Maximilien eût répondu à cette naïve exclamation, le caporal ouvrit la porte de sa demeure. C'était une de ces vieilles maisons en bois comme il n'en existe plus guère dans les villes de Suède. Elle était située dans une des rues les plus étroites et les plus sombres de Stockholm, et ses poutres lézardées, ses petites fenêtres en parchemin huilé, indiquaient aux passants l'humble condition de ceux qui l'occupaient. L'intérieur était du reste en parfaite harmonie avec l'aspect plus que modeste que la maison présentait au dehors. Toute cette habitation se composait de deux pièces: une cuisine dégarnie de meubles et enfumée, pu j̧une chambre assez large, mais sans tentures e ͺsan ͺplanches, Au fond, on apercevait trois lit , · ͺplutôt trois couchettes en bois de sapin recouvertes de peaux mouton ; près de la fenêtre, une table grossièrement travaillée, quelques chaises, deux vieux bahuts et, sur les murailles, une large épée à demi couverte de rouille, une arbalète et un fusil à roue. C'était là tout l'ameublement.

Le père de Mone était assis près de la table, tenant entre ses mains la Bible. C'était un de ces beaux vieillards que Rembrandt aime à peindre : une large et forte tête couverte de cheveux blancs, un front osseux traversé par des rides profondes, un œil vif étincelant sous d'épais sourcils, et une longue barbe blanche tombant sur la poitrine. Il avait été au service pendant toute la durée du règne de Gustave Wasa, et sans monter en grade il s'était distingué entre ses compagnons d'armes par son énergie et son intelligence. Le roi lui-même avait eu occasion de le remarquer et l'avait plus d'une fois, en passant, salué par son nom, ce qui était pour le vieux soldat un honneur insigne dont le souvenir seul éveillait encore dans son cœur de vives émotions. Quand il quitta le service, Gustave lui accorda une pension, et il se retira dans la demeure de son fils, qui avait eu le bonheur d'entrer dans le corps privilégié des gardes, et le bonheur plus grand encore d'y obtenir promptement un grade. Il vivait là de la vie la plus paisible et la plus simple, travaillant tout le jour à faire des corbeilles pour ajouter chaque année quelques marcs aux modestes revenus de la famille, et le dimanche se reposant du labeur de la semaine en lisant la Bible. Deux grandes douleurs avaient pourtant traversé cette vie si humble et si calme. Ce fut le jour où il vit la femme de son fils mourir toute jeune encore, laissant après elle une fille en bas âge, et le jour où il apprit que Gustave Wasa n'était plus.

Il se consola de la première perte en élevant lui-même sa petite-fille, en la voyant grandir et se développer sous ses yeux. La plupart du temps il était seul avec elle; alors il la prenait sur ses genoux et lui enseignait à lire et à prier : l'enfant l'écoutait avec une tendre soumission et suivait docilement toutes ses leçons.

Mais rien n'avait pu encore faire oublier au digne vieillard la mort de Gustave Wasa. Il avait conservé pour lui un sentiment de vénération qui ressemblait à un culte. C'était le héros chéri de sa jeunesse et le bienfaiteur de ses vieux jours. La moitié de sa vie s'était passée à servir sous ses ordres, l'autre moitié à le bénir. Il ne connaissait pas une histoire plus touchante que celle de Gustave et ne croyait pas qu'il pût y avoir un plus grand nom. Souvent, quand les amis de son fils venaient le voir, il leur racontait l'état désastreux de la Suède dans les dernières années de la domination danoise, la révolte du peuple, le siége de Stockholm où il avait lui-même combattu sous les ordres de la belle Christine Gyllenstierna, puis le massacre de la noblesse, la fuite de Gustave en Dalécarlie, ses périls, son courage, et enfin son avénement au trône. A la fin de son récit, on le voyait joindre ses mains sur sa poitrine avec une sorte de recueillement; souvent une larme tombait de ses yeux, roulait sur ses joues amaigries et sur sa barbe blanche, et il disait : Comment se fait-il que je vive encore quand mon général est mort?

Dans ses accès de mélancolie, Catherine se levait de l'escabeau où elle était ordinairement assise près de son aïeul, lui prenait la main, lui donnait un baiser sur le front, et la figure du vieillard s'irradiait en la regardant.

C'était une jeune fille d'une grâce angélique et d'une admirable beauté. Elle touchait à sa quinzième année, mais, à la voir si svelte et si mignonne, avec ses cheveux blonds nattés et tombant en longues tresses sur l'épaule, ses petites mains blanches et délicates, on l'eût prise pour un enfant. Elle avait des yeux d'un bleu limpide comme l'eau des lacs de Suède; une bouche pareille à deux feuilles de rose, une peau fine et transparente; c'était une vraie fille du Nord, timide et naïve, d'une humeur bienveillante, d'une gaieté douce et d'une nature rêveuse. Il y avait dans toute l'expression de sa physionomie, dans tous ses mouvements, tant de réserve, tant de chasteté et d'innocence, que son aspect seul aurait pu faire naître l'amour le plus vrai dans l'âme la plus blasée, et ramener la croyance dans le cœur le plus sceptique. Auprès de son aïeul, elle avait reçu une éducation très-incomplète, il est vrai, mais sérieuse. Les premières leçons qu'elle avait écoutées étaient des maximes de morale; les premiers récits qui avaient frappé son imagination étaient les plus touchantes pages de l'histoire de Suède, et le premier livre qu'elle avait eu entre les mains était la Bible. Grâce à ces préceptes auxquels la tendresse de son aïeul donnait un charme particulier, grâce à ces lectures faites avec fruit, son âme avait pris une élévation qu'on ne se fût pas attendu à trouver chez une jeune fille d'une condition aussi obscure; elle avait le sentiment des belles actions et des nobles dévouements.

Avec tous ces charmants sentiments et ces rares qualités, la pauvre Catherine était condamnée à porter le fardeau de la vie vulgaire. Le matin, quand elle avait, comme une mère de famille, mis son ménage en ordre et préparé le frugal repas du jour, elle prenait une corbeille et s'en allait le long des rues vendre des fleurs et des fruits. Depuis plusieurs années, elle était bien connue dans les quartiers qui avoisinent le château, et qui, à cette époque, étaient déjà comme aujourd'hui la partie de la ville la plus fréquentée. Beaucoup de riches bourgeois, en la voyant passer avec son mantelet de laine brune, son jupon rayé et ses petits brodequins, se détournaient de leur chemin pour la regarder plus long-temps. Beaucoup de grandes dames, de celles même qui portaient alors le noble titre de *fru*, la suivaient des yeux avec un sentiment d'envie. Du reste, la médisance n'avait pu l'atteindre encore; les autres marchandes de fruits la trouvaient seulement un peu fière. Mais, malgré tous leurs efforts d'esprit et toutes leurs enquêtes, elles ne pouvaient raisonnablement lui attribuer aucune intrigue. On avait vu d'élégants gentilshommes s'arrêter auprès de Catherine, l'accabler d'éloges, et ne recevoir qu'un froid salut pour prix de leurs belles phrases. D'autres avaient tenté, sous différents prétextes, de s'introduire chez elle, et l'austère sagesse de Catherine, soutenue par la fermeté de son aïeul, les avait tous écartés.

Un seul jeune homme avait accès dans la demeure du vieux soldat, c'était Maximilien, le fils d'un de ses anciens compagnons d'armes ; celui-là avait pour Catherine un amour vrai et profond, qu'il n'osait exprimer, mais qui se trahissait par ses regards. Son unique ambition était de l'épouser un jour. Avant d'oser lui faire part de ses projets, il attendait qu'il eût obtenu un grade plus élevé, afin de lui offrir un sort meilleur.

Quant à Catherine, elle était contente de le voir, elle l'appelait le bon Maximilien, et causait volontiers avec lui, mais elle n'éprouvait aucun regret en son absence, aucun trouble quand il était là. L'amour n'était pas encore entré dans son cœur.

Lorsque Monc parut sur le seuil de la porte avec Maximilien, Catherine courut au-devant d'eux, salua amicalement le jeune enseigne, puis s'approcha de son père qui lui dit quelques mots à l'oreille. Elle s'en alla chercher aussitôt la cruche de bière qui ne paraissait sur la table de cette pauvre famille que dans les grandes circonstances. Elle rentra un instant après, portant une espèce d'amphore en grès, revêtue d'un couvercle d'étain, et trois verres larges et massifs sur lesquels on lisait des inscriptions en plat allemand, qui recommandaient aux buveurs l'amour de Dieu et de la vertu. Maximilien était assis en face de la porte par laquelle Catherine devait passer, et le caporal Mone, tout en ôtant son armure et son habit d'uniforme, rapportait à son père les événements de la journée, la marche pompeuse du roi de Rottebro à Stockholm, et son entrée dans la ville. Quand il en vint à raconter le trébuchement du cheval sur la place de Brunkeberg, et la subite mélancolie d'Éric, le vieillard secoua la tête et dit : Écoute, mon cher Nils, cet incident est peut-être plus grave qu'il ne le paraît. Je ne crois pas, comme beaucoup de gens de ma connaissance, que l'avenir se dévoile à nos yeux par quelque circonstance imprévue, et qu'on puisse tirer de longues conclusions d'un fait accidentel; mais on ne saurait nier l'effet mystérieux de certains pressentiments qui nous saisissent parfois tout à coup comme une révélation des choses que nous ignorons encore. Tu sais que la reine Catherine n'accoucha d'Éric qu'avec les plus grandes douleurs. On attendait depuis plusieurs jours l'heure de sa délivrance, lorsque le médecin qui prenait soin d'elle, et qui était, dit-on, un savant astrologue, entra dans la chambre de la malade, et dit à ceux qui s'y trouvaient : Jetez-vous tous à genoux, et priez avec moi le ciel de retarder la naissance de l'enfant, car toutes les constellations sont conjurées contre lui, et, s'il vient au monde dans ce moment, il est menacé des plus grands malheurs. Au même instant, la mère poussa un cri, et l'enfant vit le jour. C'est là un présage sinistre ; il y en a eu d'autres encore. Puisse l'incident dont tu viens de parler ne pas être un mauvais présage de plus !

— Allons ! allons ! s'écria Nils d'un ton moitié riant et moitié sérieux, j'ai eu tort de rappeler, dans mon récit, un fait auquel je ne croyais pas qu'on pût attacher la moindre importance, car je vois qu'il éveille en vous une nouvelle frayeur. Depuis la mort de Gustave, il vous semble que la Suède, abandonnée par son bon génie, doit infailliblement être livrée bientôt à quelque calamité.

— Hélas ! oui, dit le vieillard, j'en ai peur, car je ne vois dans notre nouveau roi que des penchants trompeurs, et autour de lui que des conseillers perfides ; et, quant à ce qu'on appelle ses bonnes qualités, je crains bien qu'elles ne soient de nature à augmenter sa vanité de prince, plutôt qu'à assurer la prospérité du royaume. On dit qu'il est très-beau cavalier, habile jouteur, bon musicien et poète. Il doit beaucoup plaire aux femmes.

— Les femmes en sont folles, s'écria Maximilien, qui jusqu'alors était resté muet et immobile en contemplation devant Catherine.

— On dit aussi, ajouta le vieillard, qu'il est savant comme un évêque et lit le latin comme un professeur. Mais, avec toute sa grâce à manier une lance et à tenir la bride d'un cheval, je doute qu'il puisse, comme Gustave, défendre le royaume avec une armée de paysans, et, avec toute sa science, il ne sait pas maîtriser les mauvais penchants de son caractère.

Il est d'une nature jalouse, soupçonneuse et violente. Le plus léger motif de défiance s'empare bien vite de son imagination, et le moindre obstacle l'exaspère. On dit qu'un jour, dans une chute, il s'est frappé rudement la tête contre un mur, et que depuis cette époque il a des mouvements de colère et des accès de tristesse inexplicables. Ce n'est plus seulement un défaut accidentel, une erreur passagère, c'est une maladie.

A la fin de cette période, Nils Mone, qui craignait de contredire son père, ou qui peut-être ne trouvait plus aucun argument à lui opposer, acheva de vider en silence son verre de bière. Maximilien, qui s'aperçut que la conversation était finie, se leva pour sortir, en implorant encore par un regard suppliant un regard de Catherine. Mais Catherine était rêveuse et préoccupée. Tout en continuant à coudre, elle avait prêté une oreille attentive aux paroles de son père, et ces paroles produisaient sur elle un effet diamétralement opposé à celui qu'il eût pu en attendre. Elle s'intéressait à ce jeune roi que l'on disait si beau et si près de tomber dans l'infortune. Tout ce qu'elle avait entendu raconter, et tout ce qu'elle venait d'entendre, lui causait une sorte d'attendrissement indéfinissable. Elle songeait à Éric, quand Maximilien, désolé de son air indifférent, lui dit bonsoir, avec une larme dans les yeux, et elle y songeait encore quand son aïeul, qui accomplissait religieusement ses devoirs de chrétien, ôta son bonnet de laine et s'écria : A genoux, enfants, prions.

III.

Les craintes du père de Mone n'étaient malheureusement que trop fondées. Éric ne tarda pas à se montrer tel que le vieux soldat l'avait dépeint : imprévoyant et prodigue, capricieux et colère, défiant et vindicatif, plein de faiblesses puériles, de passions outrées, et quelquefois de sentiments admirables. Il fut le premier roi de Suède qui réclama le titre de majesté. Pour soutenir la dignité de ce nouveau titre, il déploya un luxe extraordinaire. Les grandes choses, disait-il, conviennent aux grands ; et, dans un court espace de temps, la cour de Suède, si modeste encore sous le règne de Gustave, subit une transformation complète.

Ses tentatives pour obtenir la main de la reine d'Angleterre l'entraînèrent dans des dépenses incalculables. Élisabeth, après lui avoir d'abord enlevé tout espoir, semblait être revenue sur sa première décision. Éric résolut d'aller lui-même solliciter le consentement que ses ambassadeurs n'avaient pu obtenir. Il équipa une flotte de quatorze navires, et s'embarqua à Elfsborg avec une suite brillante. Mais à peine était-il parti qu'un orage effroyable survint. Il renonça à faire son voyage par mer, et fit demander au roi de Danemarck la permission de traverser ses états. Le roi, qui n'avait pas la moindre envie de l'aider dans ses projets, traîna la chose en longueur. Éric revint à Stockholm, et, dans son ardeur matrimoniale, dépêcha une nouvelle ambassade en Angleterre, une seconde en Écosse pour demander la main de Marie Stuart, une troisième à l'empereur d'Allemagne pour obtenir celle de la princesse Rénée de Lorraine, et, peu de temps après, une quatrième pour négocier son mariage avec la princesse Catherine de Hesse. Cette dernière négociation fut couronnée d'un plein succès. La demande d'Éric fut immédiatement agréée, et l'époque du mariage fixée au mois de mai suivant. Au mois de mai, Éric envoya, sous les ordres de l'amiral Bagge, une flotte de douze vaisseaux pour chercher sa fiancée. L'amiral rencontre près de Bornholm une flotte danoise, l'attaque, la disperse, arrive à Lubeck et envoie un messager à la princesse. Quinze jours après, le messager revient sans fiancée. Le landgrave, effrayé des troubles qui commençaient à éclater dans le Nord, n'avait pas voulu laisser partir sa fille. Le mariage n'est pourtant que retardé. Mais Éric conserve l'espoir d'épouser Élisabeth; il lui adresse, par un émissaire secret, une lettre dans laquelle il déclare qu'il n'a jamais songé sérieusement à se marier avec la princesse de Hesse. L'émissaire est arrêté en Danemarck, sa lettre est découverte et envoyée au landgrave, qui à l'instant signifie aux ambassadeurs d'Éric de quitter ses états pour n'y jamais revenir.

Tandis que le fils du sage Gustave compromettait ainsi sa dignité au dehors, des événements plus graves se préparaient au dedans du royaume. Il y avait, entre Éric et son frère Jean, une vieille haine quelquefois artificieusement dissimulée, mais au fond du cœur toujours vivace. Éric, qui s'était adonné avec ardeur à l'étude de l'astrologie, avait lu dans les astres que sa vie était menacée par un homme aux cheveux clairs. Ses soupçons se portèrent d'abord sur son frère Jean, plus tard sur le malheureux Nils Sture. L'infâme Goran Persson, qui, par instinct, haïssait tous ceux qui étaient au-dessus de lui, et qui, par avarice, aurait voulu pouvoir anéantir les grands et les nobles pour prendre une part de leurs biens, travaillait à entretenir dans l'âme faible d'Éric toutes ces terreurs superstitieuses et ces sentiments haineux. Il aggrava les préventions que le roi nourrissait déjà depuis long-temps, et, en dénaturant les actes les plus simples, finit par faire, de quelques circonstances insignifiantes, des motifs graves de récrimination, et par persuader au roi que son frère Jean aspirait à lui ôter la vie, ou tout au moins à le détrôner.

Jean fut fait prisonnier et conduit à Stockholm avec sa jeune épouse. L'implacable conseiller d'Éric le pressait de le faire mourir, mais le roi reculait devant cette cruelle décision, et quelques hommes qui avaient aussi de l'influence sur lui, entre autres un Français, le brave et loyal Charles de Mornay, l'empêchèrent de verser le sang de son frère. Il fut décidé que Jean passerait sa vie en prison, et les satellites de Persson, après avoir dépouillé le malheureux prince de tout ce qu'il possédait de plus précieux, le renfermèrent au château de Gripsholm. On offrit à sa femme la liberté de le quitter et de vivre dans le pa-

23.

lais du roi. Pour toute réponse, elle montra son anneau de mariage, qui portait pour devise : *Nemo nisi mors*, et prit le chemin de la prison.

L'acte de violence qu'Éric venait d'exercer envers son frère ne fit que jeter un nouveau trouble dans son esprit. Plus il avançait en âge, plus il devenait lui-même victime de ses propres défauts. Son irritabilité d'humeur, sa défiance, avaient pris peu à peu un accroissement terrible. Il fut un temps, disent les chroniqueurs, où l'on ne pouvait ni rire ni chuchoter à ses côtés, de peur d'éveiller en lui une pensée de trahison. Un signe informe, tracé au hasard sur une muraille, une branche d'arbre posée par mégarde sur le sol, passait à ses yeux pour un maléfice. La moindre méprise de la part de ses serviteurs enflammait sa colère, et souvent sa colère entraînait la peine de mort. Puis, une fois ces accès de fureur passés, il faisait un douloureux retour sur lui-même. Il s'accusait de son égarement, il écrivait dans son journal, avec une contrition toute chrétienne : Aujourd'hui j'ai péché. Il se promettait bien alors de mettre un frein à ses soupçons et de réprimer ses mouvements de colère. Puis, le lendemain, le torrent des mauvaises passions rompait encore sa digue, et les regrets de la veille étaient oubliés. C'était un douloureux spectacle à voir que ce conflit perpétuel de tant de sentiments opposés, ces aspirations idéales et ces chutes désastreuses. Il y avait, au fond de cette âme de roi, un germe de nobles pensées, un amour instinctif des grandes choses, une faculté d'enthousiasme vraiment poétique ; mais il était comme les chasseurs des ballades allemandes, placé entre un ange de lumière et un esprit de perdition. Quand la douce voix de l'ange avait ébranlé son cœur, l'être maudit revenait aussitôt réclamer ses droits. Une folle hallucination trompait son regard, un souffle empoisonné troublait ses sens, une main fatale l'entraînait vers l'abîme.

IV.

Un soir Éric revenait de faire une course à cheval, et rentrait par cette même porte sous laquelle il avait passé avec tant de pompe. Trois années seulement s'étaient écoulées depuis le jour où le peuple accourait au-devant de lui pour le saluer du nom de roi. Dans ce rapide espace de temps, que de souffrances étranges il avait déjà éprouvées, et quel changement il avait subi ! Au premier abord, on reconnaissait bien encore en lui ce noble et beau cavalier qui jadis étonnait tous les regards et charmait toutes les femmes. C'était bien la même démarche imposante et gracieuse, la même tête couronnée d'une épaisse chevelure blonde ; mais son front était plus sombre, son sourire plus rare et plus triste, et il y avait dans ses mouvements une sorte de nonchalance rêveuse qui indiquait la préoccupation de son esprit. Parfois, cependant, lorsqu'il passait dans la rue, il essayait de surmonter sa mélancolie habituelle, de montrer dans ses regards une gaieté qu'il n'éprouvait plus au fond du cœur et d'attirer le peuple à lui ; mais le peuple ne l'accueillait plus comme autrefois. Le peuple, ce juge terrible, avait à tout jamais condamné ses folles dépenses et ses actes de cruauté. Les bourgeois s'écartaient de sa route, et les femmes, en soulevant pour le voir le rideau de leur fenêtre, le regardaient avec une curiosité inquiète.

Éric s'en allait donc avec son cortége habituel le long des rues silencieuses, lorsqu'en traversant le pont de la cité il aperçut une masse de monde réunie devant la porte du château. Un de ses soupçons accoutumés s'éveilla aussitôt dans son esprit. — Qu'en pensez-vous, dit-il en se tournant vers un de ses officiers, serait-ce une révolte? L'officier mit son cheval au galop et revint un instant après en s'écriant : Ah! sire, c'est un grand malheur, c'est la jolie Catherine, la plus belle fille du royaume de Suède, qui est morte ou à moitié morte.

C'était en effet Catherine qui en allant vendre ses fruits avait été renversée par une charrette. A l'instant même les gardiens du château, les habitants de la rue, s'étaient rassemblés autour d'elle. Chacun la regardait avec attendrissement, et chacun voulait lui porter secours. Mais l'empressement même de ces bonnes gens paralysait toute action, et, tandis que chaque spectateur proposait un remède, la jeune fille restait étendue sur le pavé. — Il ne s'agit pas de tant discourir, s'écria une femme qui à l'aide de deux bras vigoureux venait de fendre la foule; il faut d'abord que la pauvre enfant soit sur un lit. Après cela, tous ceux qui sont si savants en médecine pourront venir lui donner leurs conseils. Viens ici, Clas, ajouta-t-elle en s'adressant à un ouvrier, prends-la sur tes épaules et porte-la chez elle. La chère enfant n'est pas bien lourde. C'est si mince de taille, et le chemin n'est pas long. Elle demeure près de chez moi. C'est la fille de Monc, je la connais bien.

Au même instant le roi parut. La foule s'écarta devant lui et découvrit à ses regards la jeune fille étendue par terre, les yeux à demi fermés, les cheveux épars, le visage pâle et la tempe droite ensanglantée. Éric fut comme stupéfait en la voyant. Jamais une image aussi pure, une beauté aussi parfaite ne lui était apparue. Il sentit s'éveiller en son cœur une émotion qu'il n'avait pas encore éprouvée, un sentiment de tendresse et de pitié qui ressemblait à un songe ; et il restait là immobile et muet, contemplant l'angélique jeune fille, et oubliant qu'elle souffrait, tant elle était belle dans sa souffrance. En ce moment, Catherine ouvrit les yeux, souleva ses bras engourdis et murmura quelques paroles inintelligibles. Ce mouvement arracha le roi à sa rêverie : — Portez-la au château, dit-il en se tournant du côté de ses gens, et faites venir le médecin ; — puis il salua la foule et rentra dans son appartement.

V.

— Que vous est-il donc arrivé pendant votre course à cheval ? disait le soir Hercule, le fou du roi, à l'un des officiers du palais. Avez-vous entendu en sortant de la ville le cri sinistre du corbeau ? avez-vous trouvé deux bâtons en croix sur le chemin ? Vos yeux auraient-ils aperçu une araignée tissant sa toile sur les murailles du château ? ou n'auriez-vous point rencontré quelque convoi funèbre ?

— Non, rien de tout cela, répondit l'officier ; mais pourquoi ces questions ?

— C'est qu'à part les jours où Goran Persson est entré chez le roi pour lui révéler quelque nouveau complot, je ne me rappelle pas avoir vu notre auguste maître aussi difficile à amuser et aussi silencieux. Moi qui ai assez souvent le privilége de le distraire, j'ai fait depuis deux heures mon métier de fou d'une manière incroyable. J'ai dit des choses ravissantes, j'ai été audacieux, caustique, bouffon ; je me suis moqué des nobles et des grands ; j'ai parodié le roi de Danemarck et ses généraux, j'ai ri, j'ai chanté ; j'ai raconté des histoires de guerre et des histoires d'amour qui feraient mourir de jalousie un poëte. Enfin, que vous dirai-je de plus ? moi l'esprit joyeux du palais de Stockholm, moi le fou patenté de sa très-haute et très-puissante majesté Éric XIV, moi Hercule Antoine César Steinberg, surnommé La Bravoure, je me suis oublié au point de danser comme un arlequin, et de faire des sauts comme un jongleur. Tous les courtisans, gênés par le respect, se tenaient à quatre pour ne pas éclater de rire ; le terrible Goran lui-même était ému, et le roi, le croiriez-vous, le roi n'avait pas seulement l'air de me voir, ou de m'entendre !

— Vraiment, mon pauvre Hercule ?

— Vraiment. Il y a de quoi désespérer de l'avenir du royaume quand on voit de pareilles choses ; et, si je n'écoutais que ma colère, je briserais ma marotte, je jetterais mon bonnet de fou dans le Mœlar et j'abandonnerais le roi à sa destinée. Mais encore une fois, ne connaissez-vous rien qui puisse expliquer cette singulière figure que notre cher souverain a prise depuis quelques heures ? car il n'est pas triste comme quand il a perdu une bataille, ni ombrageux comme quand il croit que ses gens exercent contre lui quelque sorcellerie, ni terrible comme quand il parle de la trahison de son frère Jean. Il est pensif et grave, mais d'une gravité inaltérable.

— Non, sur ma foi, répondit l'officier qui commençait à s'intéresser aux soucis du pauvre fou ; je ne sais d'où peut venir ce sérieux qui t'effraie, à moins que... peut-être... la jeune fille... Mais, non, ce n'est pas possible.

— Comment ! il s'agit d'une jeune fille, s'écria Hercule en faisant sonner tous ses grelots. Bravo ! je suis sauvé. L'amour est frère de la folie, vive la joie ! Demain, Éric rira pendant deux heures et me proclamera le premier fou de la terre.

En disant ces mots, Hercule s'élança hors de la salle et monta en chantant l'escalier qui conduisait à sa cellule.

Ce que l'officier interrogé par Hercule venait d'exprimer comme un soupçon à peine admissible était pourtant la réalité. Éric songeait à Catherine. Après avoir donné l'ordre de lui faire préparer une chambre il était rentré chez lui, et il avait essayé de lire les dépêches de ses généraux. Mais tous les bulletins militaires, même ceux du vaillant Horn qui venait de remporter plusieurs avantages sur la flotte de Lubeck et de Danemarck, ne pouvaient distraire sa pensée de cette image de jeune fille étendue à demi mourante sous ses yeux. Il avait fait venir dans son cabinet Goran Persson et l'avait interrogé sur les dispositions du peuple et l'état du pays; mais, pour la première fois, les discours insidieux et envenimés de Persson avaient glissé sur l'âme d'Éric, sans y éveiller aucune terreur. Enfin, il était descendu dans l'appartement de sa sœur Cécile, dont il aimait l'humeur vive et enjouée, il avait fait venir son fils; mais il ne voyait que Catherine et ne remarquait rien de ce qui se passait autour de lui.

Le soir, il se retira avec Burraeus, son maître en astrologie, dans le cabinet mystérieux où il avait coutume d'étudier les planètes. Quelle ne fut pas sa surprise et sa joie, lorsqu'après avoir à diverses reprises contemplé attentivement la surface du ciel, il crut y voir un signe favorable à celle qui depuis quelques heures occupait si vivement son esprit. Oui, s'écria-t-il en s'asseyant près de la table d'astrologie toute couverte de chiffres et de signes cabalistiques; oui, les constellations elles-mêmes lui sont favorables. Le ciel cette fois est d'accord avec mes désirs.

Burraeus prêta l'oreille tout en ayant l'air profondément absorbé dans ses observations, et le roi continua comme s'il se parlait à lui-même. — Au fait, cette apparition si singulière, cette chute à la porte du château, au moment même où j'allais passer, cette émotion profonde dont j'ai été saisi, tout cela ne peut être un de ces accidents passagers de la vie qui nous surprennent un instant, et que nous oublions le lendemain. Puis, cette jeune fille avec ces vêtements vulgaires, et qui dans toute sa physionomie a quelque chose de si élevé et de si noble !...

— Oh ! sire, que vois-je ? s'écria Burraeus qui venait de comprendre la pensée du roi.

— Qu'y a-t-il donc ? demanda Éric en se levant précipitamment avec une sorte d'anxiété dont l'habile courtisan ne put s'empêcher de sourire.

— Je vois, répondit Burraeus, une nouvelle étoile qui se lève à côté de la vôtre ; une étoile d'une clarté si douce et si belle, que je ne me rappelle pas en avoir vu une semblable. La voilà qui se détache peu à peu sur l'azur du ciel, qui scintille, qui efface par sa vive lumière les autres étoiles qui brillaient naguère. Ses rayons forment maintenant autour d'elle une vaste auréole et se prolongent du côté de votre constellation. On dirait qu'ils la cherchent, qu'ils tendent à s'unir à elle. C'est sans doute une étoile d'amour, l'étoile d'une femme admirablement douée, d'une reine peut-être.

— Non, non, s'écria Éric dont la figure était alors rayonnante de joie ; elle n'est pas reine, mais elle mérite de l'être : elle le sera.

Puis, comme s'il craignait d'en avoir trop dit, il

ferma brusquement la fenêtre, congédia Burraeus par un geste silencieux, et redescendit dans sa chambre à coucher.

Le lendemain, à son reveil, Éric fit demander des nouvelles de Catherine. On lui dit qu'elle n'avait reçu qu'une contusion dont on ne verrait bientôt plus de traces, qu'elle était levée et désirait retourner chez elle. — Non, dit le roi, elle restera ici, elle deviendra l'une des dames d'honneur de ma sœur. Je l'ai décidé ainsi.

Un officier fut chargé de lui annoncer cette résolution. Catherine, après l'avoir écouté, se tourna avec un sentiment de tristesse du côté de la rue où était sa demeure. — Et mon père? s'écria-t-elle. — Mademoiselle, dit l'officier qui ne s'était pas attendu à cette question, le roi dans sa générosité n'oubliera sans doute pas.... — Et mon aïeul? s'écria Catherine avec une énergie et une douleur mal comprimée, mon aïeul qui, depuis quinze ans, n'a pas passé un jour sans me voir. Oh! non, vous ne voulez pas me retenir ici ; c'est impossible. Le roi ignore sans doute que je suis une fille du peuple, sans esprit et sans grâce, incapable de vivre d'une autre vie que celle que j'ai connue jusqu'à présent, indigne de reposer ma tête sous les lambris de ce château. Hier je n'étais encore qu'une marchande de fruits, je ne peux pas être ce matin dame d'honneur d'une princesse. Il me faut la cabane en bois où je suis née, la chambre obscure où j'ai vécu, le banc de chêne où je m'assois le soir entre mon père et mon aïeul. Il me faut à moi, pauvre enfant du peuple, ma pauvre vie ignorée, occupée, souvent mêlée de soucis et pourtant heureuse. Dites cela au roi, rendez-lui grâce du secours qu'il m'a prêté. Dites-lui que je l'en bénirai sans cesse, que dans notre prière de famille son nom sera prononcé tous les jours ; mais qu'il me laisse partir, oh ! je vous en prie. Maintenant, voyez, je suis bien, je ne souffre plus ; mais mon père et mon aïeul ne savent où je suis et se désolent. Au nom de votre père, je vous en conjure, laissez-moi retourner près d'eux.

Et la jeune fille étendait vers l'officier ses mains suppliantes, et sa voix tremblait, et ses yeux étaient pleins de larmes.

Dans ce moment la porte s'ouvrit. « Le roi ! » dit l'officier en s'écartant avec respect. Catherine fit un mouvement pour se jeter à ses pieds ; mais Éric, l'arrêtant aussitôt, la prit par la main, la fit asseoir sur un fauteuil, et lui dit :

— Je sais que votre désir est de retourner chez vous. Si j'ai refusé d'y condescendre, ne m'accusez pas de tyrannie. Je vous dirai pourquoi j'avais songé à vous garder. Je suis superstitieux, vous le savez : le peuple sait si vite les défauts de son roi. Je crois qu'il y a dans la vie certains faits non recherchés et non prévus, certains accidents préparés par une main mystérieuse et liés à tout notre avenir. Hier, quand je vous ai vue devant la porte du château, il m'a paru que c'était ma destinée elle-même qui vous avait amenée là, que je devais vous revoir encore, — vous revoir long-temps. Puis, il y a une autre pensée qui m'engage à vous retenir. Vous êtes la fille d'un pauvre soldat; mais par la noble expression de vos regards, par tout ce qu'il y a en vous de distinction charmante et de grâce inattendue, vous mériteriez d'être la fille d'un roi. Il me semble que la fortune s'est trompée; elle vous devait un palais, et elle ne vous a donné qu'une chaumière. Laissez-moi tenter de réparer cette fatalité injuste. J'ai eu la douleur de faire des malheureux, parfois par nécessité, hélas! et parfois par égarement. Laissez-moi goûter la joie de relever l'humble plante abattue sous mes yeux, d'employer mon pouvoir à soutenir l'enfant du peuple, et ma richesse à l'enrichir. En vous engageant à rester ici, je ne vous offre rien qui puisse effaroucher votre délicatesse, ni éveiller vos scrupules. Vous vivrez auprès de ma sœur, vous aurez pour vous instruire les maîtres qu'elle a eus, et personne dans ce château n'oserait manquer d'égards envers vous, car je serai votre protecteur, et, si vous le voulez, votre ami.

En parlant ainsi, Éric pressait dans ses mains la main de Catherine; sa voix était émue, et sa figure avait une rare expression de tendresse. Catherine n'osait le regarder; elle était devant lui, immobile, les yeux baissés, les joues couvertes d'une rougeur pudique et le cœur agité par des sensations étranges. Le prestige que le nom d'Éric avait déjà précédemment exercé sur elle agissait alors avec une nouvelle force. En écoutant ces paroles si tendres, cette voix si touchante, elle sentait peu à peu chanceler ses résolutions. Elle cédait à une sorte d'attraction confuse, inconnue jusqu'alors et entraînante.

— Eh bien! Catherine! dit le roi, je vous ai exprimé mon désir et j'attends votre décision. Agissez selon votre volonté, et ne prenez pas mes offres pour un ordre. Avec les autres je commande, avec vous je prie.

La jeune fille émue leva sur lui ses grands yeux bleus, et dans ce regard rapide, dans ce regard virginal si craintif et si doux, l'œil exercé d'Éric put lire le consentement qu'il attendait : — Vous acceptez donc ce que je vous ai proposé? s'écria-t-il avec un élan de joie. Oh! merci.

— Mais mon père! balbutia timidement Catherine.

— J'aurai soin de votre père et de votre aïeul, je vous le promets.

Puis il sortit le front radieux. Mais, quand Catherine se trouva seule, elle tomba à genoux et joignit les mains sur sa poitrine, comme pour demander à Dieu pardon de la résolution qu'elle venait de prendre et implorer son secours pour la nouvelle vie où elle allait entrer.

VI.

Le même jour, le chef de la compagnie des gardes reçut l'ordre de doubler la solde du caporal Mone, qui accepta avec une joie naïve ce surcroît de fortune et bénit la munificence du roi. Un autre officier fut chargé d'offrir à l'aïeul de Catherine une retraite dans un des châteaux de la couronne; mais le vieillard repoussa cette offre avec indignation : — Je vois bien, dit-il, pourquoi votre maître a pensé à moi : ma fille lui a plu, et il veut la séduire ; mais il méprise donc bien les hommes, s'il pense qu'un vieux soldat puisse livrer ainsi celle qui porte son nom, vendre son amour pour un peu d'or, et troquer son honneur pour une place dans un château. Non, vous n'étoufferez pas ainsi le cri de ma conscience, et vous ne m'arracherez pas à cette cabane où Catherine est née, où je l'ai vue grandir sous mes yeux. Je l'attendrai ici comme je l'attendais chaque soir, quand elle revenait belle et riante avec sa corbeille de fleurs pour m'égayer par son regard et réjouir mon pauvre cœur par son entretien. Et si elle ne revient pas, que la malédiction du vieillard tombe sur ceux qui la retiendront !

Catherine ne connut point la noble douleur de son aïeul. On lui dit qu'il était calme et satisfait, elle le crut ; et tandis que le malheureux, privé tout à coup de celle qui depuis quinze ans faisait le charme de sa vie, passait des heures entières immobile et muet à la place où il l'avait vue, écoutant s'il n'entendrait point le bruit de ses pas ou le son de sa voix ; tandis que, dans sa tristesse et son isolement, il oubliait jusqu'à sa Bible chérie qui naguère remplissait son cœur d'une pieuse joie, et qui maintenant ne lui donnait pas même une consolation, la jeune fille s'abandonnait sans remords à sa destinée. Elle avait échangé sa grossière robe de laine et ses lourds brodequins contre la robe de velours et l'élégante chaussure des dames de la cour. Lorsqu'elle parut dans la chambre de la princesse avec son nouveau vêtement, on l'eût prise pour une de ces jeunes fées à qui il suffit d'un coup de baguette pour se revêtir d'une beauté idéale. Elle apprenait la musique et le dessin, et ses maîtres s'étonnaient de la vivacité de son intelligence. Il y avait en elle une grâce naturelle qui séduisait tous les regards, et des qualités vraies qui lui conciliaient tous les esprits. Elle gagna l'affection de la princesse Cécile par son inaltérable douceur, et imposa le respect aux courtisans par sa noble réserve. Quant à Éric, plus il la voyait, plus il sentait s'accroître l'amour qu'elle lui avait inspiré dès le premier jour. Cet amour ne ressemblait pas à celui qu'il avait éprouvé pour d'autres femmes. Ce n'étaient plus ces transports impétueux et bouillants, ces désirs passionnés, mais rapides; c'était un sentiment calme, réfléchi, parfois presque timide et toujours respectueux. Souvent il entrait dans la salle où Catherine prenait ses leçons, et, comme il était lui-même excellent musicien, il aidait à l'enseignement du maître, il faisait chanter sa jeune élève et applaudissait à ses progrès. Souvent, dans le salon de sa sœur, il s'asseyait auprès de Catherine avec une naïve émotion, et le regard plein de douceur qu'il rencontrait de temps à autre lui donnait des tressaillements de joie, et le peu de paroles qui s'échappaient de ses lèvres craintives résonnaient dans l'âme d'Éric comme une musique céleste.

Jusque là le mot d'amour n'avait pas encore été

prononcé entre eux ; mais il était dans la pensée de Catherine comme dans celle du roi. Avant que d'avoir vu Éric, son imagination était occupée de lui ; elle l'aima quand elle le vit, et son cœur était trop vrai pour pouvoir se retrancher dans la dissimulation. Dès les premiers temps de son séjour au château, elle trahit le secret de son amour par la vive rougeur qui colorait ses joues au moment où elle reconnaissait le pas d'Éric, par sa figure plus riante et plus animée quand il était là, par sa rêverie silencieuse quand il était loin. Il ne fallait qu'une occasion pour amener sur ses lèvres l'aveu qu'elle avait déjà fait par ses regards, et cette occasion ne tarda pas à se présenter.

Un jour, Éric était allé faire avec elle une promenade sur les bords du lac Mælar. Ils avaient erré long-temps sur les sentiers du rivage voilés par les longues branches de bouleaux, et à travers les vallons parsemés d'arbres en fleurs. Catherine était légère et joyeuse comme un enfant. Elle s'arrêtait à chaque pas pour cueillir une renoncule, pour se faire un bouquet de campanilles violettes et de myosotis, qu'elle mêlait avec une naïve coquetterie à ses touffes de cheveux blonds ; puis elle s'asseyait au pied d'un chêne, et racontait à Éric comment elle avait déjà visité ces mêmes lieux, ces mêmes rivages, quand elle n'était encore que la pauvre fille du soldat, comment elle venait là les dimanches avec les jeunes filles de son âge se reposer des travaux et des soucis de la semaine. Elle connaissait chaque arbre et chaque sentier, et la vue de ces lieux, le souvenir de ses années d'enfance, donnaient à sa gaieté un caractère touchant de mélancolie. Éric la regardait en silence et l'écoutait avec un charme inexprimable. Tout ce tableau d'une vie si humble et si paisible que Catherine venait de lui retracer, ces naïves jouissances d'une âme sans orages, ces douces récréations de l'enfant du peuple, éveillaient en lui une foule d'émotions nouvelles. Son âme avait été de bonne heure agitée par des passions violentes, troublée par des terreurs factices, assombrie par le remords. Ses jours s'étaient passés au sein d'un monde qui se défiait de lui, et dont il se défiait, sur une route qui lui semblait parsemée de piéges trompeurs; tout à coup il se trouvait auprès d'une jeune fille dont rien n'avait encore altéré la candeur, ni troublé la confiance. Les paroles de Catherine pénétraient dans son âme malade comme une rosée bienfaisante, réveillaient son imagination alourdie et rafraîchissaient sa pensée. Plus d'une fois, dans le sentiment de bien-être qu'il éprouvait alors, il fut tenté de se jeter aux genoux de Catherine et de la bénir comme un être céleste; plus d'une fois il éprouva le désir de l'enlacer dans ses bras et de murmurer sur ses lèvres un éternel serment d'amour. Mais la jeune fille reprenait son innocent récit, et il se remettait à l'écouter sans oser l'interrompre.

Tout le jour se passa ainsi en promenades et en causeries, et l'heureux couple ne s'en revint que dans la soirée; mais c'était une de ces belles soirées du Nord, fraîches et limpides, éclairées par une sorte de lumière crépusculaire qui rejoint le soleil de la veille au soleil du lendemain. Nul bruit discordant ne résonnait dans l'air, nulle brise n'agitait le feuillage; on n'entendait que les soupirs harmonieux du rossignol du Nord, qui, dans le repos des nuits d'été, s'éveille pour chanter son chant d'amour. Le lac, aplani comme un miroir, reflétait dans ses profondeurs limpides l'azur du ciel, les rayons des étoiles, et la forêt de sapins voilait comme un rideau les contours de l'onde argentée. Éric était assis au fond de la barque à côté de Catherine; tous deux contemplaient dans un religieux silence cette scène mystérieuse, tous deux paraissaient dominés par la même pensée, et lorsque leurs regards venaient à se rencontrer, ce regard trahissait une profonde émotion.

— Savez-vous, dit enfin Éric en levant les yeux au ciel, que c'est là le livre où j'ai voulu voir votre destinée unie à la mienne? Je sais bien que beaucoup de gens fort sensés se moquent des prétendus secrets que l'on croit découvrir dans l'étude des astres; mais quand on a dans le cœur un amour vrai et noble, oh! il vaut mieux le confier aux étoiles qu'aux hommes. Je rentrai donc dans ma chambre d'astrologue aussitôt que je vous eus vue, j'ouvris la fenêtre, je regardai le ciel, qui était comme ce soir limpide et parsemé d'étoiles. Là, j'ai cru voir votre nom écrit en lettres d'or; là, j'ai cru lire que vous m'aimeriez un jour. Me suis-je trompé? ajouta-t-il en prenant la main de la jeune fille, qu'il sentit trembler dans la sienne. Dites-moi, Catherine; la science de l'astrologue n'est-elle qu'une vaine erreur, et les étoiles mentent-elles comme les courtisans?

— Non, répondit Catherine, vous ne vous êtes pas trompé.

Et le roi, enlaçant un de ses bras autour de la jeune fille, lui donna sur le front un long baiser.

A partir de ce jour, l'influence que Catherine exerçait déjà depuis long-temps sur lui ne fit que s'accroître. Éric, après l'avoir amenée au château, avait à tout jamais dit adieu à ses maîtresses, puis il s'était beaucoup moins occupé de ses projets de mariage. D'un autre côté, il était facile de voir que son caractère était moins sombre et ses injustices moins fréquentes. Catherine ne lui avait pourtant jamais adressé le moindre reproche; elle ne se croyait pas si puissante, et elle ne portait pas si haut son ambition. Toute sa destinée à elle était de l'aimer, de l'aimer avec abandon, avec dévouement, sans se laisser effrayer par ses défauts, sans songer à son avenir. Ainsi, elle ne cherchait pas à conquérir pour elle-même une part du pouvoir, à se parer d'un lambeau de royauté, à se mêler aux intrigues politiques, qui auraient pu lui donner aux yeux des courtisans une nouvelle puissance. Mais, à son insu, elle agissait sur l'esprit d'Éric par sa présence, par son regard, par sa douceur. Lui-même lui disait quelquefois dans son langage poétique : « Vous êtes l'ange gardien que le ciel m'a envoyé dans sa miséricorde, la harpe merveilleuse qui calme mes mauvaises passions, le rayon de lumière qui me guide dans la vraie route. Depuis que je vous connais, je me repens de mes erreurs, et quand je suis près de vous je me trouve meilleur. »

Le farouche Persson ne pouvait voir sans une vive terreur cette influence bienfaisante qui menaçait d'anéantir la sienne. Depuis quelque temps, il s'en allait disant à ses affidés que le roi n'était plus reconnaissable, que son intelligence et son énergie déclinaient chaque jour d'une manière effrayante; puis il cherchait de côté et d'autre des armes contre Catherine; il aurait voulu découvrir dans sa vie passée quelque incident équivoque, quelque légère histoire d'amour, une apparence de rendez-vous, une ombre, un rien. Il s'en rapportait à lui-même du soin de compléter l'anecdote la plus insignifiante, la plus futile, et de lui donner une juste interprétation. Mais le zèle de ses émissaires ne put rien lui procurer; les voisins de Catherine étaient tous, comme des insensés, prêts à rendre témoignage de sa vertu, et les marchandes de fruits elles-mêmes faisaient son éloge. Jamais on n'avait vu un tel ensorcellement.

Malgré cette disette de pièces justificatives, Persson essaya pourtant d'entamer le procès. Il n'attaquait pas directement Catherine, sa vieille expérience du cœur humain l'empêchait de faire une telle folie; mais il lançait de temps à autre sur elle quelques insinuations à double entente, prêt à les étendre plus loin si le roi ne les repoussait pas trop vivement, ou à leur donner aussitôt un sens favorable. Éric ne fit pas attention à ces paroles; Goran Persson revint à la charge le lendemain, et s'aventura un peu plus loin que la veille. Éric le laissa encore, sans rien dire, tendre ses filets ; mais, à la troisième fois, il se leva en colère, le prit par la main, et, l'entraînant dans la chambre de Catherine : « Tiens, misérable, lui dit-il, regarde cette figure céleste, et repens-toi de ta fourberie. » Persson, surpris et consterné, se jeta à ses genoux, balbutia quelques mots de pardon, puis sortit avec la crainte d'être un instant après jeté dans une prison. Mais Catherine elle-même implora sa grâce, et le roi tâcha d'oublier cet incident.

Cependant, au milieu de cette existence animée par le mouvement d'une cour nombreuse, et tout entière consacrée à une pensée d'amour, Catherine éprouvait parfois de profonds accès de mélancolie. Le roi était si jaloux d'elle, qu'il ne lui permettait pas de sortir. Depuis le jour où elle était entrée au château, elle n'avait revu ni son père ni son aïeul. Souvent elle songeait à eux avec tristesse, elle se demandait si tout ce qu'on lui avait raconté était bien vrai, s'ils se trouvaient réellement à l'abri de tout besoin, de tout souci. Elle avait découvert dans une des galeries du château une fenêtre d'où ses regards pouvaient voir la rue où elle était née et la maison où elle avait vécu ; elle venait là souvent rêver à cette humble vie qu'elle avait connue autrefois, à ces soirées d'hiver où elle apprenait à lire la Bible sur les genoux de son aïeul, à ces heures si calmes où nul regret du passé et nulle crainte de l'avenir n'avaient encore troublé son imagination.

Un jour qu'elle était dans cette galerie, la tête appuyée contre les vitraux de la fenêtre, elle aperçut un homme qui regardait attentivement de ce côté. A sa taille, à ses vêtements, elle reconnut Maximilien. Il la vit, fit un signe, et au même instant s'élança vers la porte du château. Catherine comprit aussitôt le péril auquel il s'exposait en essayant d'arriver jusqu'à elle; car elle connaissait la jalousie d'Éric, qui avait prononcé une ou deux fois devant elle le nom de Maximilien avec un mouvement de colère. Elle voulait fuir, mais elle craignait qu'il ne se mît à la chercher et ne restât plus long-temps dans ces corridors dangereux. Tandis qu'elle en était encore à se demander quel parti elle devait prendre, Maximilien parut devant elle, l'œil inquiet, le visage pâle et effaré.

— Maximilien, s'écria-t-elle, au nom de Dieu! que venez-vous faire ici? Ne savez-vous pas à quoi vous vous exposez?

— Je le sais, répondit Maximilien; mais je dois partir demain, et je ne pouvais quitter Stockholm sans vous revoir encore une fois.

— Vous partez!

— Oui; j'ai reçu l'ordre de rejoindre l'armée. On dit qu'elle est maintenant vivement pressée par les Danois. Oh! puissé-je me jeter bientôt dans une bataille et puissé-je n'en pas revenir! Mais pourquoi vous parler de moi? Il est un être meilleur dont je vous apporte un dernier souvenir. Votre aïeul.....

— Eh bien! mon aïeul?

— Il est mort !

— Mort ! s'écria Catherine en cachant sa tête dans ses mains et en fondant en larmes.

— Oui, Catherine, mort de douleur. Vous le savez, vous étiez la seule consolation de sa vieillesse, la seule joie de son cœur. Quand vous lui fûtes enlevée, il tomba dans un état de stupeur auquel rien ne put l'arracher. Sa pensée n'avait plus de mobile, son existence n'avait plus de but. Vous n'étiez plus là pour égayer son regard, et le monde entier lui semblait couvert d'un linceul. J'allais le voir quelquefois. Je le trouvais assis dans son grand fauteuil, l'œil morne, la tête penchée sur sa poitrine. Il me regardait quelques instants en silence comme si la mémoire l'avait déjà abandonné, comme s'il cherchait à me reconnaître ; puis il m'attirait près de lui et me disait : L'avez-vous vue ? — Non. — Hélas ! et moi non plus, s'écriait-il. J'ai cherché à pénétrer par force et par surprise au château, et je n'ai pas pu. Le roi la garde si bien qu'on ne peut arriver jusqu'à elle. J'ai été me mettre un jour sur le seuil de la porte, j'ai imploré la pitié de la sentinelle ; j'ai prié, j'ai pleuré, et je n'ai rien pu obtenir. Le lendemain, j'ai pris la bague de mariage, la bague en or que je porte au doigt depuis quarante ans ; j'ai pris le peu d'argent qui me restait encore, mon vieux sabre et mon arbalète en bois ciselé ; j'ai tout porté au factionnaire du château, et celui-là m'a laissé passer ; mais après j'en ai trouvé un autre, je n'avais plus rien à lui donner, et il m'a fallu revenir. Oh ! mon Dieu ! je ne la reverrai plus. On dit qu'elle est maintenant belle comme un ange et parée comme une reine. L'autre jour, notre voisin Anders l'a aperçue au moment où le roi lui tendait la main pour la faire descendre dans une barque. Si j'avais été là, j'aurais crié : Catherine. Elle se serait peut-être retournée vers moi.

Pendant ce récit, Catherine était tombée sur une chaise, pleurant et sanglotant. Maximilien continua : Depuis quelques semaines, la santé de votre aïeul déclinait d'une manière effrayante. Il ne pouvait plus se lever et passait ses jours et ses nuits dans une perpétuelle insomnie. Quand je le voyais alors, il me priait de lui lire quelques versets des psaumes, puis il croisait les mains sur sa poitrine et semblait prier avec une douloureuse résignation. Avant-hier, il me fit appeler. Sa langue était déjà embarrassée, son œil à demi éteint et sa main refroidie. — Maximilien, me dit-il, je sens que je vais mourir bientôt, que je vous parle pour la dernière fois. Tâchez de la revoir encore ; dites-lui que pendant son absence je ne l'ai pas accusée, que je ne l'ai pas maudite ; qu'en mourant ma dernière pensée.....

— Assez, assez, s'écria la jeune fille en tordant ses bras avec une sorte de convulsion. Par pitié, Maximilien, j'étouffe.

Maximilien courut à elle pour la soutenir. Mais tout à coup on entendit un bruit de pas précipités. Catherine prêta l'oreille avec effroi, puis repoussant la main de Maximilien : Fuyez, dit-elle, fuyez, je vous en conjure ; fuyez, ou vous êtes perdu.

Au même instant, le roi parut à l'entrée de la galerie avec Goran Persson et quelques archers. — Eh bien, sire, dit l'infernal Persson, n'avais-je pas raison ?

— Qu'on arrête cet homme ! s'écria le roi en désignant Maximilien.

— Grâce ! grâce pour lui ! dit Catherine en se jetant aux genoux du roi. Il est innocent.

— Ne demandez pas grâce pour moi, s'écria Maximilien en fixant sur elle un regard où on pouvait lire autant d'amour que de désespoir. Depuis le jour où j'ai dû renoncer au bonheur de vous posséder, il n'y a plus eu de joie pour moi dans la vie, plus d'espérance dans l'avenir. Ainsi, que mon sang retombe sur ceux qui auront l'indigne courage de le répandre, et puisse le ciel avoir pitié de vous !

A ces mots, il se plaça lui-même au milieu des archers, en regardant Éric et Persson avec un froid mépris. Catherine se traîna dans sa chambre et tomba sur son lit à moitié morte.

VII.

Cette scène cruelle réveilla toutes les défiances et les mauvaises passions d'Éric. Catherine malade, renfermée chez elle, n'agissait plus sur lui ; et Goran Persson reprenait son empire. En tête des familles nobles dont il voulait renverser le pouvoir était celle des Sture, la plus puissante famille de Suède par sa fortune, par son nom, par l'autorité dont ses ancêtres avaient été investis et les nobles souvenirs qu'ils avaient laissés dans le cœur du peuple. Gustave Wasa n'aurait pas voulu lutter avec elle. Éric la craignait et dissimula mal ses craintes. Il y eut entre lui et elle un reste de relations assez équivoques, tantôt de faux semblants d'amitié, puis des froideurs excessives, et enfin une rupture complète.

Persson produisit de faux témoins qui accusèrent tous les Sture d'avoir comploté contre la vie du roi. Tous furent emprisonnés au château d'Upsal, et les états de Suède convoqués pour les juger. La plupart des témoins appelés à soutenir cette accusation étaient des misérables indignes de toute confiance. Les preuves qu'ils présentèrent à l'appui de leurs calomnies n'avaient aucune valeur réelle. Mais les états craignaient la fourberie de Persson, la colère d'Éric. On leur demandait un arrêt de mort, ils rendirent cet arrêt de mort. Les prêtres seuls eurent le courage de protester contre cette condamnation.

Le roi, après avoir assisté à cet atroce procès, reculait devant l'exécution de la sentence. Il alla même jusqu'à demander pardon au vieux Sture de l'avoir fait emprisonner. Mais, au moment où tous deux se tendaient la main et se promettaient d'oublier le passé, Goran Persson, qui tremblait de voir anéantir son œuvre, accourt tout effrayé auprès d'Éric et lui annonce un nouveau complot. Le roi se précipite hors de la prison. Un des affidés de Persson s'empare de lui, l'emmène à l'écart, l'entretient pendant une heure entière, et tout à coup Éric, l'œil hagard, le visage bouleversé, se précipite dans le cachot de Nils Sture et le frappe d'un coup de poignard. L'infortuné retire le poignard de son sein, l'essuie et le remet au roi en demandant grâce. — Non, point de grâce, s'écrie le roi en fureur; et, à l'instant, un de ses archers massacre à coups d'arbalète son innocente victime.

Éric s'enfuit loin du château, loin de la ville, seul au milieu des bois, s'efforçant d'oublier l'image sanglante qui venait d'épouvanter ses regards. Mais le soir, sa fureur durait encore. Le soir, Burraeus le rejoignit auprès d'un village, et, comme il essayait de lui adresser un timide conseil, Éric l'étendit d'un coup de pique à ses pieds. Après ce double meurtre, il erra à travers champs, poursuivi par les furies vengeresses, égaré par le délire. Il s'en allait criant à tous ceux qu'il rencontrait : J'ai tué, comme Néron, mon précepteur, et j'ai fait mourir le noble Nils Sture. Ses conseillers, l'ayant suivi, le trouvèrent un jour au milieu d'une lande déserte, couvert de vêtements de paysan. Tous leurs efforts pour le calmer furent inutiles; toutes leurs paroles ne faisaient qu'accroître sa folie. Tantôt il rugissait comme un lion, tantôt il tremblait comme un enfant. Il ne se souvenait plus ni de ses ministres, ni de sa royauté; il ne se souvenait que des périls dont il se croyait menacé, des cris plaintifs de ses victimes et du sang qui avait ruisselé sous ses yeux. Le ciel et la terre lui paraissaient enveloppés d'un crêpe funèbre. Les arbres de la forêt dansaient devant lui comme des spectres, et le murmure du vent résonnait à ses oreilles comme un râle de mort. Persson trembla en le voyant plongé dans cet égarement, car, si cette folie continuait, Éric devait bientôt cesser d'être roi, et lui d'être son ministre tout-puissant. Mais il pensa qu'il pouvait y avoir encore un remède, et il se hâta de l'employer. Une femme s'approcha d'Éric, une douce voix l'appela par son nom. Éric se retourne, et aperçoit Catherine. A cet aspect, il resta un instant étonné et silencieux comme un homme qui s'éveille d'un songe pénible et cherche à recueillir sa pensée. Puis tout à coup il se jeta dans les bras de la jeune fille, pencha sa tête sur son sein, et versa des larmes abondantes; quand il se releva, il y avait encore sur son visage pâle et dans son regard pensif une expression de douleur profonde, mais il avait recouvré la raison.

VIII.

Pendant la fuite d'Éric, le gardien du château, interprêtant à sa manière les intentions royales, avait massacré tous les prisonniers. Éric manifesta un violent regret en apprenant cette nouvelle, et tenta, par tous les moyens possibles, d'apaiser l'esprit des familles qui venaient d'être ainsi plongées dans le deuil. Selon les vieilles formes d'expiation scandinaves, il offrit de l'argent à la veuve de Sture et aux parents des autres victimes. Il implora l'oubli de ses emportements, et alla même jusqu'à faire mettre Persson en accusation, comme l'instigateur de tous ces actes de violence.

Les amis du duc Jean, voyant le roi dans ces heureuses dispositions, crurent que le moment était venu de solliciter la grâce de son frère ; Éric l'accorda. Après une séparation de quatre ans, les deux princes se revirent à Swartsioe. Éric se jeta à genoux devant son frère, et l'appela son maître et son roi. Jean se jeta en même temps à genoux devant Éric, et lui dit: Vous êtes mon souverain maître, et moi, je ne suis qu'un pauvre prisonnier qui avait besoin de votre clémence royale. Tous deux s'embrassèrent ensuite, en se faisant de nombreuses protestations d'attachement; mais, malgré leurs témoignages d'amitié, ils se défiaient l'un de l'autre, et ils se séparèrent à la hâte. Jean retourna joindre sa famille au château de Windholm; Éric résolut de marcher contre le général danois Rantzaw, qui, avec une armée peu nombreuse et décimée par une maladie contagieuse, avait pénétré jusque dans l'Ostrogothie, c'est-à-dire jusqu'au cœur du royaume. Éric rassembla un corps de troupes considérable, et parvint, il est vrai, à repousser jusque sur les frontières de la Suède l'intrépide général danois; mais tout l'honneur de la campagne était pour Rantzaw, qui, après s'être avancé si loin, sut rendre encore sa retraite redoutable. Le roi pourtant se crut un conquérant, et le triomphe qu'il s'imaginait avoir obtenu, la fascination du commandement, lui rendirent son orgueil et sa violence de caractère; il se repentit d'avoir montré quelque condescendance pour les Sture. Il arracha Goran Persson au tribunal établi pour le juger, et menaça de rompre son pacte d'alliance avec le duc Jean.

Dans ces moments de réaction, tout le monde tremblait devant lui ; ses serviteurs les plus dévoués n'osaient pas même lui donner un conseil, car ils craignaient de se voir aussitôt accusés de trahison. Catherine était le seul être qui pût adoucir sa colère, combattre sa défiance et prévenir ses emportements ; sa douce voix de jeune fille, son regard mélancolique, réveillaient en lui les remords volontaires et les nobles résolutions. Auprès d'elle, il était humble et soumis, tendre et timide ; auprès d'elle, il abdiquait son sceptre et son pouvoir pour implorer un de ses sourires, pour l'admirer comme un enfant, et l'adorer comme un poète.

Son amour pour elle n'avait fait que s'accroître avec les années, et il s'accrut encore quand elle lui donna un fils. Éric résolut alors de rompre définitivement tous ses projets de mariage avec les princesses étrangères, et de faire couronner comme reine la modeste jeune fille. Quand il lui communiqua ce projet, elle en fut effrayée, et employa tour à tour, pour le combattre, le langage de l'amour et de la raison.

— Vous m'avez choisie, lui dit-elle, entre les femmes de votre royaume, pour m'enrichir par vos dons et m'anoblir par votre amour. Ne croyez pas que l'éclat d'une couronne ajoute rien à ma gloire ni à mon bonheur ; mon bonheur fut complet le jour où il me sembla que je n'étais pas inutile au vôtre. Et voyez, les princes qui ont cru que vous épouseriez ou leur sœur, ou leur fille, seraient offensés de la préférence que vous m'accorderiez. Les grandes dames de Suède, qui ont eu aussi l'espoir d'attirer vos regards, ne vous pardonneraient pas de les oublier pour jeter votre royal manteau sur les épaules de la marchande de fruits. Renoncez donc à un projet qui me causerait peu de joie et qui vous ferait de nouveaux ennemis; laissez-moi rester, comme par le passé, auprès de vous; laissez-moi vous aimer encore avec humilité, avec dévouement, comme votre servante.

Les modestes résistances de Catherine ne firent que fortifier les désirs d'Éric. Il déclara qu'elle serait reine, et elle y consentit avec douleur et résignation comme si elle pressentait déjà qu'un jour ce mariage et ce couronnement seraient un nouveau motif d'accusations contre Éric. Mais le roi, fasciné par son amour, ne songeait qu'au bonheur de placer sur le trône celle qu'il avait appelée à lui du milieu de la foule, et fermait les yeux sur l'avenir. Il fit annoncer dans tout le royaume le jour du couronnement, et invita les princes ses frères, les grands et les nobles, à y assister. Tous promirent de s'y rendre; mais, au moment indiqué, les princes ne parurent point, et ne daignèrent pas même écrire une lettre pour s'excuser. Le roi eut un moment de surprise pénible en ne les voyant pas venir; puis, prenant Catherine par la main : Qu'importe, dit-il, vous n'en serez pas moins reine de Suède devant Dieu et les hommes;— et il se mit en route pour l'église.

Cette solennité avait été préparée avec tout le faste que le roi aimait à déployer dans les grandes circonstances. Les vêtements de la fiancée étaient étincelants d'or et de pierreries. Trois gentilshommes portaient devant elle les insignes de la royauté; quatre autres marchaient à côté d'elle, élevant sur sa tête un dais de soie et de velours orné de riches broderies et de glands en or. Deux des plus grands seigneurs du royaume tenaient dans leurs bras le fils illégitime d'Éric et de Catherine, qui allait être reconnu héritier de la couronne; puis venait un nombreux cortége de chevaliers et de grandes dames, qui s'en allaient la tête baissée, n'osant exhaler un murmure, mais s'indignant au fond du cœur d'accompagner ainsi la fille du peuple.

Quant à Catherine, elle était humiliée et confuse de se voir l'objet d'une telle pompe et d'une telle réunion. Elle s'en allait à pas lents, l'œil inquiet, le front baissé; et quand parfois elle essayait de sourire, ou quand elle jetait autour d'elle un regard rapide, on eût dit que, par ce sourire plein d'une douce mélancolie, par ce regard timide et charmant, elle demandait à ceux qui l'entouraient pardon de sa fortune et de son triomphe. Éric était le seul qui, au milieu de cette réunion nombreuse, se montrât la tête haute et le visage riant. En épousant Catherine, il semblait se venger de toutes les princesses avec lesquelles il avait entrepris des négociations de mariage, et, au plaisir de couronner celle qu'il aimait, il joignait vraisemblablement la satisfaction d'affronter sur un nouveau terrain l'orgueil de la noblesse. Mais c'était là une de ces joies courtes qu'il savourait à lui tout seul, et qui n'aurait guère excité de sympathie parmi ses courtisans, si ce n'est dans l'âme envieuse de Goran Persson. Tout ce cortége, si richement paré, suivait silencieusement sa route, et le peuple, surpris de la nouveauté de ce spectacle, de cet étrange roman d'une pauvre marchande de fruits appelée à s'asseoir sur le trône des Wasa, se tenait à distance et ne disait rien.

Arrivés dans l'église, les deux amants s'agenouillèrent devant l'archevêque Laurentius Petri, qui leur donna la bénédiction nuptiale ; puis le roi anoblit les parents de Catherine et les arma chevaliers, en les frappant d'un coup d'épée sur l'épaule et en leur disant, selon la formule du temps : « D'abord tu fus païen, puis chrétien, maintenant te voilà chevalier. »

Après cette cérémonie, le royal cortége rentra au château, où le roi avait fait préparer une fête brillante ; mais la splendeur de ses salons, le luxe de sa table, ne pouvaient distraire les convives de la contrainte qu'ils avaient éprouvée tout le jour. Sur la fin du dîner, Nils Gyllenstierna, qui était debout derrière Catherine, tenant la couronne entre ses mains, la laissa tomber par terre. Cet accident éveilla au fond de tous les esprits, déjà disposés aux pressentiments sinistres, une indicible terreur. Catherine elle-même, qui n'était pas superstitieuse, ne put réprimer un mouvement d'effroi. Depuis le matin, elle était triste et gênée, ses vêtements lui semblaient lourds, sa parure lui faisait mal; elle voyait le roi insouciant et joyeux, et pour la première fois de sa vie elle ne pouvait s'associer à sa joie; elle voyait les convives silencieux et embarrassés, et leur figure morne lui semblait être un reflet de la sienne. Dès qu'elle put se retirer, elle se hâta de quitter sa robe royale pour prendre celle de la veille, et, lorsque Éric vint la rejoindre, il la trouva assise toute seule près de la fenêtre, la tête cachée entre ses mains et les yeux baignés de larmes.

IX.

La subite tristesse de Catherine n'était qu'un présage des profondes souffrances qu'elle devait éprouver bientôt. En pleurant le soir de son mariage, elle devançait seulement de quelques jours l'époque où elle pleurerait amèrement et ne serait plus consolée. Un nouvel orage allait éclater sur la Suède, et cet orage devait à tout jamais briser la destinée d'Éric et bouleverser la sienne.

Après avoir été remis en liberté, le duc Jean s'était, comme nous l'avons dit, retiré au château de Windholm avec sa famille. Mais il craignait encore l'esprit ombrageux de son frère, et, tout en conservant les apparences d'une vie modeste et paisible, il songeait aux moyens de se venger du passé et d'assurer l'avenir. Quelques mécontents devinèrent ses intentions et lui offrirent un appui. Le roi apprit par ses espions qu'il se tramait quelque complot dans la demeure de son frère, et contre son habitude, avant de prendre tout à coup une mesure violente, il eut recours aux moyens détournés. Il y avait alors à sa cour un jeune gentilhomme de la Provence, nommé Pontus de La Gardie, qui avait quitté la France pour échapper aux persécutions exercées contre les protestants. Du service de Danemarck, La Gardie avait passé au service de Suède, et s'était distingué en différentes occasions par son intelligence et son courage. Éric résolut de l'envoyer sous quelque prétexte plausible dans la demeure de son frère, pour observer ce qui s'y passait. Goran Persson combattit ce choix, et cette fois le rusé ministre avait raison; mais Éric persista dans sa première décision, et Pontus de La Gardie partit.

C'était un homme habile et clairvoyant qui, en observant la disposition du peuple dans le cours de son voyage et les mouvements des mécontents, devina que le règne d'Éric touchait à sa fin et que celui du duc Jean allait commencer. Au lieu de remplir la mission qui lui avait été confiée, il se rangea du côté du duc et l'engagea à arborer l'étendard de la révolte. Jean attendait pour se décider que son frère Charles se prononçât en sa faveur. Charles accepte les propositions qui lui sont faites, et à l'instant la lutte contre le roi est résolue, la guerre est déclarée. Les deux frères réunirent leurs troupes aux environs d'Eskilstuna et résolurent de commencer leur campagne par le siége du château de Wadstena, qui était alors l'une des principales forteresses de la Suède. A peine cette levée de drapeaux fut-elle connue dans le pays, que tous ceux qui depuis long-temps supportaient à regret le joug d'Éric, tous ceux qui avaient été offensés par ses injustices, par ses violences, vinrent se joindre à l'armée des rebelles. Un jour, les clairons du camp éveillaient l'attention des généraux, et l'on voyait arriver une troupe à cheval, commandée par un homme au visage sombre et à la stature imposante. Je suis, disait cet homme, le chef de cette cavalerie allemande que le roi a insultée un jour de bataille ; je veux me venger, et je viens me joindre à vous. Le lendemain, c'était un corps de nobles Suédois portant la chaîne d'or au cou et le panache flottant à leur chapeau. Je suis, disait l'un d'eux, le sénateur Leyonhufwud, que le roi fit enfermer comme un malfaiteur au château d'Upsal ; je veux me venger, et je viens me joindre à vous. Puis on vit venir une femme aux cheveux blancs, à la démarche grave, qui s'avançait à pas lents, précédée de deux écuyers et suivie de plusieurs charrettes. Elle portait des vêtements de deuil, et sa tête était couverte d'un long voile. Quand, de sa main vieillie et décharnée, elle écarta les plis de ce voile, on aperçut un visage ridé par les souffrances plus encore que par l'âge, et des yeux rouges encore des larmes qu'ils avaient versées. Je suis, dit-elle, la veuve de Svante-Sture et la mère de Nils. Mon nom vous dit toutes mes douleurs. Aucune vengeance ne pourrait compenser les angoisses que j'ai subies, ni calmer les regrets qui me dévorent ; mais il faut que le tyran tombe, et je vous apporte, pour vous aider dans vos efforts, l'argent qu'il m'avait donné pour expier la mort de mon époux et le meurtre de mon fils.

Les deux princes, soutenus par tous ces renforts, prirent aussitôt les mesures nécessaires pour assurer le succès de leur entreprise. Pour ne pas être inquiétés par les ennemis du dehors, ils firent un traité de paix avec le Danemarck. Pour payer régulièrement la solde de leurs troupes, ils s'emparèrent des richesses de leur frère Magnus, qui était toujours dans un état d'imbécillité, et avec l'argent qu'il leur abandonna, avec celui que leur avait apporté la veuve de Sture, ils fabriquèrent une monnaie qu'ils voulaient appeler le billon de Wadstena; mais le peuple la nomma le billon de sang. Leurs premières tentatives réussirent au gré de leurs souhaits. Le duc Charles s'empara presque sans coup férir du château de Wadstena. Jean harangua le peuple, qui applaudit à son discours et promit de s'armer pour détrôner celui qu'on appelait naguère, en style officiel, le roi très-chrétien et qu'on ne désignait plus alors que sous le nom de tyran.

Éric était encore occupé de ses fêtes de mariage, trompé par son imprévoyance, fasciné par les joies de son amour, quand il apprit tout à la fois la révolte de ses frères, la prise du château de Wadstena et les progrès toujours croissants de l'armée rebelle. Il sortit de son enivrement pour revêtir l'armure de guerre, marcha contre les confédérés, les joignit près de Nykœping, et les attaqua avec une valeureuse ardeur.

Mais le peuple commençait déjà à l'abandonner, ou ne lui prêtait plus qu'un appui chancelant. Le nombre de ses troupes diminuait chaque jour, et ses frères recevaient sans cesse de nouveaux renforts. Il abandonna son plan d'attaque pour se mettre sur la défensive et se retira dans sa capitale, laissant toutefois sous les ordres de Steinkors un corps de troupes pour arrêter, ou tout au moins retarder la marche de l'ennemi. Steinkors fut battu, et quelques jours après l'armée rebelle campait aux portes de Stockholm.

X.

Éric monta sur les remparts de la batterie des Trois-Couronnes qui était située au nord de la ville, et regarda avec un sentiment de douleur les soldats ennemis. Aussi loin que la vue pouvait s'étendre à travers la longue plaine qui sépare Upsal de Stockholm, on ne voyait que des bataillons rangés en bon ordre, des feux de bivouac dispersés çà et là, des étendards flottant de tous les côtés. De temps à autre, on apercevait le duc Charles courant à cheval au milieu des rangs, donnant lui-même ses ordres aux officiers et encourageant les soldats. Les troupes, à son approche, agitaient leurs armes en l'air, et répondaient à ses paroles d'encouragement par des cris enthousiastes. On eût dit que les Suédois, en le voyant passer, devinaient en lui le roi qui devait un jour donner une nouvelle illustration au trône de Wasa.

À l'aspect de cette armée si nombreuse et si forte,

Éric éprouva un abattement profond. Rentrant au château, il résolut de mourir plutôt que de subir la honte d'une lutte inégale, appela son médecin, et voulut se faire ouvrir les veines. Mais le médecin s'y refusa énergiquement, déclarant que son devoir était de prolonger la vie du roi, et non pas de l'abréger. Dans ce moment, on vient annoncer à Éric que l'ennemi a quitté son camp et s'avance en bon ordre du côté de la ville. A cette nouvelle, Éric, passant tout à coup d'un accès de découragement à une sorte d'exaltation, monte à cheval et s'élance avec ses gardes au-devant des rebelles. Il rencontre leurs premiers bataillons sur la place de Brunkeberg, et se précipite au milieu d'eux avec une telle ardeur et un tel courage, qu'il les fait reculer. Il cherchait de La Gardie, mais il ne put l'atteindre. Il voulait se battre en duel avec ses frères Jean ou Charles, mais tous deux s'y refusèrent. Après avoir repoussé les agresseurs dans leurs premiers retranchements, il s'en revint avec ses troupes, et traversa, au milieu des morts et des blessés, cette même place de Brunkeberg qu'il avait traversée sept ans auparavant au milieu des cris de joie de la population.

Cependant l'armée des révoltés serrait de près la ville, et devenait de plus en plus redoutable. Les deux princes, prévoyant leur prochaine victoire, commençaient à désigner leurs victimes et à tracer leurs conditions. Ils firent sommer la bourgeoisie de leur livrer Goran Persson. La bourgeoisie ne demandait pas mieux; car elle haïssait profondément cet indigne ministre de la royauté; mais Éric voulait le défendre. Il fallut parlementer long-temps avec lui. Enfin, à force de sollicitations de la part des magistrats de la cité, des officiers et des nobles, il abandonna son conseiller à la vengeance populaire. Persson fut arrêté dans le palais et livré aux deux princes, qui lui firent souffrir tous les genres de mort. Il fut mis à la torture, puis pendu. On lui coupa les oreilles et on les suspendit à un poteau avec ses lettres de noblesse. Puis, comme on s'aperçut qu'il vivait encore, le bourreau le détacha du gibet, lui roua les membres, lui coupa la tête, et les soldats lapidèrent son corps. Sa mère avait été arrêtée en même temps que lui et devait subir le même supplice; mais, tandis qu'on la conduisait hors de la ville, elle se jeta à bas de son cheval et se brisa la tête sur le pavé.

Ce n'était là qu'une satisfaction accordée à la haine populaire. Les deux princes demandaient la reddition de la ville et l'abdication d'Éric; ils lui offraient, en échange de sa couronne, la principauté d'Aland et de Borg. Éric voulait défendre son trône jusqu'à la dernière extrémité. Pour exciter la défiance de la populace envers ses frères, il avait fait suspendre sur la grande place les lettres qu'ils lui avaient écrites, et où ils lui juraient une fidélité éternelle. Il les montrait lui-même aux bourgeois, et il leur disait : Voyez si l'on peut ajouter foi à leurs paroles. Puis il rentrait au château, animait le zèle des nobles, haranguait les soldats, s'élançait à la forteresse des Trois-Couronnes, et commandait le feu des batteries. Mais tous ses efforts ne faisaient que pallier un instant le péril de sa situation, et retardaient à peine sa chute. Chaque jour, quelque nouvelle du dehors augmentait la terreur de la bourgeoisie, et troublait le zèle des soldats. Chaque jour, les deux princes étendaient leurs conquêtes. Les provinces les plus éloignées se soumettaient à leur pouvoir, les commandants des forteresses n'attendaient pas même qu'ils fussent sommés de se rendre. Ils répudiaient d'eux-mêmes l'autorité du roi, et s'associaient à la fortune des révoltés. Éric voulait lutter encore, et déjà le royaume ne lui appartenait plus. La Suède entière l'avait peu à peu abandonné, il ne lui restait que Stockholm, et son pouvoir dans cette ville commençait à devenir fort problématique. Les bourgeois comptaient avec anxiété les coups de canon de la forteresse, et craignaient qu'une plus longue résistance n'attirât sur la cité de cruelles représailles. Les nobles voyaient leurs intérêts compromis dans cette grande lutte, et songeaient au moyen de s'y soustraire. Déjà on pouvait citer plusieurs défections. Des officiers avaient été envoyés en parlementaires auprès de l'armée ennemie, et n'étaient plus revenus. D'autres avaient reçu l'ordre d'aller défendre une ville, un château, et, à peine arrivés à leur poste, ils l'avaient livré. Dans les rues, on voyait les hommes du peuple s'approcher l'un de l'autre d'un air mystérieux, et se communiquer à voix basse les nouvelles du jour. Au château, les gentilshommes de la cour, les capitaines des gardes s'observaient avec une sorte d'inquiétude et semblaient dire en se rencontrant :

Que ferez-vous? Sur ces entrefaites, une défection plus éclatante que les autres accrut encore les terreurs de la population. On vit des barques s'approcher du quai de la cité. Trois femmes y descendirent en saluant avec grâce le peuple rassemblé autour d'elles. Ce n'étaient rien moins que la reine-mère et les deux sœurs d'Éric qui, sous le prétexte de faire une promenade, rejoignirent le duc de Saxe qui les attendait de l'autre côté du Maelar, et se réfugièrent dans le camp ennemi.

Éric venait de faire une tournée militaire dans la ville quand il apprit cette nouvelle. Au moment où il rentrait au château, il aperçut Catherine, qui, depuis le commencement de cette guerre sinistre, veillait sur lui avec l'inquiétude d'une mère qui craint de se voir enlever son fils. — Eh bien! Catherine, dit Éric, ne serez-vous pas aussi prévoyante que ma mère et mes sœurs? C'est, à ce qu'il paraît, un acte de prudence que de m'abandonner. — O mon roi! s'écria la jeune femme, depuis que je vous connais, toute ma vie est en vous, et quand le monde entier, quand Dieu lui-même vous abandonnerait, la pauvre Catherine vous resterait fidèle.

Cependant les princes avaient de nouveau sommé la ville de se rendre, promettant, si elle acceptait cette fois leurs propositions, de n'exercer envers elle aucunes représailles et de ne pas permettre qu'elle fût pillée. Les magistrats députés par la bourgeoisie firent de nouvelles tentatives auprès d'Éric pour le déterminer à ne pas prolonger davantage un combat inutile; mais il resta inébranlable. Il avait encore, disait-il, 50,000 ducats, et s'il était forcé d'abandonner Stockholm, il se retirerait dans quelque province reculée de la Suède, et se défendrait jusqu'au dernier moment. A la suite de cette dernière démarche, plusieurs officiers et plusieurs nobles se réunirent dans la demeure d'un négociant et résolurent d'en finir avec une lutte qu'ils redoutaient tous de prolonger. L'archevêque était présent à cette séance, et déclara que, vu le danger des circonstances, il déliait les Suédois du serment de fidélité qu'ils avaient prêté à Éric. Toutes les consciences étant ainsi religieusement mises à leur aise, il fut convenu que pendant la nuit on ouvrirait les portes de la ville, et qu'on livrerait le roi à son frère Charles. Un officier partit aussitôt pour prévenir les princes de cette détermination, et les conjurés gardèrent si bien le secret de cette séance qu'il n'en transpira rien.

Le lendemain, Éric était à l'église, écoutant fort paisiblement un sermon que le prêtre associé au complot faisait peut-être plus long que de coutume, quand tout à coup un de ses gens accourt au haut de la nef et s'écrie : Aux armes, sire, vous êtes trahi ! Le roi s'élance dans la rue l'épée à la main, aperçoit les troupes révoltées qui s'avançaient déjà le long de la grande place, et marche à pas précipités pour arriver au château avant elles. Mais au même instant il est arrêté par Sten Leyonhufwud, qui, lui mettant un pistolet d'arçon sur la gorge, lui dit : Sire, rendez-vous, il y va de votre vie. Éric lui tend la main et lui répond : Soit, je suis votre prisonnier. Mais un des gardes, se jetant au-devant de Sten, lui passa son sabre à travers le corps. Éric aperçoit La Gardie, s'élance contre lui avec fureur, lui traverse le bras d'un coup d'épée, puis monte au château et en fait barricader les portes. Autour de lui, il assemble ses gardes dalécarliens, il leur rappelle la gloire que la Dalécarlie s'est acquise en combattant pour Gustave, et leur demande s'ils voudraient abandonner le fils de leur ancien roi. — Non, non, s'écrient ces braves soldats, nous ne trahissons pas nos serments. Nous combattrons pour vous jusqu'à la dernière heure. Éric les remercia avec effusion, serra leur commandant dans ses bras, puis courut dans un arsenal chercher une nouvelle armure. Au moment où il laçait sa cuirasse, on vient lui dire que le duc Charles est devant le fort du château et demande à lui parler. Le roi monte sur la terrasse et voit toutes les rues inondées de troupes. — C'en est donc fait, dit-il, du royaume que m'avait légué mon père ? Tout vous appartient, jusqu'à cette ville où j'avais voulu mourir plutôt que de me rendre. Ceux qui m'avaient juré une éternelle fidélité ont tremblé pour leurs biens et vous ont appelés à leur secours. La Suède s'est choisi d'autres maîtres, et l'aîné des fils de Gustave est maintenant comme un enfant déshérité devant son frère. Mais non, dit-il en se relevant avec fierté, il me reste encore mon épée, il me reste un corps de troupes courageux et fidèle, et à moins que vous ne m'assuriez une destinée convenable pour moi, pour ceux qui m'auront fidèlement servi, je recommencerai la lutte sur cette terrasse, dans ce château, dans cette tour, jusqu'à ce que je sois anéanti.

Charles lui promet la principauté de Swartsiœ et de Fœringœe, et l'engage à venir dans l'église régler les conditions du traité. Éric descend, mais à peine est-il entré dans l'église que des vociférations de haine et de vengeance s'élèvent contre lui. Pendant ce temps, Pierre Brahe persuade aux Dalécarliens de se rendre. Alors le malheureux roi, abandonné de tout le monde, seul au milieu de ses ennemis, quitte ses armes, courbe la tête, se résigne à son sort, et au lieu de lui accorder une principauté on le condamne à une prison perpétuelle. Charles le laissa dans une chapelle de l'église avec un piquet de troupes pour le garder et des sentinelles de tous côtés. Pas un ami n'était là pour lui tendre la main, pour lui porter une dernière consolation. Mais le soir, une femme au front pâle, aux vêtements en désordre, venait frapper d'une main défaillante à la porte de l'église. — Que voulez-vous ? dit le factionnaire. — Entrer dans la prison de mon époux. — Impossible. La jeune femme rompit la chaîne d'or qu'elle portait au cou et la lui présenta. Impossible, répéta le factionnaire. — Au moins, dit-elle avec un douloureux soupir, ne me refuserez-vous pas la permission de m'asseoir à cette place du pauvre. En disant ces mots, elle s'assit sur l'escalier en pierre, cacha sa tête dans ses mains, et le factionnaire ému s'éloigna de quelques pas pour ne pas entendre ses sanglots.

XI.

Catherine était encore là le matin, la tête enveloppée dans son voile, les membres engourdis par le froid, quand deux officiers se présentèrent avec un ordre de Jean pour ouvrir l'église et emmener Éric au château. La jeune femme voulut se jeter au-devant de lui, lorsqu'elle le vit paraître; mais les soldats l'arrêtèrent. Éric la regarda avec un inexprimable sentiment d'amour et de douleur. « Adieu, Catherine, adieu, dit-il, nous nous reverrons. » Puis il s'avança vers le château d'un pas ferme. Catherine le suivit des yeux aussi long-temps que possible, et lorsqu'il disparut, elle rentra, faible et malade, dans la demeure où elle avait déposé son fils.

Ce jour-là même, Jean faisait son entrée solennelle à Stockholm et recevait le serment d'obéissance du sénat et de la bourgeoisie. Sa première pensée en montant sur le trône fut d'enlever à son frère tout espoir de salut. Il convoqua les états du royaume et les somma de juger Éric. L'acte d'accusation formulé contre ce malheureux prince joignait à quelques vérités un atroce assemblage de fausses suppositions et de calomnies. Éric n'eut pas de peine à repousser comme d'insignes mensonges la plupart des crimes qu'on lui imputait. Il se défendit avec talent et fermeté. Mais ses juges, émus un instant par sa noble et mâle contenance, par ses paroles tout à la fois touchantes et énergiques, reprirent bien vite leur première résolution, et le condamnèrent à une détention perpétuelle. Seulement ils demandaient que cette détention fût adoucie par des égards et ménagée d'une manière convenable à la dignité d'un homme qui avait été roi de Suède.

Jean fit semblant d'accepter cette clause et s'en moqua complétement. Éric fut enfermé dans une voûte étroite et sombre, fermée par de lourds barreaux de fer et dépourvue de tout ce qui eût pu tromper son infortune, ou tout au moins adoucir sa captivité. Pour gardiens, on lui donna des hommes dont il avait offensé ou persécuté les familles dans le cours de son règne, et ces hommes exerçaient sur lui une cruelle vengeance. L'un d'eux demandait du fer et du cuivre pour lui forger des chaînes; un autre lui enlevait ses vêtements pendant les nuits d'hiver pour le voir pâlir sur sa couche et grelotter de froid; un troisième lui avait attaché au pied un énorme bloc de fer que l'on voit encore à Abo.

Éric aimait les livres et la musique; on ne lui laissa ni livres, ni musique, ni encre, ni plumes. Il demandait instamment qu'on lui donnât au moins une Bible; cette demande fut repoussée. Il sollicitait comme une grande faveur la permission de passer de temps à autre quelques minutes hors de son cachot, de s'asseoir en plein air, au milieu de ses gardes, de traîner ses chaînes dans la cour; mais ses geôliers furent inflexibles. En se taillant une plume avec un morceau de bois, en faisant de l'encre avec du charbon délayé dans de l'eau, il parvint à écrire quelques lettres à Jean. Il lui disait : « Je ne puis pas croire que vous ayez donné l'ordre de me tourmenter comme on le fait. Chaque jour m'apporte une nouvelle souffrance et une nouvelle torture. Ayez pitié de moi. Le monde n'est-il pas assez grand pour que nous puissions y vivre tous deux en paix? Je vous promets de ne rien entreprendre contre vous, de me retirer où vous voudrez, de vivre de la vie la plus humble et la plus résignée. Mais tendez-moi la main au nom de notre père, et ne laissez pas votre frère souffrir les mauvais traitements d'un indigne geôlier. »

A force de sollicitations, il obtint des livres et quelques instruments de musique. Puis, comme on ne les lui avait accordés que pour lui en faire sentir plus cruellement la privation, deux jours après on les enleva sans pitié, et le malheureux Éric retomba dans le silence de son cachot, dans l'ennui de sa solitude, dans le sinistre désœuvrement de sa pensée.

Cependant le peuple apprit peu à peu les souffrances auxquelles son ancien roi était condamné, et un sentiment de pitié succéda aux récriminations que le souvenir de son règne excitait encore naguère. Ceux qui lui avaient été le plus hostiles convinrent que l'expiation était bien rude, et ceux qui, après sa chute, lui conservaient un souvenir d'affection et de reconnaissance, se sentirent profondément émus. Quelques-uns tâchèrent d'obtenir un allégement à ses douleurs en implorant pour lui la compassion de Jean, qui repoussa leur prière avec dédain. D'autres résolurent de le délivrer; mais leur conspiration fut découverte, et leur généreux projet n'aboutit qu'à rendre les geôliers d'Éric plus défiants et sa captivité plus rigoureuse. Chaque fois que Jean croyait deviner la moindre apparence de complot en faveur de son frère, il envoyait aussitôt Éric dans une autre prison et l'entourait d'une surveillance plus sévère. Il l'avait d'abord enfermé au château de Stockholm; il le fit ensuite conduire à Abo, à Kastelholm, à Gripsholm, à Westeras, et enfin à Orebyhus.

Dans ces longs jours d'isolement et ces longues heures d'angoisses, Éric songeait souvent à Catherine. Le souvenir de cette jeune femme aimée souriait à son imagination de poète. Son plus grand désir était de se réunir à elle; son unique consolation était de la voir de temps à autre tromper la surveillance des sentinelles pour arriver devant sa prison. Le jour où Jean entra à Stockholm avec la couronne de roi sur la tête, Catherine quitta le château, ne demandant rien des richesses qui lui avaient appartenu et n'emmenant que son fils. Les deux princes, qui, tout en blâmant leur frère de lui avoir donné le titre de reine, admiraient ses nobles qualités, lui offrirent, dans une des provinces de Suède, une retraite honorable et une fortune; mais Catherine ne sollicitait que la permission de partager la captivité d'Éric, et Jean ne voulut pas lui accorder sa demande. Elle se retira alors dans une modeste maison de Stockholm. De là, elle s'en allait chaque jour errer autour du château. Quand le factionnaire détournait la tête, elle s'approchait de la fenêtre du cachot où son époux était enfermé, elle lui jetait à la hâte quelques mots d'amour, puis s'enfuyait à la vue des soldats qui lui criaient de s'éloigner, et revenait un instant après. Le soir, on la voyait passer comme une ombre au pied des murailles, ne parlant à personne, tirant son voile sur son visage quand on semblait la regarder, n'ayant qu'une seule pensée, un seul désir, celui d'entendre la voix de l'homme qu'elle aimait, de distinguer ses traits à travers les barreaux de fer, d'échanger avec lui un regard, une parole de consolation. Quelques soldats, touchés d'un tel dévouement, oubliaient leur consigne, et, quand elle s'avançait vers le château d'un pas timide, faisaient semblant de ne pas la voir. Alors elle se collait contre la muraille, elle essayait de se cramponner avec ses petites mains au rebord en pierre de la fenêtre, elle appelait Éric, et le pauvre Éric oubliait, dans cette minute rapide, toutes les souffrances de la journée. Les heures qu'elle passait chez elle, elle les employait à élever son fils. Elle lui enseignait à lire, à prier; elle lui racontait, comme autrefois son aïeul les lui avait racontées à elle-même, les plus belles pages de l'histoire de Suède, et lui parlait d'Éric avec amour et douleur. Toute sa vie était ainsi consacrée à une pensée de dévouement et de résignation. Tout son monde était entre la prison d'un roi et la chambre d'un enfant.

Quand Éric fut conduit à Abo, elle accourut sur le quai pour le voir partir; elle voulait le suivre en Finlande. Elle pria les capitaines de navires de la prendre avec eux; mais il leur était sévèrement interdit de l'emmener. Éric resta une année en Finlande. Pendant tout ce temps, la pauvre femme se tint enfermée dans sa demeure, ne voyait plus personne ; ne se souciant d'aucune nouvelle et d'aucun événement. Il semblait que la ville entière avait cessé d'exister pour elle, le jour où Éric avait cessé d'y vivre.

Quand le pauvre prisonnier fut ramené en Suède et enfermé à Gripsholm, Catherine obtint enfin la permission de le voir. Les deux époux se jetèrent dans les bras l'un de l'autre en pleurant et sans pouvoir prononcer une parole. Puis ils s'assirent sur l'étroit banc de chêne de la prison, et ils se racontèrent leurs regrets mutuels, leurs souffrances, qu'ils pouvaient lire d'ailleurs sur leur visage amaigri et dans leurs regards fatigués par les larmes et l'insomnie. Leur fils était auprès d'eux qui ne comprenait pas encore leur douleur, mais qui pleurait en voyant pleurer sa mère. — Pauvre enfant! dit Éric en lui posant la main sur la tête ; j'avais espéré qu'il monterait après moi sur le trône, et maintenant je ne sais quel sort la Providence lui réserve. — Oh! ne regrettez pas la royauté pour lui, s'écria Catherine ; elle vous a été si fatale : mieux vaut le père le plus obscur, le plus pauvre, que la splendeur du trône avec toutes ses angoisses. Je lui enseigne à prier, à se confier à Dieu plutôt qu'aux hommes. Il prie pour vous tous les jours, sa voix innocente doit s'élever jusqu'au ciel et abréger vos souffrances. — L'enfant, qui entendit parler de prière, croisa les mains sur sa poitrine et se mit à dire celle qu'il répétait chaque matin et chaque soir : « O mon Dieu ! prends pitié de mon pauvre père, protège-le contre ses ennemis, soutiens-le dans ses infortunes, rends-lui la joie et la liberté. » Éric ému prit son fils dans ses bras et le serra avec tendresse contre son cœur. Le geôlier qui, par ordre supérieur, comptait les minutes, ouvrit la porte brusquement et mit fin à cette scène touchante. Mais Jean semblait vouloir apporter quelque adoucissement à la captivité de son frère. Il lui donna des gardiens moins sévères et permit à Catherine d'habiter une chambre située au-dessous de sa prison. Il y avait long-temps que la jeune femme n'avait éprouvé une si grande joie. C'était au mois de juin, à l'époque où toute la Suède, attristée par un long hiver, quitte son voile de deuil, s'égaie, s'anime, se couvre de fleurs et de verdure. Dès le matin, Catherine sortait de sa chambre et allait s'asseoir avec son fils sous les rameaux de sapins, en face de la retraite d'Éric, qui à la même heure accourait à sa fenêtre. Ils étaient trop loin l'un de l'autre pour pouvoir se parler, mais ils pouvaient du moins se regarder, se faire des signes, et c'était pour le malheureux captif si long-temps abandonné à lui-même une immense consolation, que de voir ainsi sous ses yeux tout ce qu'il avait de plus cher au monde, sa femme et son fils, de voir la mère assise sur la pelouse, avec son ouvrage, qu'elle abandonnait souvent pour regarder du côté de la prison, et l'enfant jouant auprès d'elle ou épelant un livre. Les jours de pluie n'empêchaient pas

Catherine de venir s'asseoir à sa place habituelle. Mais quelquefois le caprice d'un geôlier arrêtait Éric au moment où il allait, selon sa coutume, se suspendre aux barreaux de la fenêtre. On le liait dans un des coins de sa prison, et alors il retombait dans une affreuse mélancolie. Un jour qu'il avait été ainsi retenu à l'écart, privé de tout ce qui faisait alors sa consolation et sa joie, il se mit à chanter ce psaume qui se trouve encore aujourd'hui dans le psautier suédois :

« O mon Dieu, à qui dirai-je la douleur de mon âme, pauvre pécheur que je suis? Hélas! les fautes que j'ai commises ne peuvent m'être pardonnées qu'au nom de Jésus-Christ.

» Je suis un malheureux captif, retenu dans ce monde comme une brebis dans une île. Je ne puis en sortir; je ne puis recouvrer ma liberté que par la mort.

» La nuit et le jour, mon cœur m'accuse. Je succombe à son jugement. Mon Dieu! délivre-moi des piéges de Satan, délivre-moi du désespoir.

» Mon Dieu! quelle que soit ma destinée, je remets en tes mains mon âme et ma vie. Ah! je n'aurais jamais cru que je tomberais si bas, quand tout allait si bien. »

Au moment où il achevait de murmurer ces paroles plaintives, il aperçut Catherine qui lui faisait un de ces signes d'intelligence que le cœur de ceux qui souffrent ou de ceux qui aiment est habile à comprendre. Il y avait ce jour-là une légèreté dans sa démarche, une gaieté dans son regard, qui, malgré elle, trahissait quelque secret heureux. Catherine venait d'apprendre que Ch. de Mornay avait formé le projet de délivrer Éric, et le plan de cette nouvelle conspiration, le courage et l'habileté de celui qui la dirigeait, donnaient à la jeune femme un espoir qu'elle n'avait pas encore éprouvé. Ch. de Mornay avait été envoyé en Écosse pour y faire une recrue de soldats. A son retour, il proposa à Jean de lui montrer une danse militaire, une danse à l'épée très-célèbre alors en Écosse. Au milieu de cette danse, à un signal donné par lui, une partie des conjurés devaient se précipiter sur les principaux ennemis d'Éric, une autre devait courir à Gripsholm et délivrer le royal captif. Quant à Mornay, il promettait de se rendre maître de Jean. Cette danse singulière excita probablement quelque soupçon, car, après avoir témoigné le désir de la connaître, Jean ne voulut plus en entendre parler. Quelque temps après, les Écossais eux-mêmes révélèrent le complot, et Mornay paya de sa vie le désir qu'il avait eu de rendre la liberté à son ancien maître.

Cette conspiration si bien ourdie en apparence, et qui avait donné tant d'espoir à Catherine, ne fit que jeter une nouvelle terreur dans l'esprit ombrageux de Jean, et par contre-coup accrut les souffrances d'Éric. Il fut transféré de Gripsholm à Westeras, puis à Orebyhus, dans un château fortement construit, isolé au milieu d'une longue plaine. A l'un des angles de ce château, sous une voûte souterraine, on voit encore une espèce de galerie humide et sombre. A l'extrémité de cette galerie, on trouve un cabinet de quelques pieds carrés, aux murailles nues, au sol froid et mal pavé. Une porte de chêne massif en ferme l'entrée, et la lumière n'y descend que par l'étroite ouverture d'un soupirail. Éric fut enfermé dans cette lugubre cellule, et ses gardiens campèrent dans la première pièce. On lui donna une table en bois de sapin, une chaise, quatre planches pour faire un lit ; c'était là tout son ameublement. De l'un des autres côtés du château, il aurait pu avoir la vue du lac, qui en été est fort riante et fort belle ; mais ses rudes geôliers prenaient à tâche de lui enlever toute espèce de jouissance et toute distraction. On le sépara de sa femme et de son fils, on lui enleva encore une fois ses livres et ses instruments de musique. Lui laisser entrevoir la surface du ciel, c'eût été une trop grande faveur ; il ne vit plus que les noires murailles de ses cachots et n'entendit plus que le bruit des pas de ses sentinelles.

Malgré toutes ces précautions, Jean tremblait encore qu'on ne vînt à délivrer son frère et à le replacer sur le trône. Pour en finir avec ces perpétuelles anxiétés, il convoqua les états, leur peignit les diverses tentatives qui avaient été faites pour délivrer Éric, les troubles que ces conspirations avortées excitaient dans le royaume, et leur demanda un nouvel arrêt contre son frère, un arrêt de mort. Les états accordèrent l'arrêt, et Jean ne pensa plus qu'à le faire exécuter.

En apprenant cette fatale sentence, Catherine partit à la hâte pour Orebyhus, afin d'en prévenir Éric. A quelques lieues de distance, elle quitta son traîneau afin de parvenir plus discrètement à son but. C'était au mois de février. Une neige épaisse couvrait la terre, une brume sombre enveloppait l'horizon. Le jour était obscur et triste comme la nuit. Pas un rayon de soleil ne brillait au ciel, pas un lambeau d'azur ne perçait à travers les masses de nuages. Aussi loin que la vue pouvait s'étendre, on ne distinguait qu'une plaine déserte, une forêt de sapins silencieuse et sombre et quelques mares d'eau glacée. Là, le regard de la jeune femme cherchait en vain un tourbillon de fumée, une habitation, un refuge, et plusieurs milles à la ronde le sol était inhabité; il n'y avait pas un vestige humain sur la route, et l'on n'entendait d'autre bruit que le sifflement de la rafale qui, de temps à autre, soulevait des tourbillons de neige, les emportait dans l'air comme un nuage, et les faisait tournoyer comme une trombe.

Catherine marchait avec peine sur une route mal frayée qu'elle ne reconnaissait qu'aux longs piquets de sapin plantés de distance en distance. Parfois elle tombait dans des masses de neige, parfois elle glissait sur des mares d'eau, puis elle avait peur d'être engloutie dans un tourbillon; quand elle en voyait un s'élever devant elle, elle se jetait par terre, attendait qu'il fût passé, et reprenait sa route. En quittant son traîneau, elle avait calculé que dans un espace de deux ou trois heures elle pourrait arriver à Orebyhus; mais les difficultés de la route, le vent, le froid, l'obscurité, trompèrent toutes ses espérances. A chaque instant elle était obligée de s'arrêter pour reprendre haleine. Elle tenait par la main son fils qui la suivait d'un pas débile et la retardait encore dans son voyage. Tout à coup l'enfant fatigué se jette sur la neige en pleurant et s'écrie : Maman, laisse-moi ici, je ne puis plus marcher. A ce cri sinistre la pauvre mère éprouve un sentiment de désespoir; elle était aussi loin de l'endroit qu'elle venait de quitter que de celui où elle voulait aller; elle voyait son fils immobile devant elle, pâle et transi de froid, et se demandait comment elle pourrait l'emmener plus loin. Mais l'idée qu'il y allait de la vie de son époux, qu'en le prévenant de sa sentence elle pourrait peut-être encore le sauver, cette idée de devoir et d'amour ranima son énergie. Elle leva les yeux au ciel, se recommanda à Dieu, puis, prenant son enfant sur ses épaules avec une force surnaturelle, elle continua sa route.

Vers la nuit enfin, elle arriva dans une cabane de paysans : — Combien y a-t-il encore d'ici à Orebyhus? demanda-t-elle en entrant. — Une lieue, répondit un vieillard. — Impossible donc d'y aller aujourd'hui! s'écria Catherine, et elle tomba épuisée de fatigue sur la chaise que la femme du paysan se hâta de lui apporter. Toute la famille s'était levée à son approche, et lui avait laissé la place libre près de l'âtre. Personne n'osait lui demander qui elle était, et quel motif pressant pouvait la décider à braver ainsi, toute seule avec un enfant, les orages de l'hiver. Mais chacun devinait qu'une telle résolution cachait une grande douleur, et attachait sur elle un regard plein de pitié et de bienveillance. Quelques instants après, toute cette honnête famille était occupée d'elle, et tâchait de lui donner les secours dont elle avait besoin. Le vieillard lui apportait sa pelisse en peau de mouton pour la réchauffer; la jeune fille se mettait à genoux devant elle pour lui enlever sa chaussure, et, tandis que la maîtresse de la maison suspendait à la crémaillère une marmite pleine de lait, deux jeunes gens jetaient une brassée de bois dans la cheminée. Catherine semblait insensible à tous ces généreux mouvements de l'hospitalité; elle tenait son enfant sur ses genoux, et n'était occupée que du soin d'essuyer ses pieds mouillés par la neige, de réchauffer ses mains en les frottant dans les siennes, de le ranimer en couvrant son visage de baisers, et en lui murmurant de douces paroles. Et quand elle le vit s'égayer, sourire, quand elle lui eut fait boire une grande tasse de lait chaud, elle commença à voir ce qui se passait autour d'elle, et remercia avec effusion de cœur les habitants de la cabane des bons soins qu'ils lui avaient donnés. Puis elle porta elle-même son fils dans l'humble lit qui lui avait été préparé, et se coucha à côté de lui sur quelques planches garnies de peaux de mouton.

Dès le matin, elle était en route pour Orebyhus;

mais le meurtrier choisi par Jean, pour exécuter la sentence des états, était arrivé avant elle. Après avoir signifié à Éric son irrévocable arrêt, il lui offrit de l'étouffer sous un coussin, de lui ouvrir les veines, ou de lui faire prendre à son déjeuner une dose de poison. Éric accepta le poison, recommanda son âme à Dieu, écrivit quelques lignes pour sa femme et pour son fils, et ne tarda pas à ressentir les convulsions de la mort. Au même instant, Catherine atteignait enfin le château; elle se mit à genoux près du soupirail de la prison, essaya de passer sa tête à travers les barreaux, et s'écria : Éric ! Éric ! Une voix plaintive, dont elle distinguait à peine les sons affaiblis, murmura son nom. Elle appela de nouveau son époux, mais cette fois elle n'entendit qu'un gémissement sourd et un sanglot étouffé. Saisie d'une terreur étrange, égarée, hors d'elle-même, elle saisit avec ses deux mains les barreaux de la fenêtre, essaya de les ébranler, et s'écria d'une voix à laquelle la douleur donnait un accent déchirant : Éric ? m'entends-tu ? prends garde à ceux qui t'entourent, prends garde aux assassins, on veut te faire mourir. Éric ? au nom de Dieu, si tu m'entends encore réponds-moi. — Mais Éric ne répondit plus.

Stockholm, 1840.

TRADITIONS FINLANDAISES.

Entre les sauvages montagnes de la Laponie et les deux principaux golfes de la mer Baltique, il existe une contrée pittoresque, curieuse, qui, à travers toutes les vicissitudes du temps, a conservé, comme notre Bretagne, sa langue ancienne et sa poésie. C'est la Finlande. Elle s'étend du cinquante-neuvième au soixante-huitième degré de latitude. De longues chaînes de forêts la traversent en plusieurs sens, et une multitude de lacs la sillonnent de toutes parts. Sous le point de vue topographique, elle ressemble à quelques provinces de la Suède, à la Wermelande, à la Dalécarlie; sous les autres rapports, elle ne ressemble à rien. Elle a son caractère et sa physionomie à elle. Peu de voyageurs ont parcouru cette vaste province, mais ceux qui y ont été font un tableau curieux de ses habitations de paysans, ouvertes par le haut, éclairées par quelques torches de résine, inondées de fumée, de ces bains à vapeur où les hommes et les femmes s'en vont ensemble dans une température de soixante degrés pour se rouler ensuite dans la neige, de ces réunions du soir où les jeunes gens chantent en accompagnant le *tck*, où le devin habile conjure les morts et fait fuir les mauvais esprits.

L'histoire primitive de la Finlande est un des points les plus obscurs qui existent dans les annales du Nord. Les philologues, les antiquaires, ont cherché à découvrir l'origine de cette population, qui resta si long-temps plongée dans la barbarie, et il s'est élevé entre eux une controverse qui, depuis plusieurs siècles, n'a pas encore été résolue. Les uns ont représenté les Finlandais comme alliés de très-près aux Samoïèdes; d'autres, ayant trouvé quelque rapport entre leur langue et la langue hébraïque, ont prétendu qu'ils descendaient d'une de ces dix tribus d'Israël qui furent emmenées captives en Assyrie.

Ce qui semble bien démontré, c'est qu'ils sont venus des contrées asiatiques, ainsi que les Hongrois, dont la langue a une analogie frappante avec la leur. Les Russes les appellent encore non pas *Finlandais*, mais *Tschudi* (altération de *Scythi*). Klaproth les fait descendre de l'Ural, mais sans indiquer à quelle race de peuples ils appartiennent.

Ce qui paraît également démontré, c'est qu'ils ont précédé dans le Nord la migration de la race d'Odin. C'est l'opinion émise par Leibnitz, soutenue par Schlœzer, Lagerbring, Suhm, Rühs, et en dernier lieu exprimée aussi par Geijer.

D'après les vagues traditions rassemblées avec peine sur ce sujet, d'après les études comparatives de langue et de mœurs, il est très-probable qu'autrefois la partie méridionale de la Suède était occupée par les Lapons. Ce sont là probablement les *dvergar* (les nains) dont parlent les sagas. Les Finlandais arrivèrent ensuite et chassèrent vers le nord ces tribus nomades. Les Finlandais avaient déjà quelques notions d'industrie et d'agriculture. Ils savaient défricher le sol, labourer la terre, et ils étaient remarquables par leur force physique. Ce sont peut-être eux que les anciennes traditions appellent *jottar* (géants). Plus tard, les Ases pénétrèrent aussi dans la Scandinavie. Une lutte s'engagea entre eux et les habitants du pays. N'est-ce pas là cette lutte des géants et des Ases dont parlent si souvent les sagas, et qui, du domaine de l'histoire, a passé dans celui de la mythologie?

Geiier, dans son savant tableau des annales du Nord, admet ces trois migrations de peuples. Quand et comment elles ont eu lieu, c'est ce qu'il est à peu près impossible d'établir.

L'histoire de Suède remonte, par le chant des scaldes, par le livre de Snorr Sturleson, plus d'un siècle au-delà de la naissance de Jésus-Christ; l'histoire de Finlande est à peine indiquée avant le milieu du douzième siècle. A cette époque, toute cette contrée était encore païenne. Nul élément de civilisation n'avait pénétré au milieu de cette race ignorante; nul couvent ne ralliait encore les hommes amis de la retraite et de l'étude. Le peuple cultivait çà et là quelques champs peu productifs, et du reste vivait de chasse et de pêche, ou de piraterie. Saint

Éric, roi de Suède, résolut de le convertir. Il partit vers l'année 1156 ou 1157, s'avança à l'est de la Finlande, subjugua plusieurs districts, et y laissa une colonie. Un prélat l'accompagnait dans cette expédition; c'était l'évêque Henri d'Upsal. Dans le zèle qui l'animait pour la propagation du christianisme, il abdiqua sans hésiter sa dignité d'évêque pour les pénibles fonctions de missionnaire. Il parcourut le pays, il prêcha, il baptisa quelques personnes; puis il mourut, victime de sa croyance. Un de ces hommes farouches, auxquels il ne craignait pas d'adresser des reproches, le tua pour ne plus entendre ses sermons. Plus tard il fut canonisé et devint le patron de la Finlande. On lui bâtit une magnifique église à Abo; on enferma ses reliques dans une châsse d'argent, et elles firent plusieurs miracles.

Après l'évêque Henri, d'autres missionnaires suédois entrèrent encore en Finlande, mais ils ne faisaient que peu de progrès dans l'esprit du peuple. D'une part les pratiques superstitieuses du paganisme étaient trop profondément enracinées dans l'esprit de ces races grossières pour qu'il fût possible de les anéantir du premier coup; de l'autre les prêtres suédois, ne connaissant pas la langue du pays, étaient obligés d'avoir recours à des interprètes. Leur sermon devenait par là fort long, peu attrayant, et l'interprète malhabile le tronquait parfois tellement qu'il le rendait méconnaissable. Après de longues années d'efforts et de persévérance, les prédicateurs s'aperçurent enfin qu'ils avaient obtenu un résultat; et ce résultat, ce n'était pas d'avoir arraché de l'âme des Finlandais les traditions païennes, c'était d'y avoir fait adjoindre quelques idées chrétiennes. Les pauvres gens ne pouvaient renoncer à adorer les dieux qu'avaient adorés leurs pères, mais ils avaient entendu vanter si souvent la vertu des saints et des apôtres, qu'ils crurent devoir faire une concession en leur faveur. Ils les admirent, dans leur mythologie, comme des êtres d'une nature supérieure. Ils célébrèrent dans leurs chants, ils invoquèrent dans leurs prières les idoles de leurs ancêtres et les images des missionnaires, les esprits des eaux, des bois et les anges, les héros finlandais et les vierges chrétiennes. On demandait un jour à un Finlandais quelles étaient les deux plus grandes divinités. Il répondit : C'est le dieu Wœinœmœinen et la vierge Marie.

Pour achever la conversion de cette race rebelle, il fallait que l'épée vînt au secours des missionnaires.

Vers le milieu du treizième siècle, Birger Jarl étendit les conquêtes d'Éric-le-Saint et donna la Finlande à un de ses fils à titre de duché. En 1293, Torkell Knudtsson, régent du royaume, acheva de soumettre la contrée et y bâtit une forteresse. L'évêque Pierre de Westeras l'accompagnait dans cette expédition. Il employa, pour propager le christianisme, des moyens plus énergiques que ses prédécesseurs. Il avait autour de lui des soldats qui ajoutaient un terrible argument à ses exhortations. Les Finlandais, qui refusaient encore de croire à la puissance du vrai Dieu, ne pouvaient s'empêcher de croire à la puissance d'une pique aiguë portée par une main robuste. Ainsi, moitié par force, moitié par entraînement, toute la nation se fit baptiser, et la conquête religieuse sanctionna la conquête politique. Le pape donna à la Suède le pays qu'elle venait de convertir au christianisme. Les prêtres bâtirent des églises, les rois des forteresses. Ici on vit s'élever un cloître, et là le palais d'un gouverneur. Les rois de Suède comprenaient l'importance du pays qu'ils venaient de réunir à leur royaume, et, après l'avoir subjugué par la force, ils cherchèrent à se l'attacher par de sages institutions.

Cependant, les Russes n'avaient pu voir d'un œil indifférent cette invasion d'une armée étrangère dans un pays voisin du leur. Plusieurs fois déjà ils s'étaient jetés au sein de la colonie suédoise, pillant, brûlant, massacrant tout ce qu'ils rencontraient, et les malheureuses familles, exposées à ces sanglantes irruptions, avaient été contraintes de se réfugier comme des animaux dans les forêts. La dernière expédition de Torkell Knudtsson avait surtout pour but de protéger les Finlandais contre ces cohortes russes qui devenaient sans cesse plus nombreuses et par là même plus hardies. Les papes prêtaient leur appui aux armées suédoises. Ils promettaient des indulgences à ceux qui soutiendraient cette croisade religieuse dans une contrée nouvellement convertie. Ils publiaient des bulles contre les Russes; mais les Russes se souciaient peu de tous les brefs romains et de toutes les excommunications. Ils continuaient à envahir la Finlande et à la ravager. Parfois ils surprenaient, à l'improviste, les habitants dispersés à travers les vallées, sans défense, et alors tout était dévasté. Mais parfois l'alarme était répandue dans les provinces; les Finlandais, rassemblés en corps de bataille, attendaient l'ennemi. Comme ils étaient d'un caractère turbulent et cruel, on leur avait défendu d'avoir des armes. En cas d'invasion, ils combattaient avec des frondes, ou avec des pieux aigus, durcis par la flamme. Ils portaient des armures faites de peaux d'élan et des casques ornés de griffes d'animaux. Les uns s'avançaient au-devant de leurs adversaires avec un grand lacet qu'ils leur jetaient habilement autour du cou. D'autres emmenaient avec eux des chiens qui, en aboyant, en se jetant au milieu de la cavalerie, épouvantaient les chevaux et mettaient le désordre dans l'escadron.

Cette résistance opiniâtre des Finlandais et le secours que leur prêta la Suède, effrayèrent les Russes qui ne revinrent plus aussi fréquemment. Mais dès qu'une guerre éclatait entre la Russie et la Suède, la Finlande était aussitôt envahie. Les Russes accouraient là comme pour traverser le golfe qui les séparait de Stockholm. La plus cruelle de ces invasions est celle qui arriva sous le règne de Charles XII. Tandis que le vainqueur de Narva traversait, en conquérant, la Pologne, les Russes entrent en Finlande, la trouvent sans défense, brûlent les villes et les villages, pillent les magasins, égorgent les bestiaux, massacrent les habitants. A cette guerre d'extermination succède la famine. C'était la seconde dans l'espace de cinq ans. Les hommes, exténués de faim, s'en allaient chercher des racines dans les champs ou des écorces d'arbres dans les bois. Les femmes, plus faibles, tombaient inanimées sur la route, où elles tendaient en vain, aux passants, une main desséchée. On vit alors des malheureux s'en aller dans les cimetières déterrer les morts, et des mères dévorer le corps de leurs enfants. Les matières corrompues dont le peuple se nourrissait engendrèrent des maladies contagieuses. La population avait été décimée par ce fléau en 1697. Elle le fut de nouveau en 1704.

La Finlande était anéantie. Elle ne recouvra sa force, elle n'oublia ses blessures que sous le règne d'Adolphe-Frédéric et sous celui de Gustave III.

La dernière invasion des Russes a été moins cruelle, mais plus décisive. En 1807, ils entrèrent en Finlande, et ils y sont restés. La Suède déplore encore aujourd'hui la perte de cette province, qui lui resta si fidèlement attachée pendant plus de six siècles.

A travers les guerres du moyen âge, les désastres produits par les mauvaises récoltes, à travers les souffrances et le découragement du peuple, les lettres et les sciences n'avaient pu faire que peu de progrès. Il n'y avait dans tout le pays ni bibliothèque, ni gymnase. Il y avait seulement six cloîtres mal dotés où quelques religieux enseignaient un peu de latin et de théologie. Il y avait dans les campagnes quelques maîtres d'école qui s'en allaient d'une paroisse à l'autre enseignant à lire, parfois à écrire; rien de plus.

Gustave Wasa donna quelque impulsion aux études. Il abolit les cloîtres et les remplaça par des écoles élémentaires. Il fonda un gymnase à Abo et y plaça six professeurs, deux de théologie, un d'éloquence latine, un de logique, un de mathématiques, un de physique. Les élèves pouvaient, en sortant de là, devenir pasteurs de campagne. Ceux qui voulaient acquérir plus de science entraient à l'université d'Upsal.

Mais les livres étaient encore fort rares. On avait vu au quinzième siècle un riche propriétaire donner une ferme pour un recueil de légendes. Un autre acheta, pour 180 marcs d'argent, deux livres de messe. Au seizième siècle, l'invention de l'imprimerie n'avait pas encore étendu ses bienfaits jusqu'à la Finlande. On traduisit la Bible à l'époque de la réformation, et on ne put la publier complétement. C'eût été, pour les pauvres habitants de cette contrée, un livre trop cher. On ne publia que le livre de Moïse et quelques passages des prophètes. La première imprimerie établie à Abo date de 1620. C'était l'unique établissement de ce genre qui existât dans le pays. Il ne put se soutenir. Deux ou trois autres lui succédèrent et ne furent pas plus heureux. La première imprimerie finlandaise est postérieure à la fondation de l'université. Elle date de 1642. Les professeurs s'en servirent pour publier leurs dissertations; les prêtres, pour publier des livres de dogme et de prières. C'était là toute la littérature du pays.

Un homme qui a beaucoup fait pour la prospérité de cette province, un homme que les paysans avaient surnommé leur père, le comte de Brahe, qui fut élu gouverneur-général de la Finlande, essaya de donner plus de développement à l'instruction, et remplaça le gymnase d'Abo par une université. Six professeurs furent appelés à y faire leurs cours. Les uns étaient pris parmi les maîtres du gymnase; d'autres venaient de Stockholm. Quelques personnes dotèrent la nouvelle université, et l'on fit des collectes dans toutes les paroisses pour les étudiants pauvres. Cette institution donna un peu plus de vie à la capitale de la Finlande, et fortifia les études. Mais les livres étaient toujours rares et chers. Les livres classiques n'arrivaient qu'en petit nombre. La Bible ne parut complète qu'en l'année 1642. Elle avait été imprimée à Stockholm aux frais du gouvernement.

Les professeurs, chargés d'instruire la jeunesse, restaient arrêtés dans la fausse science des siècles précédents. L'un d'eux enseigna très-sérieusement jusqu'à l'année 1647 l'astrologie. Le peuple croyait aux sorciers. Les prêtres les signalaient à la sévérité des juges, et les juges les condamnaient rigoureusement. Il y eut des procès de sorciers jusqu'au dix-huitième siècle. En 1644, le tribunal poursuivit un mendiant qui faisait métier de guérir les maladies et de découvrir les choses volées. Tout son crime était peut-être de n'avoir rien découvert et rien guéri. Il fut condamné au feu. Un pauvre ouvrier fut accusé d'avoir écrit, avec son sang, une lettre au diable pour lui demander 200 écus. La somme était modeste. Le diable n'avait sans doute jamais acheté une âme honnête à si bon marché. Aussi ne se fit-il pas prier. Il accourut avec les 200 écus, mais alors l'ouvrier eut peur, fit le signe de la croix et confessa son crime. Un prêtre fut accusé d'avoir conjuré les mauvais esprits. Un paysan subit un long et sévère procès parce qu'il pouvait s'emparer des couleuvres et les tenir entre ses mains, sans qu'elles lui fissent aucun mal. Un étudiant tomba un jour du haut d'une église et se releva sain et sauf. Le peuple cria au sortilége. L'étudiant fut appelé devant les juges, et parce qu'il avait eu le bonheur de ne pas se broyer les membres on voulait le brûler. Dans des cas semblables, il ne fallait rien moins que l'intelligence d'un homme comme le comte de Brahe, et l'ascendant qu'il avait sur le pays, pour sauver de la mort un innocent.

Le dix-huitième siècle, en augmentant la prospérité matérielle de la Finlande, accrut aussi ses moyens d'instruction. Il y eut enfin à Abo une imprimerie et une librairie permanentes. Il y eut des écoles dans les villes, dans les campagnes, et l'on vit apparaître çà et là des professeurs habiles et quelques écrivains. Jamais cependant cette prospérité matérielle et ce développement n'ont été portés aussi haut que depuis 1808. La Russie a laissé à la Finlande ses institutions, ses lois, sa religion, sa langue, et elle lui a ouvert de nouveaux débouchés de commerce ; elle a développé son industrie, elle lui a donné ce dont cette province avait besoin avant tout : l'argent. La Finlande a maintenant une université, trois gymnases, huit écoles latines, cinq écoles de district, des écoles de pédagogie, de commerce, des bibliothèques et des collections scientifiques. La population, qui, pendant des siècles, n'avait pris aucun accroissement, a plus que doublé dans l'espace de soixante ans. En 1780, elle ne s'élevait pas à 600,000 habitants. En 1838, on en compta près de 1,300,000.

En parcourant les annales littéraires de la Finlande, on n'y trouve que peu de pages saillantes, peu de livres modernes dignes d'être étudiés [*]. Mais ce qu'il y a de curieux dans cette vieille colonie asiatique implantée au nord, ce sont ses traditions mythologiques et ses croyances religieuses; c'est sa poésie populaire qui remonte jusqu'au temps du paganisme et qui vit encore dans le cœur des habitants.

Cette poésie porte le nom de *runo*, et celui qui se distingue dans ces compositions populaires s'appelle *runonickat* (artiste chanteur). Les vers sont ordinairement de huit syllabes, sans rime, mais allitérés. Ils sont accompagnés d'une mélodie simple et touchante où il entre presque toujours plus de tristesse que de gaieté. Les paysans chantent leurs runos avec le *kantele*, instrument à cinq, à sept, et quelquefois à neuf cordes. Souvent aussi ils abandonnent le kantele; ils se posent l'un en face de l'autre, se prennent deux à deux par la main, se courbent et se relèvent

[*] Je dois signaler pourtant les œuvres d'un jeune poète de Helsingfors, M. Runeberg, qui méritent d'être étudiées et analysées à part.

en mesure, et chantent ensemble ou alternativement.

Autrefois ce goût du chant était beaucoup plus répandu en Finlande qu'il ne l'est aujourd'hui. Dans chaque district, dans chaque paroisse, il y avait des improvisateurs habiles, des hommes qui, sans avoir jamais étudié les règles de la versification, composaient, sous le toit enfumé du paysan, des poésies harmonieuses dont toute la famille répétait le refrain, et qui passaient d'une génération à l'autre. C'était ainsi que les Finlandais entendaient raconter les mythes de leurs pères, c'était ainsi qu'ils célébraient leurs émotions. Chaque fête de chalet entraînait sa runo, chaque scène d'amour était mise en chant. On avait salué par des chants la naissance d'un enfant, on déposait avec des chants le vieillard dans sa tombe.

Mais ici comme partout l'industrie a déjà fait tort à la poésie. Les habitants des cités sont plus occupés de leur commerce que de leurs traditions. Les chiffres ont remplacé les vers, et le bruit de la filature étouffe le son du kantele. Dans l'intérieur du pays on trouve encore quelques vestiges des anciennes habitudes nationales. « On trouve encore, dit Schrœter, des paysans qui peuvent traiter avec un sentiment profond, avec une perfection artistique, l'idée qu'on leur propose, composer avec ardeur la mélodie de leurs vers, et les chanter comme autrefois avec le kantele héréditaire. Leur langue est si belle, si riche, si forte, que ses expressions les plus ordinaires, transportées dans un autre idiome, nous étonneraient par leur originalité. Cette richesse de langage apparaît dans les circonstances les plus habituelles de la vie. Les Finlandais l'aiment et la recherchent. Leur poésie a un caractère extrêmement hardi. L'élément lyrique y domine à un si haut degré, qu'il efface l'élément historique ou épique. C'est par là surtout qu'elle est très-remarquable, ainsi que par la richesse de ses images, par ses nuances variées à l'infini et dont aucune traduction ne peut rendre les teintes délicates, enfin par les traces de son origine orientale *.

Cette poésie a vécu long-temps parmi le peuple, sans attirer les regards des savants. M. Schrœter, que je viens de nommer, est le premier qui ait entrepris de l'étudier pour la faire connaître. Il vivait à Upsal, au milieu de plusieurs Finlandais. Il recueillit quelques-uns de leurs chants les plus renommés, et les traduisit en allemand. D'autres ont été traduits en suédois dans le calendrier poétique d'Atterbom et dans divers journaux. Les Finlandais ont eu honte d'avoir si long-temps montré tant d'indifférence pour leur poésie nationale. Ils ont publié dernièrement un recueil assez étendu de runos.

Ces chants doivent être divisés en trois parties distinctes : 1° chants mythiques; 2° chants de trolles ou de sorcellerie; 3° chants lyriques.

Les chants lyriques sont les plus récents, les plus nombreux et les plus populaires. Ce sont ceux qui retracent les événements de la vie, les émotions de

* *Finnische Runen*, in-8°; Upsal, 1819.

l'âme, ceux que le paysan improvise encore dans une réunion d'amis, dans une heure de fête, ou dans une heure de deuil. Ils sont graves et mélancoliques. Rarement le rire y apparaît, ou c'est un rire amer. La pensée qu'ils expriment est toujours mêlée de tristesse, et les couleurs poétiques qui l'entourent sont comme des nuages sombres traversés par quelques rayons. Ils ont été faits par le peuple et pour le peuple. Ils racontent la vie du pâtre, les craintes ou les espérances du laboureur, les voyages du paysan à travers les neiges de l'hiver. Ils racontent les amours des enfants du peuple, les désirs inquiets de la jeune fille qui attend un fiancé, et la douleur de celle qui vit abandonnée. Tous ces chants ont un singulier caractère d'originalité et d'énergie. On voit qu'ils sont sortis du cœur comme un cri d'amour, ou comme un soupir. Ils ont été modulés sans effort, ils se sont développés sans art et sans travail. Nulle expression factice ne les dépare, nulle figure de rhétorique n'en altère la rude simplicité, nulle image d'emprunt ne se mêle aux images natives du sol et du caractère finlandais.

Une jeune fille songe à son amant, qui est loin, et elle s'écrie :

« Ah ! s'il venait, celui que je regrette ! S'il paraissait, celui que je connais si bien ! Comme mon baiser volerait sur sa bouche, quand même elle serait teinte du sang d'un loup. Comme je serrerais sa main, quand même un serpent s'y serait entrelacé ! Le souffle du vent, que n'a-t-il un esprit, que n'a-t-il une langue pour porter ma pensée à mon amant, pour m'apporter la sienne, pour échanger des paroles chéries entre deux cœurs qui s'aiment! Je renoncerais à la table du curé, je rejetterais la parure de sa fille, plutôt que de quitter celui que j'aime, celui que j'ai tâché d'enchaîner pendant l'hiver et d'apprivoiser pendant l'été. »

Une jeune fille trahie et délaissée exhale ainsi sa douleur :

« Qui donc m'a mise en ce monde ? Qui donc m'a dévouée à tant de jours mauvais, à tant d'amers chagrins ? Hélas ! ma bonne mère, au lieu d'enfanter une fille qui devait tant souffrir, que n'as-tu plutôt passé ton temps à laver des pierres, à emmaillotter un morceau de bois, à caresser une touffe de gazon. Mon père m'a quittée ainsi qu'un fuseau. Mon frère s'est éloigné comme l'écureuil des forêts de sapins, ma sœur a passé devant moi comme le poisson sur une côte de sable. Il n'y a plus d'enfants de ma mère, il n'y a plus de sœur à qui je puisse dire mes soucis, à qui je puisse raconter mes souffrances. J'aime mieux les raconter à la tige d'arbre, au buisson qui ne les confieront à personne. J'ai plus de douleurs qu'il n'y a de poires de pin dans les forêts, de petites pointes vertes sur leurs rameaux, et de boutons sur les genevriers. Il n'y a pas dans toute la paroisse un cheval assez fort pour porter mes douleurs. Le matin, je pleure à la fenêtre ; le soir, sur le seuil de la grange ; la nuit, sur le chemin du pâturage. »

Voici un autre chant, plus douloureux encore, un

chant de paysan dont un crime a fait un *outlaw* :

« Où donc as-tu été ? Où donc as-tu été, mon joyeux enfant ? — Ma mère, j'ai été au bord de la mer. J'ai été au bord de la mer. — Qu'as-tu fait là ? — J'ai abreuvé les chevaux. — D'où vient cette terre sale qui tache tes vêtements ? — C'est que les chevaux ont piétiné. — Pourquoi ton épée est-elle teinte de sang ? — C'est que j'ai tué mon frère unique. — Où songes-tu à t'en aller ? — Bien loin d'ici, dans les contrées étrangères. — Où as-tu laissé ton vieux père ? — Dans la forêt, il va couper du bois et ne désire plus me revoir. — Où as-tu laissé ta vieille mère ? — Dans sa demeure. Elle file de la laine et ne désire plus me revoir. — Où as-tu laissé ta jeune épouse ? — A sa toilette. Elle en aimera un autre et ne désire plus me revoir. — Où as-tu laissé ton jeune fils ? — A l'école où il reçoit le fouet. — Où as-tu laissé ta jeune fille ? — Dans les bois. Elle cueille des fraises et ne désire plus me revoir. — Quand reviendras-tu dans ta maison ? — Quand le soleil se lèvera au nord, quand les pierres danseront sur l'eau, quand les plumes pourront descendre au fond de l'abîme, quand tous les hommes paraîtront devant le trône de Dieu. »

Les chants de trolles sont ceux que les prétendus sorciers de la Finlande emploient dans leurs conjurations. Ils ont dans la forme plus de hardiesse encore que les chants lyriques, et plus d'étrangeté dans l'expression. Mais ils sont généralement peu connus, car les hommes qui s'en servent les gardent comme un mystère, et ne les révèlent qu'à leurs adeptes.

Les chants mythiques sont les plus anciens. La plupart datent de l'époque païenne, et remontent, par la tradition, jusqu'aux siècles les plus reculés; d'autres ont été composés dans les premiers temps du christianisme. C'est la partie la plus belle, la plus imposante de cette poésie populaire, et leur essor audacieux, leur forme singulière, révèlent leur origine antique. Ils sont tour à tour graves et élevés comme une prophétie, obscurs comme un oracle sibyllique, majestueux comme l'épopée de tout un peuple, surchargés d'images et d'allégories comme une fable orientale. Ces chants sont malheureusement en petit nombre, et ne présentent que des notions mythologiques, à tout instant brisées et incomplètes. C'est pourtant là qu'il faut chercher la religion primitive de la race finlandaise, et, en les étudiant de près, en y adjoignant quelques traditions orales qui vivent encore parmi le peuple, on finit par suivre assez bien, mais non pourtant sans quelque interruption, les traces d'un principe théogonique et cosmogonique.

Le caractère essentiel de cette cosmogonie, c'est la personnification des forces de la nature, le principe de fécondité, caché sous une figure symbolique, comme dans la mythologie indienne, l'idée du chaos exprimée par un mythe. Kawe, l'un des plus anciens dieux, a été enfermé trente ans dans le ventre de sa mère, Kunotar (fille de la Force). Un jour, il déchire les entrailles qui le retiennent, et paraît à cheval, avec son casque sur la tête, et son épée. Le monde n'a pas été créé par Kawe, mais par son fils, Wœinœmœinen, le dieu de l'harmonie. Un oiseau mystique dépose un œuf sur les genoux de Wœinœmœinen, qui le fait éclore dans son sein, et le laisse tomber dans l'eau. L'œuf se brise. La partie inférieure de la coquille forme la terre, la partie supérieure le ciel; le blanc liquide devient le soleil, le jaune la lune, et les écailles de la coquille sont changées en étoiles.

Le monde est sorti d'un œuf. Le fer est sorti de la poitrine de trois jeunes filles. L'une d'elles tire de son sein du lait blanc, la seconde du lait rouge, la troisième du lait noir. Le lait blanc produit le fer brut, le lait rouge l'acier, le lait noir le fer épuré *.

Quand le dieu de l'harmonie eut organisé le globe terrestre et les astres, Kawe, son père, créa les hommes; puis il confia l'air et les vents à Ilmarinen, le tonnerre à Uko.

Au-dessus de ces divinités, il y avait un dieu unique, absolu, un principe immuable, supérieur à tous les êtres, existant de tout temps. Les traditions le nomment Jumala, et n'en disent rien de plus.

On vénérait cet être éternel, mais on ne l'invoquait pas. Le dieu chéri des Finlandais, le dieu dont le nom reparaît le plus souvent dans les runes et dans les prières, c'est Wœinœmœinen. Comme Prométhée, il avait apporté le feu du ciel sur la terre; comme Orphée, il avait révélé aux hommes le pouvoir de la musique. Ce fut lui qui façonna le kantele, cet in-

* Une autre tradition rapporte que le lait blanc produisit l'argent, le lait rouge l'or, le lait noir le fer.

strument national que l'on entend encore souvent résonner dans la demeure des paysans de Finlande. Il fit un kantele avec une carcasse de poisson et des crins de cheval, un autre avec un tronc de chêne. Un jour, il aperçut au bord de la mer un bouleau desséché qui courbait, en gémissant, sa tête sous la brise, et se plaignait d'être seul, de ne point voir de berger s'asseoir sous ses rameaux, de ne pas entendre la voix des hommes, le bruit des fêtes. Le dieu le coupa par la tige; puis demanda des cheveux à une jeune fille; et avec ces blondes tresses de la jeune fille et ces branches mélancoliques du bouleau solitaire, il se fit un nouveau kantele. Il s'en alla chanter au sein des bois, au bord des eaux. La nature lui enseigna ses mélodieux accords, et ses accords ébranlèrent la nature.

Quand il eut façonné avec des planches de chêne et des crins d'étalon son premier instrument, il invita les femmes à l'essayer, et nulle d'elles ne put en faire vibrer les cordes vigoureuses. Puis il appela les hommes, les guerriers, les héros, mais leurs bras ne furent pas assez nerveux, ni leurs mains assez fortes pour tirer quelques sons suivis du merveilleux instrument. Alors Wœinœmœinen le prit, en toucha toutes les cordes, et à l'instant tous les êtres animés s'approchèrent de lui pour l'entendre. L'oiseau sortit de son nid; la sirène, de sa grotte de cristal; l'ours, de sa tanière. Les hommes se sentirent émus jusqu'au fond de l'âme; les animaux penchèrent la tête vers le joueur de kantele, oubliant leurs guerres habituelles et leur instinct vorace. Le dieu lui-même fut attendri par ses chants et pleura. Ses larmes coulèrent le long de ses joues, le long de sa barbe blanche, et traversèrent ses cinq manteaux, ses huit robes de laine.

Le géant Joukkawainen le défia un jour de chanter mieux que lui. Le dieu lui passa sa lance à travers le corps. La musique de Wœinœmœinen est la musique du cœur, de l'héroïsme, des nobles pensées. La musique de Joukkawainen est le cri de douleur du blessé, le râle du mourant.

Wœinœmœinen était le principe d'ordre, de justice, d'harmonie. Le mauvais principe était représenté par les géants, par Kalewa, père de douze fils prodigieusement forts et de plusieurs filles, qui ont formé les montagnes en portant des morceaux de roc dans leurs tabliers. Une de ces filles, qui s'était égarée dans la campagne, rencontra sur son chemin un homme qui labourait la terre. Elle prit sur le bout du doigt l'homme, les chevaux, la charrue, les porta à sa mère, et lui demanda ce que c'était que ce petit homme qui s'amusait ainsi avec son attelage. — Hélas! lui répondit la mère, ce sont ces êtres-là qui nous ont fait quitter le pays. Nous avons lutté en vain. Il a fallu fuir devant eux.

Outre ces être primitifs, ces puissances rivales, les Finlandais admettaient encore une quantité d'esprits bons ou mauvais, bienveillants ou dangereux, répandus à travers les bois, les champs, les eaux. Les uns sont blancs, les autres noirs. Les uns brillent comme des étincelles de neige ou des étincelles de feu, les autres voltigent autour des cimetières. Si l'on va chercher un os de mort dans le cimetière, si on l'apporte dans la chambre d'un homme que l'on hait, c'en est fait de son repos ; car les mauvais esprits se précipitent sur lui.

Il y a dans les forêts un être redoutable qui égare le voyageur et fascine le bûcheron. Il apparaît tantôt sous la forme d'un corbeau, tantôt sous celle d'un chien, d'un homme ou d'un oiseau inconnu. Il y en a d'autres qui habitent dans les troncs d'arbres, et que l'on invoque en allant à la chasse. Il y en a qui, comme les trilby d'Écosse, protègent le foyer de la famille et les troupeaux des paysans. On les appelle Maahinen. Quand on entre dans une nouvelle demeure, il faut tâcher de se les rendre favorables en leur offrant du pain et du sel. Si on les irrite, ils deviennent très-dangereux. Si l'on prend soin d'eux, il n'est sorte de service que l'on ne puisse leur demander. Dans l'incendie qui éclata à Stockholm en 1759, on vit ces petits elfes éteindre eux-mêmes le feu d'une maison. Il y a le long des lacs des musiciens magiques, des *Nakki*, les frères des nixes d'Allemagne et des nek de Suède, qui apparaissent sur le rivage avec une harpe d'argent, et mêlent de douces chansons aux soupirs de la brise.

Les Finlandais croient aussi aux spectres qui gardent les caisses d'or enfouies dans la terre. On leur offre trois têtes de brebis ou un coq rouge pour les engager à découvrir l'endroit où ils renferment leurs trésors. On les voit parfois la nuit auprès du feu, essuyant leurs belles pièces d'argent massif et les faisant reluire aux yeux des voyageurs.

Les Finlandais croient à la Mara, monstre hideux qui se roule sur la poitrine de l'homme pendant qu'il dort, et l'empêche de respirer. Ils offrent des sacrifices à Jabuniakka, mère de la mort, pour qu'elle prolonge leur vie, ou qu'elle les fasse mourir au même endroit que ceux qu'ils ont aimés; et puis ils ont quelques croyances spiritualistes charmantes que l'on aime à recueillir comme une bonne pensée. Quand un enfant vient au monde, ils invoquent Junxakka, la jeune vierge qui prend soin des enfants, qui veille sur eux pendant le sommeil de leur mère, guide leurs premiers pas, et les empêche de tomber.

Quand ils sont blessés, ils invoquent Mehilœinen, l'esprit de la foi, l'oiseau céleste qui peut aller au-delà des mers chercher le miel et l'huile dont ils ont besoin, ou s'élever au-dessus des étoiles pour y prendre le baume divin qui les soulagerait.

Quand ils tombent malades, ils disent que c'est leur âme qui s'en est allée dans le pays des morts. Les âmes qui sont là cherchent à la retenir, le corps désolé la rappelle. Si le langage des âmes la séduit, si elle se plaît mieux dans l'autre monde, le corps languit et meurt.

Mais souvent aussi ils attribuent leurs maladies à un sort que l'on a jeté sur eux, et alors ils appellent à leur secours le *Trollkarle*. Le Trollkarle est l'oracle, le conseil, le médecin de la famille finlandaise. C'est lui qui retrouve les choses perdues et volées;

c'est lui qui prédit l'avenir ; c'est lui qui guérit les blessures. Il porte ordinairement sur lui, en guise d'amulette, un os de mort qui a, dit-on, un singulier pouvoir. La nuit on le voit errer autour des églises, s'arrêter dans les cimetières, fouiller dans les tombeaux, invoquer les esprits. Au moyen âge, on l'eût brûlé pour tous ces méfaits. A présent on le traite en ami. Ainsi va la civilisation. Quand le Trollkarle arrive auprès du malade, il n'apporte avec lui ni poudre pharmaceutique, ni flacons étiquetés. Le digne homme se soucie peu de la science des universités. Il a sa science à lui. Il chante, et ses chants cabalistiques qu'il prononce à voix basse et en tournant autour de lui des regards effarés, comme s'il apercevait de mauvais génies ; ces chants, dont personne ne connaît l'origine et le mystère, effraient le démon qui tourmente le malade et le forcent à s'enfuir. Les incrédules peuvent rire de cette façon d'exercer la médecine, mais les paysans de la Finlande assurent qu'elle a souvent produit des guérisons miraculeuses. Puis le Trollkarle est le plus philanthrope, le plus généreux des médecins. Il traverse à pied les montagnes, les marais, pour venir au secours de celui qui souffre. Ses consultations se paient avec une tasse de lait ou une cruche de bière ; et, s'il s'agit d'une cure importante qui nécessite l'emploi de ses plus sages combinaisons, on lui donne un verre d'eau-de-vie. Il est vrai qu'il n'a jamais étudié dans aucune école et qu'il n'est pas gradué. Mais il faut prendre garde de l'offenser, car il appartient au *genus irritabile vatum*.

Il y a d'autres Trollkarle que l'on n'admet pas aussi facilement dans l'intérieur des familles, et pour lesquels on éprouve tout à la fois un sentiment de crainte et de respect. Ce sont ceux qui ont eu des relations directes avec le diable, et qui vont lui rendre chaque année une visite de politesse au *Blaakulla*. Cette visite a lieu ordinairement dans la nuit de Pâques. Alors les paysans placent des pieux et des faux sur le seuil de leur porte, afin d'ôter aux voyageurs ensorcelés l'envie d'entrer. Alors, si l'on monte sur le toit d'une habitation qui a été abandonnée trois fois, on voit passer dans les airs la société du diable, on entend des rires sardoniques et des chants impies. Les sorcières vont là avec la cargaison de laine et de crin qu'elles ont volée pendant l'année, et chacun se range selon la hiérarchie des grades autour du bouc infernal, et l'on danse et l'on boit, et il se passe sur ces rochers de Blaakulla des choses horribles, que nulle voix humaine n'ose raconter, que nulle plume ne peut décrire.

Du reste, ce n'est pas d'aujourd'hui que les Finlandais sont si profondément versés dans les sciences magiques. Au moyen âge, ils étaient déjà, ainsi que les Lapons, renommés pour leur sorcellerie. Ils trafiquaient de leurs prédictions et de leurs maléfices. Ils vendaient le vent et la tempête. Un respectable voyageur allemand qui explora le nord sur la fin du dix-septième siècle, raconte qu'il acheta d'un Finlandais un mouchoir, où il y avait trois nœuds qui renfermaient le vent. Quand il fut en pleine mer, le premier nœud lui donna un délicieux petit vent d'ouest-sud-ouest, qui était précisément celui dont il avait besoin. Un peu plus loin, comme il changeait de direction, il ouvrit le second nœud, et il survint un autre vent non moins favorable. Mais le troisième nœud produisit une horrible tempête, et c'était, sans doute, dit le naïf conteur, une punition de Dieu, que nous avions irrité en faisant un pacte avec des sorciers*.

Le même écrivain raconte que, lorsqu'il visita la Laponie, il trouva là des gens qui avaient une singulière manière de voyager. Quant ils partaient dans leurs petits traîneaux, ils se penchaient sur leurs rennes et leur disaient tout bas à l'oreille l'endroit où ils voulaient aller. A l'instant les rennes se mettaient en route, et il n'y avait plus besoin de guide pour les gouverner.

L'esprit crédule et superstitieux apparaît dans plusieurs pratiques habituelles et dans plusieurs traditions anciennes. Quand les paysans finlandais tuent un ours, ils l'apportent en grande pompe dans leur demeure, l'étendent sur une table de bois poli, lui mettent sur le corps des rameaux d'arbre, des fleurs et des rubans; puis le poète de l'endroit prend la parole, et lui adresse une harangue en vers : « O cher ours ! lui dit-il, ours puissant et superbe ! nous te remercions de ne pas avoir brisé nos épieux, désarmé nos bras, déchiré nos membres; tu es venu à nous

* *Reise nach Norden*, Leipzig, 1706.

paisiblement, et tu vois avec quelle solennité nous te recevons. Raconte aux autres ours les honneurs que nous t'avons rendus, afin qu'ils viennent à nous comme toi et qu'ils se laissent prendre. » Après cette allocution, la famille se partage l'ours, et celui qui l'a tué porte une médaille à sa boutonnière ou met un clou de cuivre à son fusil.

Les Finlandais ont aussi, comme les habitants de la Norvége et de la Suède, des histoires de géants qui bâtissent en quelques jours une église, et, comme les Allemands, des histoires de nains qui ont parfois besoin du secours des hommes, qui les font venir dans leurs grottes souterraines, et récompensent richement leur visite. Ils ont des histoires religieuses qui dépeignent sous de vives couleurs la puissance du remords et la loi d'expiation. En voici une qui m'a été racontée par un prêtre du pays :

Il y avait autrefois, dans une paroisse de la Finlande, un jeune homme qui vivait dans l'impiété et la débauche. Ni les prières de ses parents, ni les exhortations du prêtre, n'avaient pu le détourner de ses funestes penchants. Son oreille était fermée à tout conseil salutaire, et son cœur à tout sentiment de vertu. Calomnier les ministres de Dieu, courir la nuit et le jour à des fêtes scandaleuses, séduire les femmes, mentir aux hommes, tout cela n'était pour lui qu'une agréable distraction. Un jour il se fiança en même temps avec trois jeunes filles, les fit venir le soir chez lui, et, après avoir abusé de leur innocence, les enferma dans un hangar et les brûla toutes trois. Ce dernier crime ne fut pas connu de la paroisse. Les jeunes filles avaient disparu ; on ne savait où elles étaient allées, et personne ne soupçonnait le coupable. Mais quelques jours après cet événement, on le trouva étendu sur le seuil de la porte, le visage livide et le corps couvert de taches bleues. On pensa qu'il était entré la nuit en lutte avec le diable. Par pitié pour la mère de ce malheureux, le prêtre consentit à le faire porter en terre sainte. On l'ensevelit avec les prières et les cérémonies d'usage, et plus d'une femme trompée par lui vint jeter, par un sentiment évangélique, l'eau bénite sur sa tombe. Le lendemain, au moment où le sacristain allait sonner l'*Angelus*, la première chose qu'il aperçoit, c'est le corps de cet homme couvert de son linceul et debout dans une niche à côté de la porte extérieure de l'église. Il accourt avec effroi raconter cette apparition au prêtre, qui se figure que des amis du mort l'auront eux-mêmes enlevé à son cercueil, et ordonne qu'on l'enterre de nouveau. Mais, le jour suivant, il est déjà revenu à la même place, et le jour suivant encore, et personne n'est entré dans le cimetière. Alors le prêtre comprit que cela se faisait par la volonté de Dieu, et laissa le mort dans sa niche. Peu à peu son linceul tomba par lambeaux, ses membres se desséchèrent, ses yeux fondirent dans leur orbite, la chair de son corps disparut, et il ne resta qu'un squelette hideux, devant lequel personne n'osait passer sans faire le signe de la croix.

De longues années s'écoulèrent ; le vieux prêtre

mourut, et fut remplacé par un jeune prêtre frivole et sceptique comme beaucoup de jeunes gens. Un soir, il avait réuni à sa table une société joyeuse. Au milieu de la gaieté bruyante et de l'effervescence produite par de nombreuses libations de bière, le prêtre se met à parler du mort qui est dans sa niche, se moque des histoires que le peuple raconte là-dessus, et demande si quelqu'un ne veut pas aller chercher cet horrible cadavre pour qu'on le regarde d'un peu plus près. Mais, à ces mots, tous les convives se taisent, tous les esprits sont glacés d'effroi; car il était nuit, et c'était la redoutable nuit de Noël, où les morts se lèvent de leur tombe pour s'en aller prier dans l'église. Cependant le prêtre ne veut pas renoncer à sa coupable fantaisie. Il appelle une jeune fille qui avait la candeur de son âge et la force de l'innocence :
— Écoute, Catherine, lui dit-il, je te donnerai trois beaux riksdalers d'argent si tu veux aller chercher le mort et l'apporter ici. La jeune fille sort, et revient un instant après avec le squelette, dont les os rendent un son lugubre en tombant sur le parquet. On s'approche de lui, on le touche de tous les côtés, on rit de sa piteuse figure, puis on ordonne à la jeune fille d'aller le remettre dans sa niche. Elle sort de nouveau ; mais, au moment où elle le dresse contre la muraille de l'église, tout à coup le cadavre s'anime, la serre avec ses deux bras, durs comme des barres de fer, et lui dit : — Tu es venue m'enlever à la place que j'occupe, pour me livrer à la risée et au mépris; il faut que tu expies ton crime, il faut que tu meures.

La malheureuse Catherine pousse des cris de désolation, et appelle à son secours la Vierge et les saints. En l'écoutant ainsi prier, le mort semble s'attendrir. Eh bien! lui dit-il, il y a encore un moyen de te sauver. Entre dans cette église, tu verras trois jeunes filles à genoux devant l'autel. Ce sont mes trois fiancées que j'ai fait mourir. Depuis ce jour, je n'ai plus ni sommeil, ni repos, et je ne puis ni redescendre dans la tombe, ni franchir le seuil du saint temple. Il faut que je reste ici jusqu'à ce qu'elles m'aient pardonné. Voilà cinquante ans que j'attends en vain l'heure de ma délivrance; va donc les trouver, et prie-les pour moi.

Catherine ouvre en tremblant la porte de l'église. Toute la nef est éclairée comme aux grands jours de fête, et les modulations d'un chant doux et plaintif résonnent vers la voûte. Elle aperçoit au pied de l'autel trois jeunes filles couvertes d'un long voile blanc, à genoux, les mains jointes, et chantant les psaumes. Elle s'approche, et demande grâce pour le mort qui est à la porte. — Non, non, s'écrient à la fois les jeunes filles, point de grâce pour lui.

— Retourne près d'elles encore une fois, dit le squelette à Catherine, qui est venue avec effroi lui rapporter la fatale réponse. Catherine revient et s'écrie: — Faites-lui grâce, si ce n'est par pitié pour lui, au moins par pitié pour moi. — Non, non, point de grâce! répondent les jeunes filles. — Retourne encore une fois, dit le squelette, et si ta prière n'est pas exaucée, c'en est fait de toi pour la vie, c'en est fait de moi pour l'éternité.

Catherine revient, se jette à genoux, pleure et s'écrie : — Faites-lui grâce ! je vous en conjure au nom de notre Sauveur !

Les jeunes filles s'attendrissent, murmurent tout bas le mot de pardon. Les chants cessent, les cierges s'éteignent, et le squelette descend de sa niche et se couche dans sa tombe.

FIN.

TABLE.

Les Églises. — La chapelle de village. — L'église des grandes villes. — L'oratoire. — Remonot. 1

Baume et Hyères. — L'abbaye de Watteville. — Bourg. — Fourvières. — Lyon. — La Croix-Rousse. — Louise Labé. — Voyage sur le Rhône. — La tour de la Belle-Allemande. — Le baron des Adrets. — Avignon. — Les portefaix. — Le palais des papes. — Aix. — Le roi René. — Les bains Sextus. — Marseille. — Aspect de la mer. — La vieille ville et la Cannebière. — Toulon. — Le port. — Le bagne. — Hyères. 18

Féerie franc-comtoise. — Aspect des montagnes. — Souvenirs historiques. — La Vouivre. — L'esprit servant. — L'apparition séculaire. — La dame verte. — Sorcellerie. — H. Boguet. 67

Les Pyrénées. — La vallée de Saint-Gaudens. — Bagnères-de-Luchon. — Excursion dans les montagnes. — La maladetta. — Vénasque. — Voyage de nuit. — Les sources de la Garonne. — Bagnères-de-Bigorre. — Polichinelle. 87

Romances espagnols. — Romances chevaleresques et mauresques. — Gayferos. — Le comte Irlos. — Henri de Brunswick. — Alarcos. 117

La cathédrale de Strasbourg. — Histoire de l'évêché et du grand chapitre. — Erwin de Steinbach. — La réforme. — La terrasse. 136

Baden-Baden. — Les baigneurs. — La maison de conversation. — Les joueurs. — Aspect du pays. — Traditions du peuple. 158

Cobourg. — La police allemande. — Arrestation. — Le Landsrichter. — Paysage. — Marguerite. 182

Traditions d'Allemagne. — Origine des traditions. — Les montagnes. — Tombeaux des rois. — Les Mœnnlein. — Les Koboldes. — Les Nixes. — Les revenants. — Dogme de charité. — Le Drachenfels. — Légendes du diable. — Les cloîtres et les châteaux. — L'anneau de Charlemagne. — Roland. — Cunégonde de Kynast. — Le chevalier lorrain. — Lore Lay. 201

Éric XIV. — Entrée à Stockholm. — Le père de Mons et Catherine. — Projets de mariage. — Le duc Jean. — Éric et Catherine. — Heures d'amour. — La mort de l'aïeul. — Frénésie d'un roi. — Mort de Nils Sture. — Le couronnement. — Guerre civile. — Éric en prison. — Orebyhus. 251

Traditions finlandaises. — Origine des Finlandais. — Invasion du pays. — Le christianisme. — Instruction du peuple. — Le comte Brahe. — Poésie. — Mythologie ancienne. — Superstitions. — Le revenant. 328

www.ingramcontent.com/pod-product-compliance
Lightning Source LLC
Chambersburg PA
CBHW050301170426
43202CB00011B/1779